Hotel Food and Beverage Management

호텔 식음료 관리론

김이종 지음

C·O·N·T·E·N·T·S

PART I 호텔식음료관리

C·O·N·T·E·N·T·S

PART II 주장관리

PART Ⅲ 연회관리

C·O·N·T·E·N·T·S

PART Ⅳ 호텔서비스

Hotel Food and Beverage Management

PART I

호텔식음료관리

제 1 장 호텔 식음료의 개요

제 2 장 호텔 식음료팀 및 직무의 이해

제 3 장 호텔 식음료 서비스

제 4 장 메뉴 및 양식의 이해

제 5 장 호텔 레스토랑의 형태

제 6 장 호텔 레스토랑 서비스 기물

Chapter 1.
호텔 식음료의 개요

제 1 절 식음료 서비스

그림 1-1 호텔 식음료

식음료(Food & Beverage)란 음식(Food)과 음료(Beverage)의 합성어로 호텔에서 판매하는 음식과 음료에 해당하는 모든 상품을 의미하며, 고객에게 식욕을 충족시켜 주는 호텔의 중요한 상품이라 할 수 있다.

식음료 서비스 산업은 시장과 경제적 목적에 따라 구분할 수 있는데, 시장에 따른 식음료 서비스 산업은 다음 〈표 1-1〉과 같이 구분할 수 있다.

표 1-1 시장에 따른 식음료 서비스 산업의 분류

시장에 따른 분류
일반 레스토랑(Eating Places)
호텔(Hotel Market)
운송(Transportation Market)
레저(Leisure Market)
리테일(Retail Market)
학생(Student Market)
비즈니스(Business Market)
의료기관(Health care Market)

출처: National Restaurant Association(1996).『Restaurants USA, National Restaurant』.

한편 경제적 목적에 따른 식음료 서비스 산업은 이윤을 창출하는 레스토랑과 같은 Commercial Food Service(상업적 서비스), 비용을 최소화하려는 학교급식 및 보건기관과 같은 Institutional Food Service(비상업적 서비스), 할당된 예산 범위내의 Military Food Service(군대 푸드 서비스) 등으로 나눌 수 있으며 세부적으로 살펴보면 다음과 같다.

표 1-2 경제적 목적에 따른 식음료 서비스 산업의 분류

구 분	분 류	
Commercial Food Service	식음료 레스토랑	· 레스토랑 한정된 메뉴를 갖춘 레스토랑 · 카페테리아 아이스크림, 요거트 판매점 · 바(bar)
	Food contractor	· 제조업체 상용, 오피스 빌딩 병원 초/중/고등학교 레크리에이션 및 스포츠 센터
	숙박 장소	· 호텔 레스토랑 모터 호텔(motor hotel) 레스토랑
	기타	· 리테일(retail) 호텔 레스토랑 레크리에이션 및 스포츠 자동판매기

구분	분 류
Institutional Food Service	· 직원구내식당 · 초/중학교 단체 급식 · 대학교 · 병원 및 요양원 · 클럽, 스포츠 및 레크리에이션 캠프 · 커뮤니티 센터
Military Food Service	· 장교 식당

출처: National Restaurant Association(1996).『Restaurants USA, National Restaurant』.

제 2 절 호텔 식음료 상품의 특성

과거 호텔의 식음료 운영은 호텔의 부대시설로서 객실 투숙객들에게 식음료를 제공하는 기능이 주를 이루었으나, 1988년 서울 올림픽 및 경제성장으로 호텔의 규모가 대형화, 고급화되면서 호텔의 식음료 운영은 호텔의 이미지를 강화하고 재정적인 측면에서 수익을 극대화 시키는 방안으로 식음료의 중요성은 지속적으로 성장해 가고 있다. 최근 서울 시내 특 1급 주요호텔 총매출액 대비 식음료 매출 비중을 살펴보면 다음 〈표 1-3〉과 같이 약 50% 정도를 차지할 정도로 매우 중요하다.

표 1-3 2010년 서울 주요 특1급 호텔 매출액 추이

단위: 백만원

호 텔	총매출	객실 매출	식음료 매출	식음료 비중(%)
그랜드 하얏트 서울	119,233	45,328	59,565	49.9
그랜드 힐튼 서울	90,172	44,825	36,688	40.7
르네상스 서울	57,970	25,760	28,050	48.4
리츠칼튼 서울	67,547	21,272	33,621	49.8
쉐라톤 그랜드 워커힐	148,701	40,061	102,071	68.6
플라자 호텔	113,625	9,237	73,524	64.7
W 서울 워커힐	41,905	19,621	17,267	41.2

출처: 증권감독원(2011).『감사자료』.

그림 1-2 호텔 식음료 상품

따라서 호텔에서 많은 비중을 차지하고 있는 식음료의 특성을 생산관리 측면과 판매관리 측면에서 이해하고 또한 호텔경영 특성과의 차이를 살펴보고자 한다.

1. 생산관리 측면의 특성

1) 생산과 판매가 동시에 발생

고객의 직접 방문과 주문에 의해 생산되고 이에 서비스가 부가되어야 비로소 완전한 상품으로서의 가치를 지니게 된다.

2) 주문생산

테이블 서비스를 수행하고 있는 레스토랑에서는 고객의 직접주문에 의해서만 생산이 이루어진다.

3) 수요예측이 곤란

고객의 수요예측은 어느 정도 영업 분석과 경험에 의해서 가능하다 할 수 있으나, 근본적으로는 매우 어려운 문제이다. 따라서 항상 고객의 동향을 파악하고 고객의 욕구와 사회 전반에 걸친 변화에 능동적으로 대처할 수 있는 능력을 배양한다.

4) 상품의 단일화 및 표준화가 곤란

고객마다 개성과 성향이 달라 맛, 기호, 분위기 등의 식음료 상품을 표준화하기기 어렵다. 또한 고객의 감정에 따라 평가가 달라지며 음식이나 음료도 고객의 취향에 따라 다르게 만들어진다.

2. 판매관리 측면의 특성

1) 장소적인 제약

고객이 직접 레스토랑에 와서 상품을 구매해야 한다. 따라서 레스토랑은 한정된 장소, 테이블 수 등을 이용하여 상품을 판매하므로 장소적인 한계를 지니고 있다.

2) 시간적인 제약

식음료 상품은 제한된 식사시간을 정하여 상품의 판매가 이루어진다.

3) 상품의 부패성

식재료는 오랜 시간 보관을 할 수 없는 단점을 지니고 있으므로 단시간에 판매되어야 한다. 따라서 고객에 대한 수요예측이 매우 중요하다.

4) 메뉴에 의한 판매

식음료는 메뉴에 의해 판매되기 때문에 메뉴계획이 매우 중요하다.

5) 저장판매가 불가능

식료의 경우, 부패성이란 특성 때문에 저장을 할 수 없다.

표 1-4 호텔과 식음료 상품 특성의 차이

구 분	호 텔	식 음 료
생산 측면	· 노동집약적 서비스 산업 · 생산과 소비과정에 고객의 참여 · 서비스 품질에 대한 측정이 곤란 · 무형적 상품 · 생산과 소비가 동시에 이루어짐 · 비저장성 상품 · 비이동성 상품 · 수요의 변동이 심함	· 생산과 판매가 동시에 발생 · 주문생산을 원칙으로 함 · 수요예측이 곤란하므로 대량생산이 어려움 · 다양한 고객욕구로 생산표준화 불가능 · 이익의 폭이 큼
판매관리 측면	· 인적서비스 의존도가 높음 · 수요공급관계의 탄력성이 낮음 · 연중무휴의 영업 · 외부환경의 변화에 민감 · 객실매출의 수익성 공헌도가 높음	· 저장판매가 불가능 · 식음료는 반품과 재고가 없음 · 호텔내 판매: 유통과정이 없음 · 인적서비스가 반드시 수반되어야 함 · 메뉴에 의한 상품판매 · 장소적인 제약 · 시간적인 제약 · 다양한 고객욕구로 생산표준화가 불가능 · 현금판매를 원칙으로 운영자금의 회전속도가 신속함

Chapter 2.

호텔 식음료팀 및 직무의 이해

제 1 절 식음료부서의 이해

최근 식음료부서와 관련된 조직은 각 부서 간의 특수성과 기술면 등으로 볼 때 차이가 있으므로 각 부서의 라인과 스텝의 장에게 부문의 권한을 대폭 이양하고 권한과 책임을 부여하여 직무를 수행하도록 하고 대화채널을 확립하여 내부통제 제도를 이룩하여야 한다. 본 장에서는 식음료부서의 전반적인 특징을 보여주고 있으며, 각 분야의 세부적인 특성은 각 장에서 이루어질 것이다.

1) 호텔 식음료팀

일반적으로 호텔 식음료(Food & Beverage) 팀은 호텔의 경영방침이나 시설, 사업방향 그리고 규모에 따라 조금씩 달라지는데 크게 5개 부서로 나눌 수 있다.

- Banquet/Catering(연회/케터링): 연회 및 특별 행사 등을 책임진다.
- Culinary Operation(조리): 식음료 행사와 관련된 조리를 책임진다.
- Stewarding(스튜어딩): 식음료 행사와 관련한 접시, 기물세척 등을 책임진다.

• Beverage(음료): 알코올 음료 제조 및 서비스 등을 책임진다.
• Restaurant Operation(레스토랑 운영): Room Service를 포함한 모든 레스토랑의 식음료 서비스를 책임진다.

다음은 조리팀을 제외한 일반적인 호텔 식음료팀의 조직도 및 각 부서의 직급별 조직도를 나타낸 것이다.

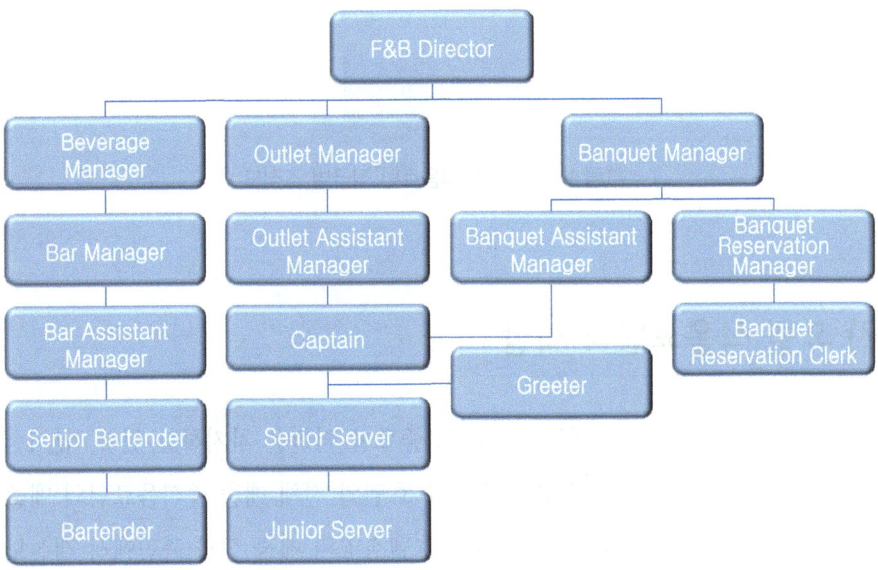

그림 1-3 호텔 식음료팀 일반 조직도

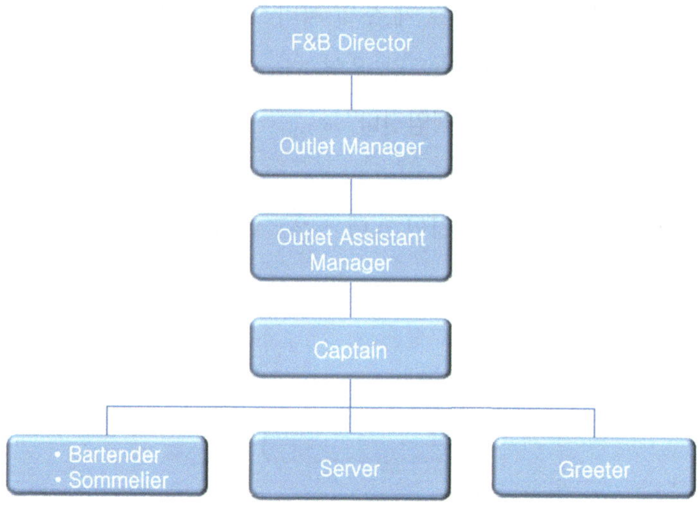

그림 1-4 호텔 식음료팀 직급별 조직도

2) 호텔 식음료팀의 역할

호텔산업에서 식음료는 매우 독특하고 중요한 역할을 차지하고 있다. 앞서 〈표 1-3〉에서 알 수 있듯이 서울시내 주요 호텔의 전체 매출 중식음료팀의 매출이 약 50%에 이르고 있다. 즉 우리나라 호텔경영의 매출 성과 측면에서 객실보다 식음료 판매에 더욱 많은 관심을 보이고 있는 것을 알 수 있다. 또한, 미국 호텔협회(AHLA)[1]에서도 '호텔에 있어 최대의 기회는 음식의 준비와 이와 관련한 서비스에 달려 있다. 이 부분이 호텔의 명성을 좌우하게 되며 아무리 기술을 더해도 항상 부족함을 보이는 곳이기도 하다' 라고 식음료팀의 중요성을 언급하기도 하였다.

따라서 식음료팀의 역할을 다음과 같은 3가지 측면에서 주목할 필요가 있다.

1) 신규고객의 창출

식음료팀의 역할은 신규고객을 지속적으로 발생시키고 유지시키는데 있다. 호텔의 기능에는 숙박의 기능 외에 모임이나 집회, 세미나, 공연, 예술 등의 다

1) American Hotel & Lodging Association

양한 기능을 지니고 있다. 이러한 이유로 고객은 호텔의 레스토랑을 찾게 되는데, 이때 식음료팀은 모든 서비스와 품격 있는 식사가 되도록 부단히 노력하여 고객들로 하여금 좋은 인상을 주도록 해야 한다.

2) 고객기대에 부응

식음료팀은 항상 고정고객 유지에 주안을 두어야 한다. 이를 위해 고객이 무엇을 기대하고 있는지를 알아야 한다. 또한, 식음료부서는 서비스의 품질을 일관성 있게 유지해 나가야 하는데, 이는 호텔의 명성이나 이미지 창출에 많은 기여를 할 것이다.

3) 호텔에 재정적 기여

호텔 수입 극대화에 가장 기여할 수 있는 부서가 바로 식음료라 할 수 있다. 호텔의 주요 수입원은 객실과 식음료로 이루어지는데, 객실은 객실 수가 제한되어 있다. 즉, 수요에 대한 판매탄력성이 낮아 한정된 수입으로 만족할 수밖에 없지만 식음료팀은 수요에 대한 탄력성이 매우 크다는 것을 알 수 있다. 또한 서울 시내 주요 호텔을 보더라도 식음료팀이 다양하고 규모가 크다는 것을 알 수 있다.

제 2 절 식음료팀의 직책 및 직무의 이해

식음료팀 직원들은 고객들에게 최상의 서비스를 제공하기 위해 요구되는 업무를 수행하는데, 구체적인 직책별 직무는 다음과 같다

1) Food & Beverage Director

식음료팀의 최고 책임자로서 영업 방향에 관한 정책 수립 및 영업 관리, 식음

료 직원들의 인적자원 관리 등 식음료부서의 전반적인 운영 상태에 대한 책임을 진다.

2) Outlet Manager

각 레스토랑의 책임자로서 운영 및 고객관리, 직원 인적자원관리, 교육훈련 등을 담당하며 구체적인 직무는 다음과 같다.

- 레스토랑 관리: 매출관리, 재고관리, 레스토랑의 전반적인 운영
- 고객관리: 고객관리, 고객 불만 처리 및 예방, 예약관리
- 인적자원관리: 근태관리, 교육훈련, 직원 인사고과
- 시설관리: 장비, 설비 및 시설관리, 비품관리

3) Captain

대고객 서비스 강화와 Suggestive Selling(제안판매) 및 Up-Selling(추천판매)[2) 등을 주로 담당하며 구체적인 직무는 다음과 같다.

- 서비스 책임자로서 영업 준비 상태와 직원들의 복장 및 용모 체크
- 대고객 서비스, 식음료 주문 및 서비스 담당
- 호텔의 전반적인 사항 숙지 및 고객에게 정보제공
- 계산관리

4) Sommelier

- 고객에게 맞는 와인 설명 및 최적의 와인 추천
- 와인의 진열과 재고 점검 및 관리

5) Greeter

- 지배인 업무보좌 및 고객영접
- 예약업무

2) 상향판매라고도 한다.

6) Server

- 접객조장 보좌 역할 및 주문된 음식을 고객에게 서비스
- 영업 준비
- 레스토랑 테이블 세팅과 청결관리

Chapter 3.

호텔 식음료 서비스

제 1 절 호텔 식음료 서비스의 중요성

그림 1-5 식음료 서비스 (W 서울 워커힐)

호텔의 식음료 서비스는 직원들의 음식 및 음료의 제조과정과 전달과정 등의 서비스에 대한 고객의 호텔에 대한 전반적인 평가를 하므로 매우 중요하다고 할 수 있다.

식음료 서비스의 핵심이라 할 수 있는 무형의 인적서비스는 단순한 서비스 제공이라는 차원에서 벗어나 고객의 심리적 측면을 이해하고 그 욕구를 파악하고 충족시킬 수 있는 방안을 모색하는 적극적인 사고방식이 필요하다.

따라서 식음료부서의 모든 구성원은 고객의 욕구를 충족시킬 수 있는 소비 지향적 차원의 높은 서비스 스킬을 갖추고, 고객의 욕구변화에 대처하기 위한 정확한 시장조사와 함께 목표시장을 선정하여 서비스품목의 개발과 판매촉진을 위한 효율적인 마케팅활동을 수행할 수 있도록 노력하여야 할 것이다.

예를 들면, 쉐라톤 그랜드 워커힐 호텔의 경우, 기존의 Suggestive Selling와 Up-Selling 외에 고객들에게 특별한 추억을 제공하고자 Storytelling을 도입하였다. 이는 메뉴 및 식음료 서비스 등에 스토리(story)를 가미함으로써 고객들의 감성을 사로잡고 있다. 특히 이를 통하여 고객들은 옛 추억을 되살리고 감동을 받기 때문에 Word of Mouth Effect[3]까지 확대될 수 있다.

그림 1-6 Storytelling 사례 (쉐라톤 그랜드 워커힐)

제 2 절 호텔 식음료 서비스의 형태

식음료를 고객에게 제공하기 위해 사용하는 서비스 형태 및 절차에는 다양한 방법들이 있다. 예를 들면, 많은 호텔 레스토랑들은 테이블 서비스와 결합된 Buffet Service, Buffet 혹은 Table Service 중 선택, Special Buffet, Sunday Buffet 등을 운영하고 있으며 지속적으로 증가추세에 있다. 그러나 대부분은 다음과 같이 네 가지 타입의 Table Service로 이루어진다고 볼 수 있다.

3) 구전효과: TV나 기타 광고 매체가 아닌 소비자들의 입으로 전해지는 광고 효과로서 입소문이라고 말할 수 있다.

1) Plate service(플레이트 서비스)

고객의 주문과 동시에 주방에서 주문한 음식을 생산하여 Plate(접시)에 담아 Server는 음식의 온도를 유지하여 고객에게 신속히 제공한다.

가장 일반적인 서비스 스타일로 직원 1인당 서비스 할 수 있는 고객의 수가 많으므로 인건비가 절약되며 신속한 서비스를 제공할 수 있다. 또한 Cart Service에 비해 직원 서비스 숙련도가 덜 요구된다. 일반적으로 American Service라고도 한다.

효과적인 Plate Service의 절차는 다음과 같다.

① Greeting Guests(고객환영)
② Seating Guests(고객착석)
③ Making Introductions(자기소개)
④ Presenting Menu(메뉴안내)
⑤ Checking Quality(주문된 메뉴의 질 체크)
⑥ Anticipating Guest Needs(고객의 요구 파악)
⑦ Billing(계산)
⑧ Sending Guests(고객환송)

그림 1-7 Plate Service

2) Cart service(카트 서비스)

Cart Service는 시간의 여유가 많은 유럽의 귀족들이 훌륭한 음식을 즐기던 전형적인 서비스로 주로 고급 레스토랑에서 사용되고 있다

고객의 테이블 앞에서 조리기구와 재료가 준비된 조리용 카트를 이용하여 직접 요리를 만들어 제공하거나 Gueridon[4]을 이용하여 접시에 담겨 나온 음식을 Rechauffe[5]나 알코올램프를 사용하여 식지 않게 음식을 덜어 주기도 하며, 생선뼈를 제거해 주거나 요리를 잘라주기도 한다. 또한 최근엔 Wine Decanting[6] 서비스로도 널리 사용되고 있다.

이와 같은 Cart Service의 특징은 다음과 같다.

- 정교한 서비스를 요함
- 서비스 숙련도가 높은 직원이 직접 테이블에서 요리
- 화려하고 고급스러운 기물, 플레이트 사용
- 가격이 비싸고 인력이 많이 소요됨(최소 2명)

그림 1-8 Cart Service

4) 게리동: 바퀴가 달려서 이동할 수 있도록 만들어진 Side Table로서 French Service와 같은 고급 서비스 시 많이 사용되는 서비스 기물.
5) 음식을 다시 데우는 서비스
6) 침전물이 있는 레드 와인을 Decanter로 옮겨 침전물을 분리시키거나 레드 와인을 공기에 노출시켜 와인의 향과 맛을 더욱 발산사키기 위한 와인 서비스

3) Platter Service(플래터 서비스)

일명 Russian Service라고도 한다. Platter Service는 주방에서 완전히 조리된 음식을 큰 Plate에 담아 고객의 테이블 까지 옮긴 후 보조기구를 사용하여 직접 고객의 접시에 음식을 덜어주는 서비스이다.

이와 같은 Platter Service의 특징은 다음과 같다.

- 반드시 손님의 만족여부를 사전에 확인
- 서비스는 여러 명(주로 2명)이 한 팀이 되어 전채/주 요리/후식 등을 고객의 접시에 서비스(시계반대 방향)
- 음식을 일관성 있게 나누어 줄 수 있는 능력이 요구됨
- Cart Service보다 비용은 낮으나 효과는 대등하다 볼 수 있음

그림 1-9 Platter Service

4) Family Style Service(패밀리 스타일 서비스)

English Service라고도 하며 실행하기 간편한 서비스로 음식을 큰 접시에 제공하여 고객이 직접 분배하여 먹는 서비스이다.

상대적으로 작은 규모의 레스토랑에서 이용되고 있으며 비교적 격식을 간소

화한 서비스이다. 테이블 당 매출이 좋으며 서비스 시간이 짧아 음식의 온도가 적당하다. 주로 중식당에서 많이 사용되고 있는 서비스 형태이다.

제 3 절 호텔 식음료 서비스 순서(Service Sequence)

식음료 서비스 순서는 모든 호텔 식음료 직무교육에 있어 가장 중요한 요소로 예약부터 환송까지 반드시 알아야 할 서비스 순서를 다루고 있다.

1) 예약

일반적으로 예약은 고객이 전화, 인터넷, 직접방문을 통해서 이루어진다. 예약 담당자는 고객 예약 장부(최근엔 POS: Point of Sales 시스템을 이용한 예약 시스템이 주를 이루고 있음)에 다음과 같은 사항을 기입하여야 한다.

- 고객의 성함, 예약인원수,
- 예약 일자 및 시간
- 메뉴안내 및 고객의 요구사항 숙지
- 예약이 만석일 경우, 대안을 마련하여 제시(예: 다른 시간대)

그림 1-10 예약

2) 영접 및 안내

앞서 언급하였듯이 고객의 영접 및 안내 서비스 등은 레스토랑 지배인의 업무이지만 모든 직원의 임무이기도 하다.

식음료부서의 영접 및 안내 서비스 업무는 다음과 같이 진행된다.

- 단정한 자세로 대기하며 고객이 입장하면 밝고 친절하게 응대함
- 각 레스토랑에 맞는 인사말과 예약사항 확인
- Walk-in 고객의 경우, 인원수 및 테이블 확인
- 지정된 장소로 고객을 안내할 때는 고객의 우측 2~3보 앞에서 이동하며 방향제시(이때, 레스토랑에 대해 간단히 언급하는 것도 괜찮음)

그림 1-11 영접 및 안내 서비스

- 예약고객의 경우, 준비된 테이블로 안내
- Walk-in 고객의 경우, 인원수를 확인한 후 고객이 원하는 테이블로 안내

3) 착석 및 보관 서비스

- 고객이 자리에 앉기 쉽게 두 손으로 의자를 가볍게 빼주며 한쪽 무릎을 사용하여 살며시 밀어줌
- Walk-in 고객의 경우, 테이블에 세팅된 사용되지 않는 기물은 치우고, 유아를 동반한 경우, Baby Chair를 제공
- 착석이 끝나면 담당서버를 안내하고 안내데스크로 돌아옴

• 보관을 원할 경우, 물품 보관표를 고객에게 제공하고 보관품을 보관

그림 1-12 착석 서비스

그림 1-13 메뉴 제공

4) 메뉴 제공

• 고객 착석과 동시에 물과 냅킨 서비스를 하는데, 이 때, 외국인의 경우, Sparkling Water나 Still Water를 주문할 수 있기 때문에 반드시 확인해야 됨
• 메뉴를 제공하기 전 메뉴북의 청결상태 확인
• 메뉴제공과 함께 메뉴에 대한 간단한 설명

5) 주문

고객에게 메뉴를 제시하고 충분히 숙지할 수 있는 시간을 준다. 고객에게 메뉴의 설명이 필요한 경우, 레스토랑의 매출에도 도움이 될 수 있도록 Suggestive Selling 및 Up-Selling을 한다.

① Taking Order

• 양손은 주문서와 필기구를 들고 허리를 15° 정도 숙이고 고객의 얼굴을 주시

- 주문은 최초로 주문한 고객을 기준으로 시계방향으로 연장자 → 여자 → 남자 → Hostess → Host 순으로 주문
- 주문사항을 고객에게 재확인
- 시간이 오래 걸리는 메뉴는 반드시 고객에게 소요시간을 알려 줌
- 음식주문이 끝나면 Wine list나 Beverage List 등을 제시하고 Aperitif(식전주)와 음식과 잘 어울리는 와인 추천(소믈리에 추천 유도)
- 주문이 끝나면 정중히 인사를 함
- 주문사항을 POS 시스템에 입력 및 확인, 전송

② 주문 시 유의사항

- 메뉴 설명 시 레스토랑에서 사용하는 전문 용어는 자제
- Today's Special 메뉴를 사전에 숙지
- 시간이 오래 걸리는 메뉴의 조리시간 숙지 및 기다리는 동안 추천할 만한 Appetizer를 주방과 협의하여 판매
- 육류요리의 경우, 조리법에 따라 굽기 정도를 고객에게 확인

③ Up-selling

- 고객이 원하는 가격보다 단가가 더 높은 메뉴를 판매하는 것으로 업그레이드된 메뉴의 구매를 유도하는 판매활동이라 할 수 있음
- 이 때 주의사항은 추천한 메뉴에 대해 고객이 만족할 수 있도록 지속적으로 메뉴를 체크하고 또한 가격저항이 큰 고객에게는 가급적 피하는 것이 좋음
- 고객들에게 신규 메뉴 및 스페셜 메뉴와 같은 차별화된 메뉴를 제공함으로써 레스토랑의 매출신장에 기여를 할 수 있음

그림 1-14 주문

6) 계산

- 고객이 계산 요구 시 테이블에 Billing을 갖다 드림
- 고객에게 Billing을 제공하기 전, 주문사항 및 금액이 일치하는가를 반드시 확인
- Billing은 반드시 Bill Holder에 넣어서 보여드리며, 영수증과 거스름돈은 Cash Tray에 담아서 제공
- 현금 및 수표, 신용카드
- 객실후불[7]: In-House Guest(객실 투숙객)일 경우
- 후불: 계약이 성립되어 있는 경우

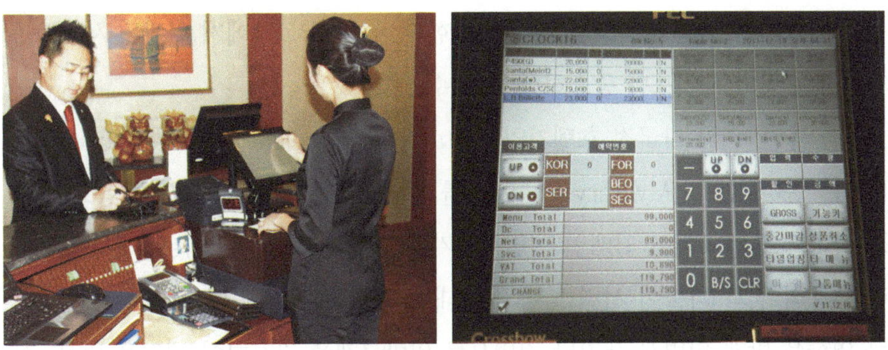

그림 1-15 계산

7) 환송

서버는 고객이 일어날 때 의자를 빼주며 테이블 주변에 남겨진 물건이 없는지를 확인한다. 반드시 감사를 표시하며 입구까지 안내하며 정중히 인사하며 배웅한다.

이때 감사의 인사말과 함께, 음식의 품질 및 서비스 만족도 여부를 확인하고 재방문요청을 하며 인사를 한다.

7) Room Charge라고도 함

그림 1-16 환송

이와 같이 식음료 서비스 순서는 식음료 지배인부터 신입사원에 이르기까지 지켜야 할 고객과의 약속이다. 입사와 동시에 지속적인 교육과 반복훈련을 통해 한층 업그레이드 된 서비스를 제공해야 한다. 따라서 고객에게 일관된 서비스를 제공하는 것이 무엇보다 중요하다고 할 수 있다.

예를 들면, 미국 다국적 호텔기업인 Starwood Hotels & Resorts Worldwide Inc.는 1년에 한 번 Mystery Shopper를 통해 전 세계 체인호텔의 식음료 서비스 만족도를 체크하여 지배인의 업적평가에 반영하고 있다. Mystery Shopper란 상품의 질과 더불어 서비스 품질에 대한 고객의 평가에 따라 기업이 매출이 큰 영향을 받게 되면서 생겨난 직업으로 일반고객을 가장하여 매장을 방문, 상품을 구매하면서 직원의 친절도, 판매스킬, 분위기 등을 평가하여 개선점을 제안하는 평가자로, 직접적으로 고객의 평가를 파악하기 어려운 기업을 대신하여 고객의 반응을 평가한다.

다음은 쉐라톤 그랜드 워커힐의 서비스 순서와 관련한 Mystery Shopper Check List로, 영접부터 환송까지 직원들이 반드시 수행해야 할 서비스 지침사항을 보여주고 있다.

표 1-5 식음료 Mystery Shopper Check List

일자: 시간: .

		Check List(Check List)	가중(%)	Answer	Remarks
1	영접	· 손님을 인지하고 먼저 인사를 실시하는가? · 미소와 눈맞춤으로 인사하는가? · 예약사항을 확인 후 좌석으로 안내하는가? · 좌석 안내 시 착석보조를 실시하는가? · 착석 보조 후 손님의 물품등을 관리하는가?	50		
2	주문	· 본인소개를 하는가? · 손님의 기호문의 혹은 이벤트 상품을 추천하며 식전음료 제안? · 손님의 기호문의 혹은 이벤트 상품을 추천하며 식사메뉴 제안? · 손님이 메뉴를 선택 할 시간을 여유 있게 제공하는가? · 주문완료 후 주문 내용을 재확인 하는가? · 주문 완료 후 더 필요한 사항은 없는지 여부를 묻는가?			
3	서비스	· 음식이 제공되기 전 냅킨 서비스를 제공하는가? · 주문한 음식은 15분내에 제공되었는가?(지연시 사전안내를 하는 가? · 음식과 음료를 해당 손님에게 정확히 제공하는가? · (음식제공시) 손님에게 음식에 대한 소개를 하는가 · 음식제공 후 가볍게 목례하며 "맛있게 드십시오"라는 인사를 하는가? · 물 리필은 손님이 요청하기 전 자연스럽게 실시되는가? · 와인/음료가 떨어지기 전 추가 와인/음료를 제안하는가? · 주문한 음식의 간격은 적절한가? · 직원은 손님이 찾기 쉬우며 신속하게 응대하는가? · 지배인/테이블 담당자가 다가와 손님의 만족도를 확인하였는가? · 고객의 문의에 대한 응대는 knowledgeable한가? · 직원은 밝은 톤으로 이야기 하는가? · 직원은 밝게 미소 짓는가? · 직원은 손님과 눈을 맞추는가?			
4	계산	· 손님 만족도를 확인하는가? · 멤버십 또는 할인 카드 소지여부를 확인하는가? · 손님에게 계산서(bill)를 드리면서 품목과 금액, 할인액등을 확인 하는가? · 계산이 진행되는 동안 회원가입을 제안하는가? · 계산은 신속하게(5분 이내) 진행되었는가? · 두 손으로 현금, 카드, 영수증을 주고 받는가?			
5	환송	· 직원은 고객과 눈을 맞추며 감사인사를 실시하였는가? · 재방문 유도 멘트를 실시하였는가?			
6	용모	· W 뱃지를 바르게 달았는가? · 용모(헤어, 손톱, 액세서리 등)가 단정한가?			
7	기물/관리	· 기물은 닳거나 흠이 나지 않고 깨끗한가? · 메뉴판은 흠이 나지 않고 깨끗한가? · 실내는 청결한가? · 주방 혹은 서비스 공간으로부터 심각한 소음이나 냄새가 나오지 않는가? · 레스토랑의 온도는 쾌적한가? · 선곡된 음악이 영업장의 분위기와 잘 어울리는가?	10		

		Check List(Check List)	가중(%)	Answer	Remarks
8	상품	· 음식의 양은 적당한가? · 음식의 맛은 좋은가? · 음식의 프레젠테이션(색깔, 구성 등이) 좋은가? · 음식의 온도는 적당한가?	20		
9	고객경험	· 직원으로부터 환영받았다고 느끼는가? · 직원은 나를 진심으로 이해하고 care하려고 노력했는가? · 직원이 complaint 또는 요청에 대해 적절한 조치를 취하였는가? · 지인에게 이곳을 추천할 수 있는가? · 직원의 서비스 스킬은 전문가 다운가?	20		
총 점			100		

출처: 쉐라톤 그랜드 워커힐 식음료 서비스 Mystery Shopper Check List

제 4 절 호텔 식음료 직원의 서비스 자세

호텔 식음료 직원들은 자신의 직업관 및 서비스 마인드를 갖추는 것이 중요하다. 일반적인 요건으로 봉사성(service), 청결성(cleanliness), 능률성(efficiency), 경제성(economy), 정직성(honesty), 환대성(hospitality) 등을 들 수 있는데, 이는 고객을 즐겁고 활기차게 맞이하는 직원의 사명과도 같다.

1) 용모

호텔직원의 이미지는 스마트하고 자신감이 넘치며 멋진 모습이어야 한다. 호텔을 대표하는 사람으로서 긍지를 가지고 외모 및 용모에 관심을 쏟아야 한다. 이는 호텔이 표방하는 분위기를 창조하는데 있어서 가장 중요한 역할을 하기 때문이다. 또한, 우리의 모습은 항상 호텔 전문가라는 이미지를 보여주어야 한다.

2) 인사 및 태도

인사는 모든 예절의 기본이며 사람의 인상을 결정짓는 첫 관문이라는 점에서 매우 중요하다고 할 수 있다. 호텔에서 고객과의 만남은 인사에서부터 시작된다. 따라서 인사는 대인관계의 기본이며 인격과 이미지를 완성하는데 중요한 태도라 할 수 있다.

3) 전화응대

'전화는 회사의 얼굴이다'라고 할 수 있을 정도로 전화응대 방법에 따라 호텔기업의 이미지가 좌우된다. 전화를 거는 방법이나 받는 태도로 인하여 고객이나 상대방의 기분을 상하게 하는 것은 호텔 이미지 손실과 직결될 수 있다.

좋은 응대를 하기 위해서는 자세를 바르게 하며, 상대방과 대면하고 있는 듯이 이야기하는 것이 중요하다. 한 마디로 비즈니스 전화예절은 '친절하게, 정확하게, 신속하게, 정중하게' 라는 말로 표현할 수 있다.

최근 특급 호텔에서는 Mystery Call(전화 모니터링)을 이용해 호텔의 전화응대를 지속적으로 체크하여 Mystery Shopper와 마찬가지로 지배인의 업적평가에 반영하고 있으며 경쟁사간 비교가 되기 때문에 전화응대의 중요성은 날로 높아지고 있다.

Chapter 4.
메뉴 및 양식의 이해

제 1 절 메뉴의 개요

1. 메뉴의 개요

오늘날의 메뉴라는 단어는 다양하게 사용되고 있는데, 메뉴란 단어의 어원은 라틴어의 'Minutes'[8]와 불어의 'Menue'에서 유래되어 만들어진 말로써 본래 조리사의 요리에 관한 메모였음을 알 수 있다.

현재 사용되고 있는 메뉴의 유래는 다음과 같다.

1541년 프랑스 헨리 8세 때 부룬스윅 공작(Duke Henry of Brunswick)은 자택으로 친지들을 초대하여 만찬을 가질 때, 제공된 요리와 자신이 앉은 테이블에 준비된 요리에 대한 리스트가 적인 메모를 보면서 즐겁게 식사를 하였다. 이를 직접 본 참석자들은 이러한 아이디어를 바탕으로 자신들의 연회 시 음식리스트를 작성하여 사용하였는데, 이러한 리스트가 메뉴의 기원으로 전해지고 있다. 이후 유럽국가에 퍼지면서 정식 메뉴로 사용하게 되었다.

레스토랑의 모든 것은 메뉴로 시작된다. 메뉴는 레스토랑의 경영, 목표, 레스토랑 인테리어 및 데코레이션 구축의 기초가 된다고 할 수 있다.

8) '상세히 기록한'다라는 의미

▷ 고객

메뉴는 다양한 음식의 리스트 이상의 의미를 내포하고 있으며, 레스토랑의 이미지, 전체적인 다이닝 경험을 고객에게 제공한다.

▷ 직원

메뉴는 식음료를 판매하는 도구이며, 조리직원들에게 있어서는 음식을 어떻게 준비해야 될 것인가를 기술하고 있다.

▷ 관리자

메뉴는 마케팅 및 판매도구라 할 수 있다

레스토랑을 방문하는 모든 고객들은 메뉴를 보기 때문에, 지배인은 메뉴를 통해 고객들에게 레스토랑의 정확한 메시지를 전달할 수 있는 것이다.

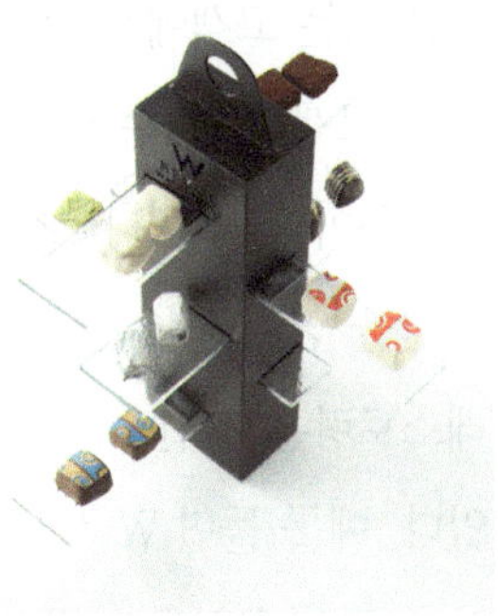

그림 1-17 메뉴 (W 서울 워커힐)

2. 메뉴의 중요성

호텔식음료의 경우, 경쟁사들과 차별화가 요구되면서 메뉴는 중요성이 지속적으로 부각되고 있다. 따라서 각 레스토랑의 Concept에 따라 메뉴도 다양하게 변하고 있다. 앞서 설명하였듯이 메뉴는 레스토랑의 경영, 목표를 전달하는 도구로서 중요한 역할을 하고 있으며, 구체적인 사항은 다음과 같다.

1) 최초의 판매수단

레스토랑을 연극무대라고 한다면 메뉴는 프로그램이라 할 수 있다. 또한 조리사와 직원들은 배우이며, 레스토랑 분위기, 시설, 환경, 조명, 주방시설은 무대라고 할 수 있다. 프로그램이 좋으면 고객들이 연극을 보기 위해 극장을 찾게 된다. 연극의 관객과 마찬가지로 많은 고객들이 레스토랑을 찾는다. 고객의 방문행위가 반복되면 고객은 경험을 갖게 되며 이 때 처음 만나게 되는 상품이 바로 메뉴이다. 즉 착석과 동시에 고객들은 바로 메뉴를 보게 된다. 따라서 메뉴는 고객과 커뮤니케이션하는 최초의 판매도구로서 강력하고도 중요한 판매수단이 된다.

2) 마케팅 도구

레스토랑의 시작은 메뉴로부터 이루어진다. 메뉴는 문구로 표현된 레스토랑의 그 어떠한 활동보다 중요한 것으로 성공적인 레스토랑을 운영하는데 있어서 기초가 되는 핵심요소라 할 수 있다. 메뉴는 레스토랑에서 생산되는 품목을 표시하고 또한 그것을 읽는 고객에게 상품을 전달하고자 하는 인쇄물이다. 음식의 메뉴와 음료 리스트를 고객이 볼 수 있도록 비치하는 것은 고객이 상품을 선택할 수 있도록 도와주기 때문이다. 그러나 메뉴는 단순히 품목과 가격을 기록한 것이 아니라 고객과 레스토랑을 연결해 주는 무언의 전달자이며 판매촉진도구라 할 수 있다. 최근 호텔의 레스토랑은 자신을 대표할 수 있는 대표 메뉴를 개발하여 고객들에게 인지시키고 있다. 예를 들면 W 서울 워커힐의 Kitchen레스토랑 하면, Sunday Brunch의 대명사로 알려져 있을 만큼 메뉴가 주는 효과는 매우 크다고 할 수 있다.

3) 고객과의 약속

레스토랑의 상품은 고객이 직접 눈으로 모든 것을 확인하고 음식을 구매하는 행위가 현실적으로 어렵다. 따라서 이러한 상품을 대표적으로 표현하는 도구가 바로 메뉴이다. 고객은 메뉴를 통하여 자신이 구매하고자 하는 가치를 확인하고 주문하게 된다. 또한 메뉴는 레스토랑에서 판매하는 상품에 대하여 고객에게 가치를 보장한다는 점에서 고객과의 중요한 약속의 매개수단이라 할 수 있다. 따라서 메뉴를 주문할 경우, 반드시 메뉴와 동일하게(고객의 특별한 요청 시 제외) 제공되어야 한다.

4) 내부통제수단

메뉴는 레스토랑의 모든 영역에 커다란 영향을 미친다. 특히, 식자재의 구매, 저장, 재고 등의 식자재관리는 물론, 이와 연관된 가격정책과 그에 따른 원가관리와 깊은 관련을 맺고 있는 내부통제수단으로 활용될 수 있다.

그림 1-18 Kitchen 레스토랑 메뉴 (W 서울 워커힐)

3. 메뉴의 역할

메뉴는 레스토랑의 기본적인 도구로서 음식을 고객에게 제공하기 위한 활동을 제시하고 레스토랑의 영업과정을 조정하며 통제하는 역할을 수행한다.

- ▷ 레스토랑의 이미지 표현
- ▷ 조리사 및 서비스 직원의 인력정보제공
- ▷ 원가관리
- ▷ 주방 및 레스토랑의 시설 배치
- ▷ 필요한 식재료의 파악과 구매 및 공급시기
- ▷ 서비스 수행절차 및 방법
- ▷ 음식문화의 추세 반영

제 2 절 메뉴의 형태

메뉴의 형태는 크게 식사시간에 의한 분류, 식사 구성에 의한 분류, 스페셜 메뉴 등으로 나눌 수 있다.

표 1-6 메뉴 형태에 따른 구분

메뉴의 형태에 따른 분류		
식사시간에 의한 분류	Breakfast	American Breakfast, Continental breakfast, Breakfast Buffet
	Brunch	아침과 점심 중간에 먹는 식사 (최근 도시생활인들에게 널리 이용되고 있음)
	Lunch	
	Afternoon Tea	영국인의 전통적인 식사습관 (밀크 티와 시나몬 토스트를 점심과 저녁사이에 즐겨 먹음)
	Dinner	
	Supper	최근엔 늦은 저녁에 먹는 간단한 식사의 의미로 사용되고 있음
식사구성에 의한 분류	Table D'hote	Set 메뉴에 의해 제공 (보통 전채–수프–생선요리–야채–육류–디저트로 구성 됨) 레스토랑의 고급화 추세
	A La Carte	고객의 주문에 의해 요리가 품목별로 가격이 정해져 제공되는 요리
	Buffet	진열해 놓은 음식을 고객이 일정한 가격을 지불하고 직접 자기의 기호에 맞는 음식을 선택하여 먹는다. 최근 특급호텔의 경우, 즉석요리 코너가 증가하고 있음: Buffet 레스토랑의 고급화 추세임
스페셜 메뉴	① 페스티벌 메뉴 ② 계절 및 데일리 스페셜 메뉴 ③ 최근 호텔에선 와인 및 사케와 어울리는 스페셜 메뉴가 많은 호응을 얻고 있음(Wine/Sake makers dinner 메뉴)	

그림 1-19 Four Seasons Buffet (쉐라톤 그랜드 워커힐)

그림 1-20 Kitchen Breakfast Buffet (W 서울 워커힐)

그림 1-21 Afternoon Tea의 Dessert (W 서울 워커힐)

그림 1-22 Brunch (W 서울 워커힐)

그림 1-23 A La Carte (W 서울 워커힐)

그림 1-24 Lunch Special Menu (W 서울 워커힐)

그림 1-25 Namu Wine Makers Dinner (W 서울 워커힐)

Appetizer

Soup

Fish

Sorbet

Main Dish(Meat)

Dessert

그림 1-26 Kitchen Table D'hote Menu (W 서울 워커힐)

제 3 절 메뉴관리

1. Menu Planning(메뉴계획)

1) Menu Planing의 의의

Menu Planning은 호텔 식음료의 성공적인 운영과 관리에 있어서 가장 중요한 업무 중의 하나로써 고객의 필요와 욕구를 충족시키고 조직의 목표를 달성할 수 있도록 계획되고 관리되어져야 한다.

Menu Planning은 레스토랑의 종류와 형태, 고객, 제공할 메뉴 품목, 식자재의 시장조건, 메뉴 품목 수와 다양성, 조리방법, 메뉴제공시점, 매출량, 서비스 방식 등을 고려하여 식음료의 매출 목표를 달성할 수 있는 가장 이상적인 메뉴 품목을 선정하는 것이다.

이러한 Menu Planning은 고객의 욕구에 따른 상품의 선정으로 시장 변화 감지 및 고객의 욕구를 파악하고 고객을 만족시킴으로써 호텔 레스토랑의 목표를 달성할 수 있는 차별화된 품목을 선정할 수 있도록 계획되어야 한다. 성공적인 메뉴 품목의 선정은 합리적인 Menu Planning 과정을 통해서 차별화 될 수 있으며, 이렇게 선정된 차별화된 품목은 경쟁시장에서 우위를 다질 수 있다.

Tip

Menu Planning 사례

2004년 W 서울 워커힐의 Kitchen 레스토랑이 오픈을 하며, 고객의 욕구를 반영하고 차별화된 품목으로 경쟁 우위를 점하기 위해 'Bubbly Sunday'라는 Brunch를 소개하였다. 당시 75,000원 이라는 고가의 위험과 주간에 샴페인이라는 술을 과연 고객들이 이용할 수 있을까라는 부분이 대부분 경영자들의 주된 관심이었다. 또한 주변에 쉐라톤 그랜드 워커힐의 Four Seasons라는 Buffet 레스토랑이 위치하고

Tip

Menu Planning 사례

있어 경쟁력의 의문을 갖게 하였다.
그러나 신선한 식자재의 사용, 고객이 주문한 음식에 대한 즉석요리, 조리사들의 메뉴에 대한 직접 서비스, 고급 샴페인 무제한 제공, 신규레스토랑 오픈, 고객들이 주말 교외를 선호하는 입지조건과 같은 포지셔닝으로 인하여, 많은 고객들이 이용을 하게 되었고, 지금은 Brunch의 대표 레스토랑으로서 서울 시내 특급호텔 중 최고의 매출(Daily Cover: 평균 190명, Revenue: 평균 1,500만원)을 올리고 있다.

2) Menu Planning의 목표

고객측면과 기업측면에서 좋은 메뉴가 되기 위해서는 다음과 같은 요인을 고려하여야 한다.

▷ 메뉴는 마케팅 목표를 갖고 있어야 한다.

고객의 욕구에 부응할 수 있어야 함

▷ 메뉴는 효율적으로 원가통제 지향적이어야 한다.

식음료 레스토랑은 Menu Planning시 원가절감의 목표를 가지고 있음.

▷ 메뉴는 품질목표에 영향을 준다.

영양이 충분하며, 서로 조화는 잘 이루는지, 색상, 맛, 냄새, 식욕, 일관성을 갖고 있는지 등을 살펴보아야 한다.

3) Menu Planning의 고려사항

메뉴를 계획하기 기업의 관리적인 관점과 고객의 관점으로 크게 구분할 수 있다. 고객은 메뉴를 통하여 레스토랑이 전달하고자 하는 의미를 파악하여 메뉴를 선택하고 기업은 그들이 전달하고자 하는 메시지를 메뉴를 통하여 고객에게 전달한다.

따라서 메뉴는 고객만족이라는 측면과 기업이 추구하는 이윤극대화라는 측면을 동시에 수행하여야 하는데 만약, 메뉴가 어느 한쪽에 치우친 일반적인 개념에서 계획된다면 고객만족추구와 기업의 이윤창출이라는 본래의 두 가지 목적 달성은 불가능 할 것이다.

① 메뉴 품목의 선정

메뉴 작성 시 고객의 욕구가 가장 중요하게 고려되어야 한다. 현대에 와서는 메뉴의 선호도에 있어 고객의 욕구가 다양화되고 있으며, 메뉴의 유행이나 트랜드도 급속하게 변화하고 있다.

예를 들면, 스테이크 요리의 경우, 그릴에서 굽는 방법이 주를 이루고 있으나, 최근엔 '수비드(Sous Vide)라는 저온조리법[9]으로 육질을 영양소가 외부로 나가는 것을 방지하고 육질을 부드럽게 하여 고객들의 호응도를 높이고 있다.

② 원가와 수익성

Menu Planning 시 고려해야 할 요소로 메뉴의 원가가 있다. 즉 메뉴의 원가를 반영하여 메뉴 가격을 결정하는 방법으로 가격결정방법은 뒤에서 다룰 것이며, 메뉴의 원가와 수익성에 대한 부분은 메뉴 판매의 예측과 매출의 예측 등 다방면에 걸쳐 중요한 부분이다.

③ 메뉴의 영양적 요소

메뉴 자체가 가지는 영양적 요소를 반영하여 메뉴를 계획하여야 한다. 현대는 메뉴의 칼로리와 메뉴의 염도 등에 고객들의 반응이 민감하므로 반드시 Menu Planning에 있어 영양적인 요소가 고려되어야 한다. 예를 들면, 메뉴의 영양소를 파괴하지 않고, 메뉴 자체의 DNA를 분석하여 만든 분자요리가 최근 유행을 하고 있다.

9) 60도 정도의 물에서 진공 포장된 스테이크를 익힘

④ 식재료의 구입여부

메뉴자체가 가지는 매력성이 뛰어나다 하더라도 메뉴의 재료로 쓰이는 식자재가 지속적으로 일관성 있게 공급되지 못한다면 의미가 없다. 예를 들면, 과거 광우병 파동으로 인하여 미국산 대신 호주산 와규 스테이크가 고객들에게 많은 호응을 얻었으나, 대량 소비로 인해 수입이 중단되어 다시 미국산 스테이크로 판매하여 고객의 혼란을 가져오기도 하였다. 따라서 Menu Planning 시에는 반드시 메뉴의 재료가 지속적으로 공급가능한지의 여부를 확인해야 한다.

⑤ 조리사의 능력 및 조리기구

조리사들의 능력이 메뉴를 생산할 수 있는지의 판단과 더불어 조리 시 현재의 조리설비, 기구들이 메뉴를 생산하는데 있어 문제점이 없는지를 고려해야 한다. 예를 들면, 스테이크 전문 레스토랑에서 파스타를 만들 경우, 파스타 요리를 전문으로 하는 조리사들이 반드시 배치되어야 한다.

2. Menu Analysis(메뉴분석)

1) Menu Analysis의 의의

Menu Analysis란 식음료 운영에 있어 현재와 미래의 메뉴 가격, 디자인, 메뉴 구성 내용 결정 등의 문제를 해결하고자 하는 일련의 과정이다. 또한 Menu Analysis은 고객선호도와 내부관리능력을 평가하여 매출을 증가시키고 순이익을 증가시킬 수 있는 메뉴 품목들의 평가라고 할 수 있다.

Menu Analysis의 목적은 각 메뉴의 적정한 가격을 선정하고 메뉴 품목의 식자재 원가를 산출하며, 메뉴가 어떤 가격수준과 품목일 때 이익을 최대화 할 수 있는지, 현재의 메뉴 중에 재가격 책정, 유지, 삭제 및 재위치화를 필요로 하는지, 성공적인 메뉴 변경은 어떻게 평가하는지 등의 질문에 대한 답을 찾음으로써 메뉴를 통해 많은 이익을 창출할 수 있는 가격으로 조정하고 고객에게 다가갈 수 있는 것이라 할 수 있다.

Menu Analysis는 일반적으로 고객수요와 메뉴 품목의 분석 및 각 품목의 공헌이익[10])에 초점을 두고 분석한다.

▷ 고객수요

일정기간 동안 한 점포를 이용한 고객 수

▷ 메뉴 품목의 분석(메뉴 Mix: 메뉴 구성비율)

판매된 품목을 비율로 구분하며 판매된 각 품목을 총 이용 객수에 대한 고객의 선택경향을 분석하는 것이며, Menu Sales Mix[11])라고도 한다.

▷ 공헌이익

판매비와 식재료비의 차액을 말하며 각 판매 품목의 총이익을 분석하는 것이고, 가격결정에 있어 매우 중요하다. 여기서 공헌이익은 재료비를 제외하고 남는 수익 즉 다른 비용을 충당하거나 이익을 창출하는데 공헌한다는 의미에서 공헌이익이라고 한다.

Menu Analysis에 있어 메뉴의 역할은 단지 재료비의 모니터링이 아니라 메뉴를 통하여 이익을 최대화할 수 있도록 관리하는 것이다. 그러므로 Menu Analysis는 이익을 창출하는 것이 우선적이며 목표원가를 통제하는 것은 부수적인 것이라 할 수 있다. 즉, 이익 창출이 중요한 것이지 식재료를 통제하는 것이 주목적은 아니다.

2) Menu Analysis 방법

과거 일정기간 동안 영업성과를 바탕으로 메뉴상에 있는 품목의 수익성과 선호도, 그리고 식료원가를 중심으로 한 분석이 주요 흐름이 되어 왔다. 지금까지 발표된 Menu Analysis 방법에서 메뉴의 평가와 분석에 가장 많이 쓰이는 방법 중, 현재 서울시내 특급호텔에서 주로 사용하였던 Kasavanas & Smith(1982)의 메뉴 Analysis 방법을 소개하고자 한다.

10) Contribution Margin: 매출이 실제로 기업 이익에 얼마만큼 공헌했는가를 말하며 매출에서 변동원가를 차감한 것(공헌이익=매출–변동원가=고정원가+세전이익)

11) 메뉴 판매믹스

▷ Menu Engineering이라는 체계화된 Menu Analysis 프로그램
▷ 품목의 판매가와 원가 그리고 판매될 수량뿐인 간단한 분석기법
▷ 학계와 업계로부터 많은 호응을 받고 있음

이 분석방법에서는 높은 공헌이익과 판매량이 많은 품목, 즉 수익성도 높고 선호도도 높은 품목을 Stars(최고의 품목), 그리고 수익성도 낮고 선호도도 낮은 품목을 Dogs(최하의 품목)이라고 설명하고 있다.

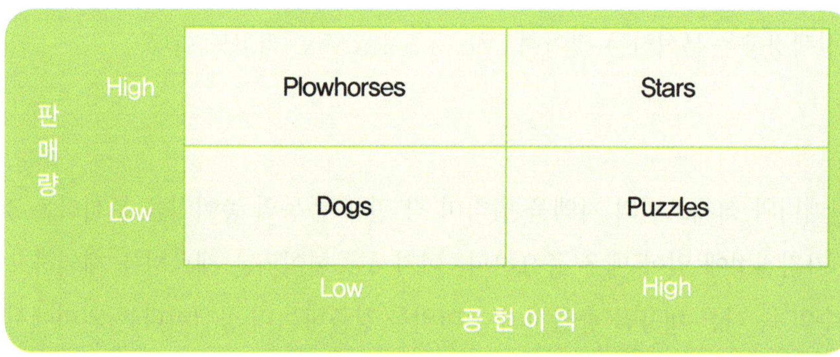

출처: Kasavana, M. L.&D. Smith(1982).「Menu Engineering: A Practical Guide, Lansing」.

그림 1-27 Kasavana & Smith의 Menu Analysis Matrix

① 각 그룹(품목군)별 개선전략

▷ Stars

선호도도 높고 수익성도 높은 품목으로 분류된 품목 군으로 다음과 같은 개선이 요구된다.

· 현재의 수준유지
· 가격의 변화에 고객이 민감한 반응을 보이지 않기 때문에 가격 인상을 시도
· 메뉴를 눈에 띄기 쉬운 최상의 위치에 배열

▷ Plowhorses

수익성만 높이면 Stars가 될 수 있기 때문에 개선방향은 수익성을 높이는 방향으로 이루어져야 한다.

· 신중한 판매가격의 인상 신도
· 가격인상에 대한 반발이 있을 경우, 품목의 재배치
· 식재료비가 낮은 품목과 결합하여 Set 메뉴 개발
· 선호도가 높기 때문에 고객의 시선이 덜 집중되는 곳에 위치하도록 하여 메뉴 상 품목의 배열을 재고
· 원가를 줄이기 위해 품목의 양을 줄임

▷ Puzzles

수익성은 높지만 선호도가 낮은 품목으로 가격대가 높은 품목들로서 선호도만 높이면 Stars 군에 속하는 품목임.

· 많은 노동력을 요구하는 품목은 메뉴에서 삭제
· 고객이 잘 볼 수 있도록 최상의 위치에 배열
· 품목의 이름을 바꿈
· 판매가의 인하를 통하여 선호도를 높임
· 품목 수를 최소화

▷ Dogs

수익성과 선호도 모두 없는 품목으로 가장 최하의 품목 군에 속한다.

· 메뉴에서 과감히 삭제
· 판매가를 인상하여 Puzzles군의 품목으로 만든다

Tip

Menu Analysis 사례

W 서울 워커힐의 경우, 월간, 분기별 판매량을 POS로부터 산출하여, 이에 대한 메뉴를 분석한다. 위 메뉴 Analysis Matrix에 의거 공헌이익도와 선호도가 낮은 메뉴(dogs)를 과감히 삭제하고 신규 메뉴로 교체하는데, 교체주기는 1년에 2번 정도 이루어지고 있으며, 처음엔 촉진 메뉴(Promotional Menu)로 고객의 선호도를 살핀 후 정규 메뉴에 삽입을 하고 있다.

3. Menu Pricing(가격전략)

일반적으로 메뉴에 대한 가격전략은 원가 · 경쟁 · 수요 등 세 가지 요인이 가장 중요한 요인으로 작용한다. 메뉴 가격전략의 목적은 고객별 시장점유율의 유지와 확대, 객단가의 이익 극대화, 현상유지 또는 가격안정, 촉진적 가격결정에 있다.

메뉴의 가격전략은 원가지향적 요소가 우선시되며, 수요나 경쟁 지향적 요소는 부차원적인 고려대상이 된다.

1) 원가지향적 가격전략

메뉴 생산에 사용된 원가를 기준으로 하여 가격을 결정하는 방법으로 이는 주로 객관적 데이터를 토대로 메뉴가격을 결정하기 때문에 가격결정방법 중 가장 객관적인 방법이라 할 수 있다.

① 마진확보에 의한 가격전략

마진확보 가격결정은 사전에 결정된 마진[12]을 메뉴 원가에 추가하는 방법이다.

표 1-7 마진확보에 의한 가격결정 산출식

판매가격 = 메뉴 원가 + 결정된 마진율

표 1-8 마진확보에 의한 가격결정 사례

메뉴 품목	메뉴 원가(원)	마진율(%)	판매가격(원)
와규 안심스테이크	40,000	30	52,000
	40,000 +	(40,000 x 30) =	52,000

② 목표원가에 의한 가격전략

메뉴 생산에 소요되는 식자재비용이 판매가의 일정비율을 차지한다는 가정하에 기반을 둔 가격 책정법으로 품목마다 다른 원가비율로 개별적인 가격책정을

12) Margin: 매출 총이익을 의미하며 판매가격과 매출원가의 차액이다.

할 수 있다. 이러한 가격전략은 월별 분기별 이익관리 회의에서 주로 원가에 주안을 두고 조리장의 성과를 측정하기 때문에 서울시내 특급호텔에서 가장 널리 사용되고 있다.

표 1-9 목표원가에 의한 가격결정 산출식

판매가격 = 총 식자재 비용 ÷ 식자재 목표원가

표 1-10 목표원가에 의한 가격결정 사례

메뉴 품목	메뉴 원가(원)		마진율(%)		판매가격(원)
프라임 등심 스테이크	30,000		30		100,000
	30,000	÷	(40,000 x 30)	=	100,000

2) 경쟁지향적 가격전략

호텔 식음료에서 널리 사용되는 가격 책정법 중 하나로 경쟁업체들이 사용하는 가격을 비교 분석하여 결정하는 방식으로 경쟁업체들의 가격에 고객이 만족하고 있다는 가정하에 근간을 두고 있기 때문에 레스토랑별 특성과 내 · 외 장식 및 서비스, 정량 등이 무시되기 쉬운 가격책정법이다.

① 가격선도제

동일업계에서 가격변화에 가장 영향력이 있는 호텔 레스토랑인 가격선도자에 의해 가격이 결정되는 형태로서 예를 들면, W 서울 워커힐 키친레스토랑의 'Sunday Brnch'의 경우, 높은 고객들의 인지도 및 매출증가로 인해 호텔신라와 파크 하얏트 서울의 Brunch를 오픈하게 되는 결과를 가져오게 하였으며 또한 가격책정도 이와 비슷한 수준을 유지하고 있다.

② 적정가격

경쟁업체의 가격과 비교하여 적정수준이라고 판단되는 경영자의 주관적인 가격결정방법으로 예를 들면, 철판구이의 경우, W 서울 워커힐과 그랜드 하얏트 서울의 일식당 2군데만 운영을 하고 있다. 따라서 두 호텔의 가격을 비교하여 고객군에 따라 경영자의 주관적인 가격결정이 이루어진다.

③ 최고가격

경영자가 임의로 고객이 지불할 수 있는 가장 높은 가격을 결정하는 방법으로 예를 들면, W 서울 워커힐의 X-Burger의 경우, 150,000원의 고가임에도 불구하고 타 호텔 레스토랑에서는 찾아 볼 수 없는 차별화된 고가가격을 책정하였다.

④ 특매가격

주력 품목의 가격을 인하하여 고객을 끌어들인 다음 이윤을 남기기 위하여 다른 품목에서 높은 가격을 받는 방법으로 예를 들면, W 서울 워커힐 레스토랑의 연말 송년 메뉴와 잘 어울리는 와인을 같이 이용할 경우, 15%의 할인을 해주는 반면, Set 메뉴를 고가로 하여 식사와 음료를 같이 이용할 수 있게 하는 가격전략을 구사하고 있다.

⑤ 관습적 가격결정

소비자들이 일반적으로 인식하고 있는 가격으로서 한 두 기업에 의하여 가격이 결정되는 것이 아니라 기업들이 사회습관에 의해 관행되는 가격이다.

3) 수요지향적 가격전략

① 수요차별에 따른 가격전략

시장별 가격차별법이라고도 한다. 이는 하나의 제품이 두 개 혹은 그 이상의 가격으로 판매되는 것을 말한다. 즉, 고객 · 장소 · 시간 등에 따라 시장을 세분화하여 차별적인 가격을 적용하는 것이다. 예를 들면, 쉐라톤 그랜드 워커힐의 경우, Four Seasons Buffet 레스토랑의 가격(70,000원)과 삼성동 Coex

VIZAVI Buffet 레스토랑[13]의 가격(62,000원)을 달리 하여 각 고객군에 맞게 가격을 책정하고 있다.

② 유인가격전략

촉진가격이라고도 한다. 여러 상품을 취급하는 연쇄점이나 백화점에서 특정 고객유인용 상품으로 하여 가격을 저렴하게 함으로써 다른 상품의 구매를 유도하는 전략이다.

예를 들면, W 서울 워커힐의 Namu 레스토랑의 경우, 생맥주를 저렴한 가격인 40,000원으로 무제한 제공하는 대신 안주를 집중적으로 판매하는 전략을 구사하고 있다.

13) 2011년 10월 워커힐 외부사업 업체로서 삼성동 Coex에 위치해 있다.

표 1-11 Menu Engineering 사례 I

1) 다음은 Menu Engineering과 관련한 사례를 제시한 것이다. 다음 표에 빈칸을 채우시오.

메뉴	판매량	메뉴 믹스 (%)	판매가격 (원)	원가 (원)	총 판매액 (원)	총 원가 (원)	총 공헌이익 (원)	공헌이익 믹스 (%)	공헌도	선호도	BCG 분석
관자구이	420	28	9,900	4,420	4,158,000	1,856,400	2,301,600	22	저	고	plow horse
등심 스테이크	360	24	17,000	9,000	6,120,000	3,240,000	2,880,000	27	고	고	star
안심 스테이크	150		19,000	9,900							
메로구이	70		12,900	8,000							
해산물 스파게티	180		19,000	9,000							
치킨 샐러드	210		9,900	4,400							
양갈비	75		19,900	9,900							
푸아그라	35		12,900	4,000							
합계	1,500				21,114,000	10,567,900	10,506,100				

① 메뉴: 메뉴상에 있는 모든 품목을 메뉴에 기입(예를 들면, 메뉴상의 메인 품목의 수가 8이면 8개의 품목을 차례로 기록하고 마지막에 합계를 기입)
② 각 품목의 일정기간 판매수량을 판매량에 기입
③ 메뉴 Mix(%) : (해당품목 판매량 ÷ 전체판매량)× 100
예) 관자구이의 메뉴 Mix = (420 ÷ 1500) ×100 = 28%
④ 각 메뉴품목의 판매가격 기입
⑤ 각 품목을 만드는데 소요되는 식자재의 원가 기입
⑥ 각 품목의 총판매액은 판매량 × 판매가격으로부터 구함
예) 관자구이의 총판매액 = 420 × 9,900 =4,158,000
⑦ 각 품목의 총원가는 판매량 × 원가로부터 구함
예) 관자구이의 총원가 = 420 × 4,420 = 1,856,400
⑧ 각 품목의 총 공헌이익은 총판매액 – 총원가로부터 구함
예) 관자구이의 총공헌이익 = 4,158,000 – 1,856,400 = 2,301,600
⑨ 공헌이익 Mix(%) = (해당품목 공헌이익 ÷ 전체공헌이익)× 100
예) 관자구이의 총공헌이익 Mix = (2,301,600 ÷ 10,506,100) × 100 = 22%
⑩ 공헌도 = 메뉴 Mix(%) – 공헌이익 Mix(%)
(메뉴 Mix < 공헌이익Mix : 공헌도 – 고, 메뉴 Mix > 공헌이익Mix : 공헌도 – 저)
⑪ 선호도 : 메뉴 Mix > 10% : 선호도 – 고, 메뉴 Mix < 10% : 선호도 – 저

표 1-12 Menu Engineering 사례 II

2) <표 1-14>의 자료를 토대로 BCG의 모형의 메뉴 품목 포지션을 작성하시오.

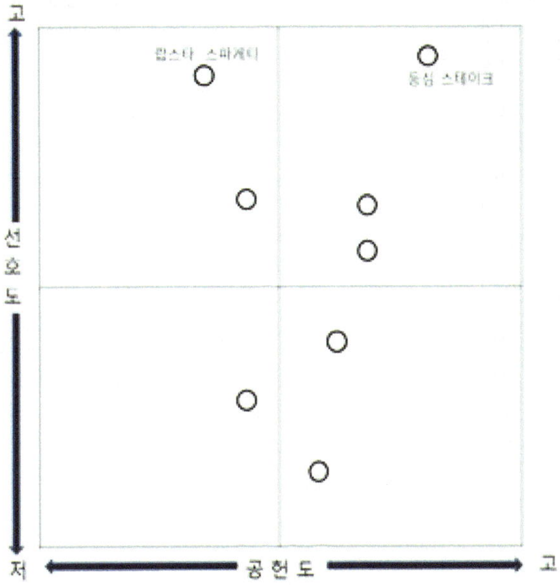

4. Menu Design

1) Menu Communication

메뉴는 레스토랑과 고객이 상호 커뮤니케이션을 하는 기능을 갖고 있다. 고객은 메뉴가 전달하는 메시지를 받아들이고, 그에 따라 행동하게 된다. 따라서 메뉴 작성자는 레스토랑에서 말하고자 하는 메시지를 고객에게 정확하게 전달해야 한다. Miller는 메뉴를 커뮤니케이션의 도구로서 다음과 같이 설명하고 있다.

표 1-13 Menu Communication

메 뉴 작 성 자		분 류	
메시지 의미의 고려	· 컨셉 · 정보 · 직관 · 경험	메시지의 접수	· 접수된 메시지의 해석 · 메시지를 받은 후의 개인적 성향
단어 또는 심벌로의 표현	· 목표 · 정책 · 철학 · 말하고자 하는 내용과 방법	단어와 심벌의 해석	· 해독 · 기대 · 가치의 인식
인쇄된 메뉴를 통한 메시지 전달	· 표지 · 광고문안 · 인쇄 · 색상 · 예술성 · 위치	의미의 이해와 수용	· 행동 · 원하는 품목의 구매 · 수익성 품목의 구매 · 레스토랑의 재방문

출처: Jack E. Miller, (1992).『Menu Pricing and Strategy』.

2) Menu Book Design

Menu Book은 광고와 마찬가지로 고객이 무엇을 살 수 있는가를 알려주는 도구로서 최적의 메뉴는 수익을 높이고, 고객에게 만족을 줄 수 있는 훌륭한 판매 매체가 된다.

이와 같이 효율적인 판매수단이 되도록 디자인을 고려할 때는 음식의 배열 및 내용, 시각적 구성, 지면, 활자체 등 Menu Book의 제작에 따른 여러 요소들을 고려해야 한다.

① Menu Book의 고려사항

▷ 관심을 끌 수 있는 Menu Book

▷ 실용성 있는 Menu Book

▷ 읽기에 편한 Menu Book

▷ 주변 환경과 조화를 이루는 Menu Book

▷ 적당한 Menu Book 형태

▷ 적정한 크기

▷ 고객의 기호가 반영된 디자인

▷ 상품들과의 관련성

그림 1-28 Woobar 음료 Menu Book (W 서울 워커힐)

그림 1-29 일식당 기요미즈 Menu Book (쉐라톤 그랜드 워커힐)

② Menu Book Design의 구성요소

▷ 언어

Menu Book에 표기되는 언어는 레스토랑의 형태와 특성 등을 반영해야 한다. 외국어로 표기하는 경우, 정확한 외국어를 사용한다.

▷ 정확성

고객이 메뉴로부터 음식의 가격과 특성에 대해 정확한 정보를 얻을 수 있어야 한다. 따라서 관리자는 항상 메뉴를 사전에 검사하여 실제와 차이가 있을 경우, 반드시 변경을 해야 한다. 그리고 메뉴에서 설명하고 있는 내용과 실제 제공되는 음식의 맛과 질이 일치하여야 한다.

▷ 가격

메뉴마다 최적의 가격을 제시하는 것은 매우 중요한 일이다. 가격은 비용을 충당하고 적정이익을 낼 수 있어야 하고 고객이 지급할 수 있는 정도이어야 하며 또한 경쟁력을 갖추고 있어야 한다.

▷ 품목구성

모든 레스토랑의 메뉴에는 다양한 음식들을 포함하고 있는데 이러한 음식들이 일정하게 판매되도록 구성하는 것이 좋다. 따라서 관리자는 매일 객단가를 파악하고 항목별 판매량을 분석하는 것이 필요하다.

항목별 판매비율을 개선하기 위해서는 메뉴 및 음료 리스트의 구성과 가격을 새롭게 해야 한다.

즉, Menu Book의 디자인을 새롭게 하고 색채와 그래픽 등을 이용하면 고객이 각각의 음식을 선택하는데 도움이 될 수 있다.

그림 1-30 한식당 온달 Menu Book (쉐라톤 그랜드 워커힐)

그림 1-31 중식당 금룡 Menu Book (쉐라톤 그랜드 워커힐)

제 4 절 양식 코스별 메뉴의 이해

1. Appetizer(전채요리)

1) Appetizer의 개념 및 특징

프랑스에서는 Hors d'oeuvre 라고 하며, 영국이나 미국에서는 에피타이저라고 하는데, 프랑스의 어원적 의미로 볼 때 Hors d'oeuvre의 Hors는 '앞'을 의미하고 oeuvre는 '식사'를 뜻한다. 즉 식사전에 제공되는 요리로 본 요리를 먹기 전 식욕을 돋워주기 위한 목적으로 제공하기 때문에 모양이 좋고, 맛이 있어야 하며 분량이 적어야 한다.

따라서 Appetizer[14]는 다음과 같은 몇 가지 조건을 구비해야 한다.

- 맨 처음 제공되는 요리인 만큼 고객의 미각을 자극시킬 수 있는 향과 시각적인 아름다움이 갖추어져야 한다
- 주 요리에 사용되는 재료와의 반복을 피하고 영양적으로 균형이 잡히도록 해야 한다
- 소화촉진을 위해 타액을 충분히 촉진시킬 정도의 자극적인 맛이 나야 한다
- 소량으로 계절감각을 느낄 수 있고, 특색이 뚜렷이 나타나도록 한다

2) Appetizer의 종류

① 세계 4대 Appetizer

- 거위 간(Foie gras) : 거위 간을 반죽하여 묵처럼 만든 것
- 캐비어(Caviar) : 철갑상어 알, 검은색과 붉은색 두 종류
- 달팽이(Escargot) : 껍질을 분리하고 양념하여 뜨겁게 제공
- 송로버섯(Truffle) : 향이 좋고 강하여 작게 잘라서 제공

14) Mile Guide는 독일 가전업체 Mile가 발행하는 아시아 레스토랑 안내책자로서 저명한 음식 애호가와 평론가, 식음료 전문가 등으로 구성된 심사위원단의 4단계에 걸친 심사과정과 일반인 온라인 투표 참여 등을 통해 아시아 TOP 20 및 각 국가별 TOP 5 레스토랑을 발표한다.

② 대중적 Appetizer

- 카나페(Canape), 훈제연어(Smoked salmon), 생굴(Fresh oyster), 치즈(Cheese), 새우칵테일(Shrimp cocktail), 계란 스터프(Eggs stuffed) 등

그림 1-32 Appetizer (아보카도 캐비어, 훈제연어)

2. Soup(수프)

1) Soup의 개념

Soup(수프)를 불어로 포타지(potage)라고 부르는데, Appetizer가 제공되지 않을 때는 실질적으로 첫 번째 음식에 해당된다. 수프는 입안을 촉촉하게 적셔주고 영양가가 높을 뿐만 아니라 위장을 달래주어 식욕을 촉진시키는 역할을 한다.

수프는 육류고기, 고기뼈, 야채, 향신료 등을 섞어 5~6시간 끓여낸 육수(stock: 스톡)에 다양한 재료를 섞어 만든 음식이다. 따라서 수프의 기초가 되는 것은 육수라 할 수 있으며 육수(stock: 스톡)가 맛있느냐에 따라 수프나 소스의 맛도 달라진다.

2) Soup의 종류

Soup(수프)의 종류는 온도에 Hot Soup, Cold Soup으로 나누며, 농도에 따라 Clear Soup, Thick Soup으로 나눌 수 있다.

그림 1-33 Soup (송로버섯을 곁들인 감자수프, 송이수프)

표 1-14 Soup의 종류

구 분		내 용	비고
Clear Soup	Consomme (콘소메)	Beef consomme Chicken consomme Fish consomme Game consomme	Clear stock을 사용하며 농축하지 않음
	Vegetable Soup (야채수프)	Minestrone Pistou	
Thick Soup	Cream Soup Potage Puree Choweder Fish Bisque–Shel Fish	콩을 리아종 대신 사용 농도맞춤, 걸쭉한 수프 야채를 잘게 분쇄한 것(크림을 사용하지 않음) 감자를 이용하여 만든 수프 어패류 수프	

3. Fish(생선요리)

1) Fish(생선요리)의 개념

Fish(생선요리)는 수프 다음으로 제공되며 지방이 적고 단백질이 풍부하여 건강식으로 즐겨 찾을 뿐만 아니라 여성들도 즐겨 찾으며 종교적인 이유로 육류요리를 먹지 않는 고객들이 Fish를 선택하기도 한다

Fish는 다른 요리와 달리 신선도가 맛에 절대적인 영향을 미치고 생선 자체에 응집력이 없으므로 서비스할 때 조심스럽게 다루어야 한다. 완성된 요리를 서비스할 때는 생선의 머리가 고객의 좌측에, 배 부분은 고객의 앞쪽에 오도록 놓아야 하며, 화이트 와인을 곁들여 먹는 것이 일반적이다

2) Fish(생선요리)의 종류

Fish(생선요리)에 주로 사용되는 생선을 분류하면 다음과 같다

그림 1-34 Fish (연어구이와 관자, 농어구이)

표 1-15 Fish의 종류

구 분	종 류
바다생선	대구, 청어, 도미, 농어, 참치, 혀가자미, 넙치 등
민물고기	송어, 연어, 은어 등
갑각류	왕새우, 새우, 바닷가재, 대게 등
패류	전복, 홍합, 가리비, 대합, 굴 등
연체류	오징어, 문어 등

4. Meat(육류)

Main Dish(육류요리)를 프랑스어로 Entree(앙뜨레)라고 부르는데, 생선요리 다음으로 제공되며 코스메뉴의 가장 핵심적인 메뉴이다

Main Dish에 사용되는 고기로는 Beef(소고기), Veal(송아지고기), Lamb(양고기), Pork(돼지고기), Poultry(가금류)등이 있다. 특히 Main Dish에 가장 널리 사용되는 것은 Beef(쇠고기) 요리로서 대부분 'Steak(스테이크)'로 제공된다.

1) Beef(쇠고기)

Steak(스테이크)란 '두꺼운 살코기'를 의미하는데 쇠고기를 두껍게 잘라 요리한 것으로, Beef의 진미를 즐길 수 있는 가장 유명한 Entree(앙뜨레) 요리이다. 호텔에서는 소고기의 대부분이 스테이크로 제공되고 있다.

Steak는 고기의 부위에 따라 그 명칭이 다양한데 대표적으로 안심, 등심을 중심으로 살펴보기로 한다.

① Tenderloin Steak(안심 스테이크)

안심스테이크는 소고기의 안심 부위로 만든 스테이크를 말하며, 다섯 부위로 나뉜다.

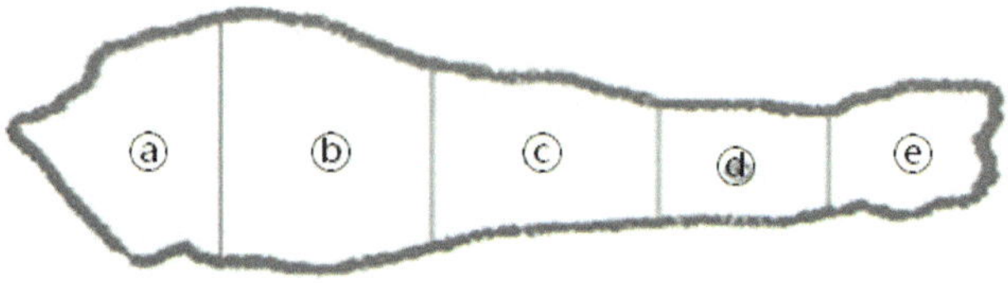

그림 1-35 소고기 안심부위별 명칭

ⓐ Beef Teck(비프텍) : 소기기 안심의 맨 앞부분

ⓑ Chateaubriand(샤또브리앙) : 등뼈 양쪽에 붙어 있는 가장 연한 안심의 머리 부분

ⓒ Fillet(필렛) : 안심 스테이크로 사용되는 부분

ⓓ Tournedos(투르느도) : 안심부위의 중간 뒤쪽 스테이크

ⓔ Fillet Mignon(필렛미뇽) : 안심 뒷부분 스테이크

② Sirloin Steak(등심 스테이크)

Sirloin Steak(등심 스테이크)는 영국 왕 찰스 2세가 즐겨 먹던 스테이크로 스테이크에 남작의 작위를 수여하였다는 뜻으로 Loin(로인) 앞에 'Sir'를 붙여 Sirloin Steak라 유래하며 부위에 따라 명칭이 다르다

- New York Cut Steak(뉴욕 컷 스테이크) : 등심 중에서 기름기가 적은 부분을 잘라 놓은 모습이 뉴욕주의 지도와 비슷하다고 붙여진 이름
- Minute Steak(미닛 스테이크) : 등심부위를 얇게 두들겨 편 다음 구워낸 스테이크

③ Steak 굽기 정도

Steak 굽기 정도를 살펴보면 다음과 같다.

표 1-16 Steak의 굽기 정도

구 분	내 용
Rare(Blue)	속을 따뜻하게 하여 색깔만 살짝 나게 굽는 것을 말하며 절단하였을 때 속은 선분홍색을 띄어야 한다. 고기의 내부온도는 52℃ 정도
Medume Rare (Saignant)	Rare보다 조금 더 익힌 것으로 시각적으로 피가 흐르는 것이 보이지 않아야 한다. 고기의 내부온도는 55℃ 정도
Medium(A Point)	절반 정도로 익힌 것을 말하며 검붉은 색이 감돌아야 한다. 고기의 내부온도는 60℃ 정도
Medium Well-done (Cuit)	거의 다 익힌 것으로, 절단하였을 때 가운데 부분에 약간 붉은색이 감돌아야 함. 고기의 내부온도는 65℃ 정도
Well-done (Bien Cuit)	속 부분까지 완전히 익힌 것으로, 절단했을 때 핏기가 보이지 않아야 한다. 고기의 내부온도는 85℃

2) Veal(송아지)

Veal(송아지 고기)은 송아지 고기를 말하며 우유로 사육하며 조직이 매우 부드러우며 밝은 회색의 핑크색을 띤다. 지방이 적고 수분을 많이 함유하여 맛이 연하고 부드럽다. 3~10개월 정도 된 송아지는 Calf라 부르며 조직은 붉은 핑크색을 띤다.

3) Lamb(양)

양고기는 Lamb과 Mutton으로 분류한다

- Spring Lamb : 5개월 미만의 양
- Lam : 생후 2년 미만의 양
- Mutton : 2년 이상 성장한 양

4) Pork(돼지고기)

Pork는 생후 1~2주내 거세한 숫 돼지와 처녀 돼지 고기가 우수하다.

5) Poultry(가금류)

닭, 오리, 칠면조, 비둘기, 거위 등 집에서 사육하는 가금을 의미한다. Meat의 색깔에 따라 Black Meat와 White Meat로 구분하는데, White Meat는 앞가슴살(breast)을 의미하며, Black meat는 다리부분의 Meat를 의미한다

가금류는 1~3℃의 온도와 70~75%의 습도에서 저장하는 것이 좋으며, 장기저장인 경우 -18℃에서 -20℃사이에 냉동시키는 것이 좋다.

6) Game(엽수류)

Game(엽수)는 들짐승의 고기에 사용되는 말로, 가금류에 비해 좀 더 연하고 담백하다. 맛 또는 영양면에서 가을부터 겨울까지가 가장 좋으며 이때 요리에 많이 사용된다.

그림 1-36 Meat (안심구이, 송아지갈비구이, 양갈비와 안심구이)

5. 육류의 소스 및 가니쉬

1) Sauce(소스)

소스(Sauce)는 라틴어 'Sal'에서 유래되었다. 육류요리에는 항상 소스가 곁들여지는데 소스는 육류요리의 맛을 살리고, 시각적인 색상을 부여하여 음식의 풍미를 높이고, 영양을 증진시켜준다. 소스는 다음과 같은 특성을 지니고 있으며, 종류는 〈표 1-17〉과 같다.

- 약간의 광택을 지니고 있어야 함
- 흐를 수 있고 매끄러우며 덩어리가 없는 농도를 가져야 함
- 순한 맛을 가져야 함
- 전분은 완전히 요리되어야 함
- 시각적으로 혐오감을 주는 색채는 피해야 함

표 1-17 Sauce의 종류 및 특징

색 상	종 류
Red(적색)	Carrot(당근), Tomato(토마토)
Green(초록)	Broccoli(브로콜리), Pimento(피망), Celery(셀러리), Asparagus(아스파라거스)
White(흰색)	Potato(감자), Mushroom(버섯), Pineapple(파인애플)

2) Garnish(가니쉬)

Garnish(가니쉬)는 스테이크 등 육류요리를 제공할 때 고기와 브로콜리, 감자, 당근 등의 더운 야채이다. 가니쉬는 색상의 조화를 통해 맛을 돋우고, 육류와 야채의 조화를 통해 영양의 균형을 도모한다.

표 1-18 Garnish의 종류

구 분	내 용
White Sauce (화이트 소스)	주로 야채요리에 곁들여 먹는 흰색 소스 대표적인 소스 : Bechamel(베사멜) 소스
Brown Sauce (브라운 소스)	주로 스테이크에 곁들여 먹는 갈색 소스 대표적인 소스: Demi-glace(데미글라스), Gravy(그레비) 소스
Red Sauce (레드소스)	피자를 비롯한 밀가루 음식에 많이 사용 대표적인 소스 : Tomato(토마토) 소스
Yellow Sauce (옐로우소스))	주로 생선찜이나 조림에 사용되는 소스 대표적인 소스 : Hollendaise(홀렌다이즈) 소스

6. Salad(샐러드)와 Dressing(드레싱)

1) Salad(샐러드)

Salad(샐러드)는 고기요리에 제공되는 신선하고 차가운 야채로서 양배추, 셀러리, 오이, 토마토 등이 Dressing(드레싱)과 함께 제공되며, 산성인 육류를 전후해서 알칼리성인 샐러드를 섭취함으로써 영양의 균형을 도모하는 역할을 한다.

샐러드는 Simple Salad(단순샐러드)와 여러 가지 재료를 섞어서 만든 Compound Salad(복합샐러드)가 현대에 와서는 그 의미가 퇴색되고 있으며 대부분의 샐러드는 필요에 따라서 색, 맛, 영양의 조화를 이루기 위해 적절한 배합을 한다.

① Simple Salad(단순샐러드)

- Spinach & Mushroom Salad(시금치 및 버섯 샐러드)
- Chef's Salad(쉐프 샐러드)
- Green Salad(그린 샐러드)
- Garden Salad(가든 샐러드)

② Compound Salad(혼성 샐러드)

- Caesar Salad(시저 샐러드)
- Seafood Salad(해산물 샐러드)
- Macaroni Salad(마카로니 샐러드)
- Sweet Corn(스위트 콘 샐러드)

그림 1-37 Fish Salad (고르곤졸라 치즈를 곁들인 계절샐러드, 시저샐러드)

2) Dressing(드레싱)

Dressing(드레싱)이란 용어는 본래 '몸단장을 마무리 한다'라는 뜻으로 소스를 샐러드 위에 뿌리면 여자가 드레스를 입은 것과 비슷하다는데서 유래하였다.

이처럼 샐러드에 사용되는 소스를 드레싱이라고 하며, 샐러드에는 반드시 드레싱이 곁들여진다. 드레싱은 주로 식초와 식용유에 소금, 후추, 양파, 피망등에 향료를 가미하며, 드레싱의 종류는 다음과 같다.

- American French Dressing(아메리칸 프렌치 드레싱)
- Thousand Island Dressing(사우전드 아일랜드 드레싱)
- House Dressing(하우스 드레싱)
- Blue Cheese Dressing(블루치즈 드레싱)
- Cocktail Sauce(칵테일 소스)
- Horseradish Sauce(홀스레디쉬 소스)

7. Dessert(디저트)

Dessert(디저트)의 어원은 프랑스어의 뒤세뵈르(Desservir)에서 유래되었는데, '치우다', '정리하다'라는 뜻으로, 오늘날에도 디저트를 서비스할 때는 테이블 위에 모든 식기류를 치우고 디저트를 제공한다.

디저트는 식사를 마무리 하는 단계에서 입안을 개운하게 해주려는 목적이 크며, 주로 단맛과 과일류, 치즈류등이 있으며, 단맛의 디저트는 Cold Dessert와 Hot Dessert로 구분된다.

1) Cold Dessert

- Ice Cream(아이스크림) : 각종 아이스크림 종류
- Sherbet(셔벳) : 과즙과 샴페인 등을 섞어서 만든 얼음과자
- Mousse(무스) : 계란과 크림을 섞어 글라스에 넣어 차게 한 것
- Charlotte(샬롯) : 견과류 껍질에 우유를 넣어 차게 한 것
- Blancmanager(블루망제) : 밀크, 콘스타치를 젤라틴으로 구운 것

2) Hot Dessert

- Crepe Suzette(크렙수젯) : 팬케이크를 말아 소스와 함께 제공
- Pudding(푸딩) : 달고 연하게 구운과자
- Hot Souffle(핫 수플레) : 계란, 우유, 밀가루, 버터, 설탕, 그랑마니에를 재료로 하여 오븐에 익혀낸 것으로 분말 설탕과 바닐라 소스로 장식한다

3) Cheese(치즈)

우유, 양유, 염소젖 등을 이용하여 젖 속의 단백질과 지방을 젖산균 및 응유효소로 작용시켜 응고현상이 일어난 것을 가열, 압착, 숙성과정을 거쳐 만들진 것을 Cheese(치즈)라 한다.

프랑스에서는 요리(주로 고기류)를 시켜 포도주와 함께 먹을 때, 본 요리를 끝내고 남은 포도주와 함께 곁들이도록 치즈를 많이 권한다.

표 1-19 Cheese의 종류

구 분	치즈의 종류	주 원 료	원 산 지	지방 함유량
Fresh Cheese	Cream cheese	소 우유	미국	35%
	Feta	양 혹은 염소의 우유	이탈리아	
	Mozzarella	버팔로의 우유	이탈리아	40~45%
	Mascarpon	소 우유	이탈리아	70~75%
	Ricotta cheese	유장(whey)	이탈리아	4~5%
Soft Cheese	Beal pease	젖소의 우유	이탈리아	50%
	Bri cheese	젖소의 우유	프랑스	60%
	Boursin	삼중의 젖소로 만들어 진 삼중 유지의 치즈	프랑스	75%
	Camembert	젖소의 우유	프랑스	45%
Semi-soft Cheese	Doux de Montage	젖소의 우유	프랑스	45%
	Fontin	젖소의 우유	프랑스	45%
	Gouda	젖소의 우유	독일	48%
Firm Cheese	English cheddar	젖소의 우유	영국	45%
	Emmenthaler	소 우유	스위스	45%
	Gruyere	젖소의 우유	스위스	45%~50%
	Parimigiano Reggiano	젖소의우유	이탈리아	32~35%

4) Fruits(과일)

제철에 생산된 과일을 차게 해서 제공하는 것이 원칙이며, 여러 가지 과일을 혼합하여 만든 'Fruits Cocktail' 등도 제공된다.

그림 1-38 Fish Salad (고르곤졸라 치즈를 곁들인 계절샐러드, 시저샐러드)

8. Beverage(음료)

모든 식사가 끝나면 마지막 코스에 고객이 원하는 음료를 주문받아 제공한다. 식후 음료는 주로 커피나 홍차, 녹차등이 제공된다.

음료를 제공하는 이유는 충분히 쉬면서 대화를 나눌 수 있는 기회를 마련하기 위함이다. 그래서 마지막 코스에서는 찻잔, 물컵은 고객이 떠날 때 까지 치우지 않는 것이 원칙이다. 다. 서비스 직원은 식후 음료를 제공하기 전에는 '커피와 차 중 어떤 것을 드시겠습니까·'라고 물어보고 제공한다.

1) Coffee(커피)

커피는 대부분의 사람들이 식사 후에 즐겨 마시는 음료로써 대부분의 양식당에선 커피를 식후 음료로 제공하는 것이 일반적이다

커피를 제공할 때는 고객의 기호에 따라 설탕, 크림 혹은 우유를 제공한다. 커피는 각 개인별 커피 잔에 제공하고 서비스 하는 찻잔은 항상 뜨겁게 데워진 것을 사용한다.

2) 티(Tea)

디저트 후의 음료로는 주로 커피가 사용되지만 커피를 싫어하는 사람은 차를 즐긴다. 식후 음료로 제공되는 차의 종류로는 홍차와 녹차가 제공된다

고객에게 차를 서비스할 때는 뜨거운 티 포트(Tea Port)를 차와 함께 서비스해야 한다. 티 포트는 차가 너무 강하다고 느낄 때 농도를 조절해 주기 때문이다

Chapter 5.

호텔 레스토랑의 형태

제 1 절 레스토랑의 형태

호텔 식음료는 일반적으로 음식(Food)을 전문으로 판매하는 레스토랑과 알코올(alcoholic) 및 비알코올(non alcoholic)성 음료를 판매하는 레스토랑으로 나눌 수 있다.

그러나 최근 호텔 식음료의 인건비 증가 및 수익성 저하로 인해 기존 호텔 뿐만 아니라 신규 호텔도 레스토랑을 축소해 가고 있으며 Cafe, All day dining restaurant 등과 같이 필수적인 레스토랑만을 운영하고 있다.

하지만 호텔사업은 대고객 서비스 감동과 관련이 있기 때문에 레스토랑 축소에 있어 세심한 주의가 요구된다. 다음은 서울시내 특급 호텔이 갖추고 있는 레스토랑의 형태를 기술하고 있다.

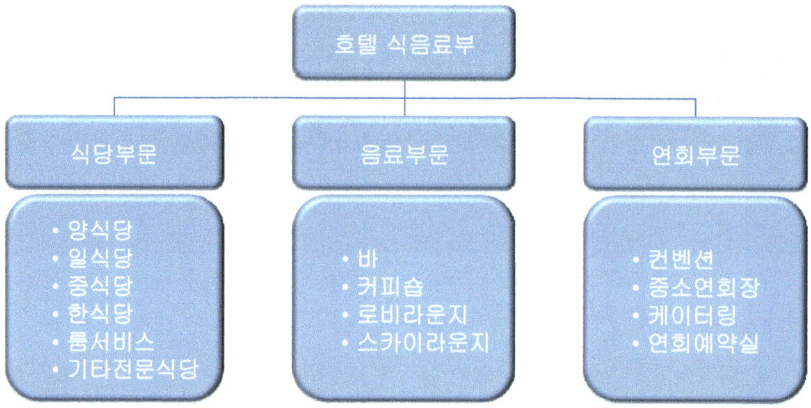

그림 1-39 서울시내 특급 호텔 Outlet 형태

1. French Restaurant

프랑스 요리는 이탈리아 요리의 영향을 받아 기술이 전파되면서 프랑스인들의 뛰어난 예술적 감성과 소스의 감칠 맛, 우아한 데코레이션, 최고급 와인과 신선한 식재료 등을 바탕으로 발전되어 오늘날 서양요리를 대표하는 세계적 요리로 발전하였다. 또한, 테이블 매너가 큰 비중을 차지하고 있으며 디너의 경우, 메뉴가 7~10가지 코스이고 식사시간은 보통 2~3시간 정도가 소요된다.

그러나 최근 레스토랑의 높은 식재료 원가 및 인건비로 인해 신라, 롯데, 힐튼 호텔 등을 제외한 많은 서울 시내 특급 호텔들은 좀 더 많은 고객들이 부담 없이 이용할 수 있도록 프렌치 레스토랑을 가벼운 Cafe나 Dining, Grill 레스토랑 등으로 변모시키고 있다. 특급호텔의 대표적인 프렌치 레스토랑으로는 롯데호텔 소공동의 'Pierre Gagnaire'로써 2011년, 2012년 Mile Guide[15]에 한국 최고의 프렌치 레스토랑으로 두 번이나 선정되었다.

15) Mile Guide는 독일 가전업체 Mile가 발행하는 아시아 레스토랑 안내책자로서 저명한 음식 애호가와 평론가, 식음료 전문가 등으로 구성된 심사위원단의 4단계에 걸친 심사과정과 일반인 온라인 투표 참여 등을 통해 아시아 TOP 20 및 각 국가별 TOP 5 레스토랑을 발표한다.

2. Italian Restaurant

이탈리아는 음식에 대한 자부심이 강하며 세계적인 패스트푸드 업체인 맥도널드가 로마와 밀라노에 단 2개가 위치하고 있을 정도이다. 그들이 음식에 대해 보수적인 것은 아니다. 단지 아무리 바빠도 먹을 시간은 꼭 찾아서 먹는 것을 즐긴다는 원칙을 갖고 있기 때문에 패스트푸드가 그다지 호응을 얻지 못하고 있기 때문이다.

대표적인 요리로는 우리나라의 김치만큼이나 유명한 피자, 파스타 등이 있으며 서울시내 특급 호텔의 이탈리안 레스토랑은 프렌치 레스토랑을 대신하여 식음료 레스토랑의 전략적인 역할로서 중요성이 극대화 되고 있으며 특급호텔의 대표적인 이탈리안 레스토랑으로는 롯데호텔의 'Peninsula'와 리츠칼튼의 'The Garden' 등으로써 Peninsula의 경우, 국내 최대 이탈리아 와인을 보유하여 많은 고객들의 미각을 북돋우게 하고 있다.

그림 1-40 The Garden (리츠칼튼 서울)

3. A La Carte Restaurant

최근 서울시내 특급호텔에서 프렌치 레스토랑, 이탈리안 레스토랑을 대체하는 A La Carte 전문레스토랑(일품요리 전문 레스토랑)이 증가하고 있는 추세이다. 일품요리 전문 레스토랑은 스테이크, 생선, 파스타 등 최고급 요리는 물론 세계 주요 와인을 함께 즐길 수 있다.

호텔에서는 주로 A La Carte를 제공하며, 수익을 증진시키고 고객의 기호와 편의를 도모하기 위해 스페셜 메뉴를 제공하기도 한다.

또한 최근 이벤트와 관련 와인과 잘 어울리는 음식을 이용한 와인 Wine Makers Dinner행사가 꾸준히 증가하고 있다.

일반적으로 일품요리 전문 레스토랑에서는 아침, 점심, 저녁식사가 계속해서 제공되는 곳이 대부분이다.

특급호텔의 대표적인 일품요리 전문 레스토랑으로는 W 서울 워커힐 'Kitchen'으로 다양한 와인행사 및 이벤트 등으로 많은 고객들을 유치하고 있다.

그림 1-41 Kitchen (W 서울 워커힐)

4. Cafe & Dining

프랑스에서 차용한 영어의 'cafe'는 커피라는 뜻의 터키어 'kahve'에서 유래하였는데, 일반적으로 가볍게 식사를 하거나 차를 마실 수 있는 소규모 레스토랑을 의미한다.

그러나 최근엔 특급 호텔을 중심으로 식음료 레스토랑의 한 부서로 Cafe 레스토랑이 개설되어 운영되는 추세이며 호텔의 Cafe에서는 커피와 차, 식사와 일품요리 등을 즐길 수 있다.

특급호텔의 대표적인 Cafe&Dining으로는 그랜드 하얏트 서울의 'Terrace'로 아침부터 밤까지 멋진 전망과 함께 커피와 차, 스낵, 각종 일품요리 등을 부담 없이 즐길 수 있다.

그림 1-42 Terrace (그랜드 하얏트 서울)

그림 1-43 The View (쉐라톤 그랜드 워커힐)

5. Delicatessen(Deli)

Delicatessen은 Deli라고도 하며 케익, 빵, 초콜릿, 쿠키뿐만 아니라 커피, 생과일 쥬스, 와인 등과 같은 다양한 품목을 판매하는 곳을 의미한다.

최근엔 웰빙(well-being) 추세에 따른 다양한 유기농 제품 및 기능성 품목 등을 선보이고 있으며 와인 선물용 세트의 판매도 꾸준히 증가하고 있다.

특급호텔의 대표적인 Delicatessen으로는 그랜드 하얏트 서울의 '델리(Deli)'

그림 1-44 Ritz Deli (리츠칼튼 서울)

그림 1-45 The Deli (쉐라톤 그랜드 워커힐)

로 홈메이드 샐러드, 샌드위치, 소시지, 600여종의 와인, 각종 오일과 소스 등을 판매하고 있다.

6. Korean Restaurant

최근 한식의 세계화로 인해 한정식의 대한 이미지가 지속적으로 고양되고 있다. 국내호텔의 한식당에서는 궁중 상차림과 다양한 정식, 일품요리를 판매하고 있는 레스토랑으로, 최근 워커힐과 롯데호텔을 제외한 모든 특급 호텔로 부터 한식당은 수익성 저하 및 높은 인건비, 이로 인한 일반 한정식 레스토랑과의 경쟁력 저하로 인해 외면당하고 있는 실정이다.

그러나 한정식의 R&D(Research and Development)를 통한 고급화, 대중화를 선도한다면 중국, 일본뿐만 아니라 세계 여러 국가에 한정식을 알릴 수 있는 전도사 역할을 할 수 있을 것이다.

특급호텔의 대표적인 한식당으로는 쉐라톤 그랜드 워커힐의 '온달(Ondal)'로 내국인뿐만 아니라 중국, 일본 고객이 가장 선호하고 있는 대표적인 한식당이다.

그림 1-46 한식당 온달 (쉐라톤 그랜드 워커힐)

7. Chinese Restaurant

그림 1-47 중식당 취홍 (리츠칼튼 서울)

중국인들은 한 가지 식재료를 전부 먹는 것이 건강에 좋다고 여겨 어떠한 재료라도 버리는 법이 없다. 기름을 많이 사용하는 만큼 고온으로 단시간 요리해서 재료의 맛을 유지하고 영양분을 파괴하지 않으며 고칼로리의 요리를 만드는 것이 중국요리의 특징이다.

현재 특급호텔에서 전략적으로 운영이 되고 있으며 전 세계적으로도 많은 호텔에서 중식당을 운영하고 있다.

특급호텔의 대표적인 중식당으로는 신라호텔의 '팔선'으로 정통 중식의 진수를 선보이며, 중국 본토 최고의 맛을 그대로 전하고 있다.

8. Japanese Restaurant

일본요리의 특징은 요리의 색체, 배합, 그리고 접시(Plate)의 색 등이 조화를 이루고 있다. 생선회나 초밥과 같이 날것을 이용하는 음식이 많아 위생적인 면을 중시하며 음식의 양은 조금씩 담아 음식 맛에 매력을 느낄 수 있도록 한 것이 특징이다. 현재 국내 특급호텔에서 중식당과 함께 많이 운영되고 있으며 전 세계적으로 많은 호텔에서 일식당을 운영하고 있다.

특급호텔의 대표적인 일식당으로는 그랜드 하얏트 서울의 '아카사카(Akasaka)'로 스시바, 철판구이 코너, 별실 등을 갖추고 회석요리, 생선회 등 최고급 일식을 선보이고 있다.

그림 1-48 일식당 Namu (W 서울 워커힐)

그림 1-49 일식당 기요미즈 (쉐라톤 그랜드 워커힐)

9. Buffet Restaurant

Buffet Restaurant은 미리 준비해 놓은 요리를 균일한 요금을 지불하고 자기의 기호에 따라 먹고 싶은 음식을 양껏 먹을 수 있는 Self Service 형태의 레스토랑으로 Open Buffet와 Close Buffet 등으로 구분한다.

Open Buffet는 일정한 영업장을 갖추고 항상 오픈되어 영업을 하는 뷔페 레스토랑으로 어린이부터 장년층에 이르기까지 즐겨 이용하기 때문에 많은 서울 시내 특급호텔들이 뷔페 레스토랑을 운영하고 있다.

Close Buffet는 연회장에서 특정 모임이나 행사를 위해 일시적으로 세팅되어 운영하는 뷔페를 말한다.

특급호텔의 대표적인 뷔페 레스토랑으로는 호텔신라의 'The Parkview'와 쉐라톤 그랜드 워커힐의 'Four Seasons'로 여러 형태의 오픈 키친에서 선택한 메뉴를 즉석에서 조리해 주는 맞춤요리를 제공한다.

그림 1-50 Four Seasons (쉐라톤 그랜드 워커힐)

표 1-20 서울 특1급 호텔 레스토랑 현황 (2011년)

구 분	프렌치 레스토랑	이탈리안 레스토랑	뷔페	카페 & 그릴	델리 카티슨	한식당	중식당	일식당
그랜드 앰배서더 서울			●	●			●	●
그랜드 인터컨티넨탈 서울	●	●	●	●	●			●
그랜드 하얏트 서울			●	●	●		●	●
그랜드 힐튼 서울			●	●	●		●	●
롯데호텔 서울	●	●	●	●	●	●	●	●
롯데호텔 월드			●		●		●	
르네상스 서울	●	●	●	●	●	●	●	●
리츠칼튼 서울		●		●	●		●	●
밀레니엄 서울 힐튼	●	●	●	●	●		●	●
쉐라톤 그랜드 워커힐			●	●	●	●	●	●
쉐라톤 서울 디큐브시티			●		●			
신라호텔	●		●		●		●	●
웨스틴 조선		●	●	●			●	●
인터컨티넨탈 코엑스 서울			●				●[16]	
임피리얼 팰리스		●		●	●		●	●
파크 하얏트 서울		●						
플라자 호텔		●		●	●		●	●
JW 메리어트 서울		●		●	●		●	●
W 서울 워커힐				●				●

출처: 특1급 호텔 홈페이지

16) 인터컨티넨탈 코엑스 서울은 한국, 일본, 중국, 인도의 아시아 레스토랑을 통합 운영하고 있다.

제 2 절 음료업장의 형태

호텔의 레스토랑이 음식을 제공하는 공간이라면, 음료업장은 알코올성(alcoholic) 음료 및 비알코올성(non alcoholic) 음료 등을 제공하는 곳이라 할 수 있다.

음료업장은 주장의 특성상 원가율이 낮아 수익성을 극대화시킬 수 있기 때문에 서울시내 많은 특급 호텔들이 라운지 형태의 Bar를 갖추고 간단한 칵테일에서 고급 위스키, 와인 등에 이르기까지 다양한 음료를 판매하고 있다.

음료업장에 대해서는 다음 Chapter Ⅱ 주장관리에서 보다 자세히 알아보겠다.

Chapter 6.

호텔 레스토랑 서비스 기물

제 1 절 Silver Ware(은기제품)

Silver Ware(은기제품)는 순은제와 은도금이 있는데, 순은제는 가격이 비싸고 관리가 어려워 호텔에서는 은도금제품을 많이 사용하고 있다. 또한 일반 레스토랑에서는 가격이 저렴하고 보관 및 관리가 쉬운 스테인레스 기물을 많이 사용하고 있다.

본 교재에서는 고객들이 주로 사용하는 대표적인 은기제품으로 Knife(나이프), Spoon(스픈), Fork(포크)를 제시하고자 한다.

1. 은기제품의 종류

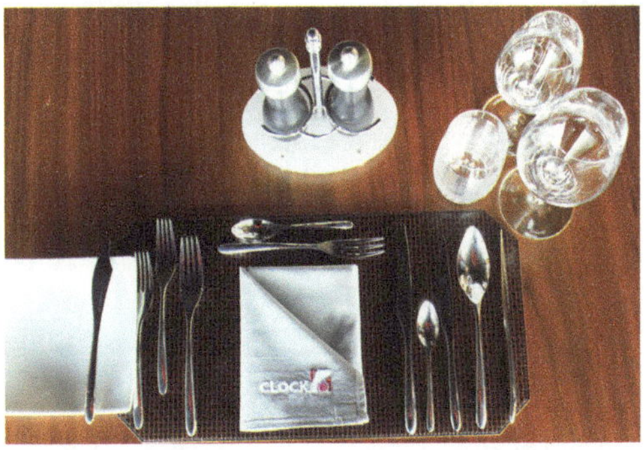

그림 1-51 호텔 주요 기물 (쉐라톤 그랜드 워커힐)

2. 은기제품의 관리

- 사용된 기물은 뜨거운 물에 세척액을 사용하여 충분히 씻어낸 후 기물전용 린넨(linen)을 이용하여 닦는다.
- 왼손으로 적당량의 기물 손잡이를 쥐고 용기의 뜨거운 물에 담궜다 린넨으로 기물의 손잡이를 감싸고 오른손으로 음식이 닿은 부분에서부터 닦는다.
- 여러 종류의 기물을 한번에 닦을 때는 포크부터 닦는 것이 쉽고 날의 안쪽은 주의해서 닦는다.
- 나이프를 닦을 때에는 칼날의 바깥쪽으로 향하도록 하고 린넨이 찢어지지 않도록 닦는다.
- 테이블을 세팅할 때는 음식이 닿는 부분을 손으로 잡거나 만져서는 안 되고, 가능한 손자국이 나지 않도록 한다.
- 잘 닦인 기물은 종류별로 가지런히 모아 기물함에 비치한다.

제 2 절 Glass(글라스)

1. Glass 서비스

- 어떤 기물보다 파손될 위험이 높으므로 각별히 조심해서 취급한다.
- 목이 있는 글라스는 목을 잡고 서비스 한다.
- 글라스를 옮길 때 글라스 안에 손가락을 넣어 잡지 않는다.
- 입을 대고 마시는 글라스의 상단부분은 손으로 잡지 않는다.
- 글라스를 트레이(tray) 운반할 때에는 미끄러지지 않도록 트레이에 매트(matt) 또는 린넨을 깔고 그 위에 올려서 운반한다.
- 많은 양의 글라스를 운반할 때는 컵 받침 부분을 손가락 사이에 끼워 옮긴다.
- 금(crack)이 가거나 칩(chip)이 난 글라스는 사용하지 않는다.

2. Glass 닦는 요령

- 많은 양의 글라스를 세척할 때는 글라스 랙(glass rack)을 사용한다.
- 세척된 글라스는 뜨거운 물의 수증기를 이용한다.
- 린넨을 왼손에 얹고 그 위에 닦을 글라스를 올린다. 린넨의 한쪽부분을 글라스 안으로 넣고 엄지손가락을 넣어가며 가볍게 돌려가며 닦는다.
- 윗부분 안팎을 닦은 후 손잡이 부분과 밑바닥 순으로 닦는다.
- 너무 더러워 손으로 닦을 수 없는 것은 글라스 전용 세척기로 닦는다.
- 닦은 글라스를 밝은 쪽으로 들어 올려 닦였는지 확인한다.

3. Glass 종류

글라스 종류는 크게 와인 글라스(wine glass)와 칵테일 관련 글라스(cocktail glass)로 나눌 수 있다.

1) 와인 글라스

그림 1-52 호텔 주요 와인 글라스 (쉐라톤 그랜드 워커힐)

① 샴페인 글라스(champagne glass)
② 화이트와인 글라스(white wine glass)
③ 레드와인 글라스(red wine glass)
④ 보르도 레드와인 글라스(beauredaux red wine glass)
⑤ 브르고뉴 레드와인 글라스(burgendy red wine glass)

2) 칵테일 글라스

① ② ③ ④ ⑤ ⑥ ⑦ ⑧

그림 1-53 호텔 주요 칵테일 글라스 (쉐라톤 그랜드 워커힐)

① 워터 고블렛(water goblet)

② 브랜디 칵테일 글라스(brandy cocktail glass)

③ 칵테일 글라스(cocktail glass)

④ 비어 머그(beer mug)

⑤ 싱글 샷(single shot)

⑥ 더블 샷(double shot)

⑦ 온더락 글라스(on the rock glass)

⑧ 리큐어 글라스(liquor glass)

제 3 절 China ware(자기류)

1. China Ware 서비스

- 접시(plate)의 테두리(rim) 안쪽으로 엄지 손가락이 들어가지 않도록 한다.
- 음식이 담긴 뜨거운 접시는 암 타월(arm towel)로 받쳐들고 내려 놓을 때는 고객에게 뜨겁다는 안내 코멘트를 전한다.
- 접시의 로고(logo)가 있을 경우, 고객이 보았을 때 바로 보이도록 놓는다.
- 접시를 옮길 때는 전후좌우 경계를 소홀히 해서는 안 된다.
- 접시에 금(crack)이나 칩(chip)이 난 것은 사용하지 않는다.

2. China Ware 운반법

① ② ③

그림 1-54 호텔 Plate 운반법

① 플레이트 한 장 서비스시

② 플레이트 두 장 서비스 시

③ 플레이트 세 장 서비시

3. China Ware 종류

그림 1-55 호텔 주요 China Ware (쉐라톤 그랜드 워커힐)

① 웰컴 플레이트(welcome plate)

② 콜드 에피타이져 플레이트(cold appetizer plate)

③ 핫 에피타이져 플레이트(hot appetizer plate)

④ 수프 볼(soup bowl)

⑤ 셔벳 볼(sorbet bowl)

⑥ 메인 플레이트(main plate)

⑦ 샐러드 볼(salad bowl)

⑧ 디져트 플레이트(dessert plate)

⑨ 커피잔, 받침(coffee and saucer)

Hotel Food and Beverage Management

PART II

주장관리

Chapter 1.
Bar의 개론

제 1 절 Bar의 개론

1. Bar(바)의 정의

Bar라는 원래의 사전적 의미는 빗장, 막대기를 뜻하는 단어이고 그 개념의 어원은 프랑스어의 'Bariere'에서 비롯되었으며 이는 술을 파는 식당이라는 의미로 손님과 바텐더 사이에 놓인 널판을 의미한다. 그러나 오늘날에는 단순히 술을 파는 곳이 아니라 사교나 비즈니스의 대화 장소로서 여러 가지 시설이나 분위기를 연출하여 손님에게 휴식을 제공하는, 즉 술을 중심으로 한 음료의 판매가 이루어지는 곳이다.

그림 2-1 Woobar (W 서울 워커힐)

2. Bartender(바텐더)

주류 판매를 전문으로 하는 상점의 카운터를 Bar라고 부르면서 Bar 안에서 일하는 사람을 자연스럽게 바텐더라고 하였다. 또한 바텐더는 조주사로서 음료의 조주 및 판매를 하는 업무를 하고 있으며, Bar Service에 필요한 각종 음료와 기자재 등을 준비하고, 칵테일 용기와 글라스 등을 세척, 정리하여 위생적으로 유지하여야 한다. 바텐더는 고객을 즐겁고 편안하게 해주어야 하는 의무가 있으며 때로는 고객의 대화 상대가 되어 주어야 한다. 이런 이유에서 다양한 지식을 갖추는 것이 바텐더의 필수 조건이라 할 수 있겠다.

3. Bar 경영의 필요성

Bar는 과거 가사적인 영업에서부터 출발하여 산업기술의 발달, 인구의 도시집중화, 가처분소득의 증대, 여가의 증대 등으로 Bar의 환경은 양적, 질적으로 급속도로 변화하여 시장의 공급과잉의 현상을 보이고 있다.

그리고 중저가의 영세점포에서부터 대형화, 고급화, 세분화, 체인화 등으로 갖추어진 기업형까지 규모의 다양화, 업태의 다양화로 치열한 생존경쟁이 더욱 심화되고 있다. 따라서 Bar는 더 이상 과거와 같은 가사적인 생산방식과 단순판매방식의 의존해서는 수익성을 보장받지 못할 뿐만 아니라 무한경쟁시대에 더 이상 존속할 수 없으므로 Bar가 확보한 인적, 물적, 시설적, 금전적 등의 자원을 효율적으로 운영하기 위한 Bar 경영이 더욱 필요하다.

Bar의 대내외적 환경변화는 급변하고 있으며, 고객의 가치관 변화는 과거와 같이 한탕주의식의 영업방식은 더욱더 곤란하게 되었다. 따라서 환경변화에 적극적으로 대처해 나가기 위해 자기점포의 강점과 단점을 파악하여 강점을 최대한 이용하고 단점을 보완하여 환경에 대한 기회요인과 위협요인을 분석, 예측하여 이에 대한 경영방향을 설정하지 않으면 안 되게 되었다.

이는 시장경제에 적합한 경영활동이 이루어지지 않으면 고객을 빼앗기거나 최악의 경우 실패할 수 있음을 의미한다. 따라서 Bar의 궁극적 목표가 되는 조직의 유효성을 극대화하고 경영성과를 향상시키는 데 노력을 기울여야 한다.

그러나 대다수의 영세 Bar는 경영의 개념부족으로 소위 '술장사는 망하지 않는다.', '순수이익률이 높다.' 는 등의 현실인식 부족으로 전근대적인 가시적 운영의 틀에서 벗어나지 못하여 경영이 아닌 주먹구구식의 장사를 하고 있다. 또한 영업을 마냥 '운' 으로 돌리며, 내일은 좀 더 낫겠지 하며 버티어서 결국에는 폐업에까지 이르고 있는 실정이다. 따라서 Bar는 다양한 경영기법의 도입과 시설, 규모 그리고 서비스 등에 있어서 고객의 취향과 고객대상에 맞는 안락한 분위기 연출에 이르기까지 좀 더 구체적이며 과학적으로 한 단계 높은 경영이 필요하다.

4. Bar 경영의 특성

Bar는 식음료 영업장에 속하고 있지만 일반적인 레스토랑과는 구분이 되는 특성을 가지고 있다. 그 특성들은 다음과 같다.

1) 자동화의 한계

Bar는 식음료 업장과 같이 자동화의 한계가 있다. 인적 서비스를 통하여 제품과 서비스가 완성되어 고객에게 전달되므로 인건비를 절감하기 위한 자동화에 한계가 있다. 훌륭한 주류가 준비되어 있다하더라도 주류를 훌륭한 서비스로 고객에게 전달하는 것은 직원이다. 즉 직원의 인적 서비스가 가미되지 않으면 제품이 완성되지 않는다. 칵테일을 조주하는 바텐더, 고객을 영접하는 캡틴 그리고 고객의 주문을 받고 제공하는 종업원 모두 자동화가 불가능한 인적 서비스이다. 이러한 특성은 높은 인적 서비스의 의존도로 표현되기도 한다. 따라서 비용측면에서 인건비의 비중이 타 산업보다 높다. 비용절감 차원에서 인적 서비스의 구성비를 낮추면 품질이 낮아지는 결과를 초래할 수 있다.

2) 간단한 유통구조

Bar의 제품은 간단하고 주류의 유통구조는 주세법에 의하여 철저히 관리되기 때문에 농산물 또는 수산물 그리고 기타 공산품처럼 복잡하지 않다. 주류는 생산 공장에서 총판, 도매상 그리고 소매상의 유통구조를 가진다.

주류를 취급하기 위해서는 면허가 필요하다. 주류를 판매할 수 있는 면허는 주류 제조장 직매장 면허, 특정 주류 도, 소매업 면허, 유흥음식업소 주류 판매업 면허, 관광 지정업소 주류 판매업 면허 등으로 특별히 관리되고 있다. 각 면허에는 사업범위와 지정 조건이 정해져 있다. 즉 소매와 도매, 취급할 수 있는 주류 종류, 거래할 수 있는 상대방, 판매 장소 등이 정해져있다.

우리나라는 주류 생산량의 약 70~80%를 종합주류 도매업과 슈퍼, 마트 등을 통하여 판매되고 있어 상기 두 가지의 도매업 구조가 우리나라 주류 유통구조이다.

3) 오락적 요소

Bar는 다양한 오락적 요소를 가미한 영업이 이루어지고 있다. 예를 들면, 나이트클럽, 단란주점, 라이브 카페 등에서는 주류 이외에 고객들에게 즐거움을 같이 판매하고 있다. 이러한 오락적인 요소는 고객의 의사결정에 영향을 준다. 예를 들면 '그 카페에 라이브 음악이 좋더라! 거기 가서 한 잔 하자' 라는 이야기는 Bar에서 판매하고 있는 유형의 제품도 중요하지만 오락적인 요소도 중요한 마케팅 수단이 될 수 있음을 시사하고 있다. 그러나 오락적인 요소를 제외한 Bar는 무미건조한 영업장이 될 것이다. 예를 들면, BGM[1]이 없는 Bar는 상상만 해봐도 어색한 분위기가 연출될 것이다, 때문에 우리 민족은 주류와 노래 그리고 춤을 하나로 생각하였다. 즉 음주가무(飮酒歌舞)라는 말이 있듯이 이들은 떨어져서 생각할 수 없는 존재이며 주류를 즐기는 분위기를 한층 고조시키는 역할을 한다.

4) 이익의 폭

이익은 매출과 원가에 좌우된다. 경쟁이 치열한 환경에서는 매출향상이 한계

1) Background Music

에 부딪치게 되고, 이러한 환경에서 각 기업은 이익의 실현을 위하여 원가절감 전략에 중점을 둔다. 이러한 환경에서 각 기업은 이익의 실현을 위하여 원가 절감 전략에 중점을 둔다. 이때 Bar는 원가 구조에서 다른 산업보다 우위를 점할 수 있다. 그 이유는 주류의 원가 비율이 식료보다 낮기 때문이다. 일반적으로 호텔의 식료원가 기준은 30~35%이며, 주류의 원가기준은 15~20%이다.

즉 100,000원의 매출이 식료의 매출이라면 최대 이익은 70,000원이며, 주류의 매출이라면 최대이익은 85,000원으로써 같은 매출인데 15,000원의 차이가 발생한다. 때문에 레스토랑에서는 주류를 포함한 음료의 판매 전략을 적극 추진하고 있다.

5) 탄력성

가격에 대한 매출 탄력성은 많은 마케팅 책자에서 예를 들고 있다. 가격의 변화에 따른 매출의 변화 추이를 보고 그 변화가 크면 '탄력성이 크다'라고 할 수 있다.

구체적으로 말하면, 보석과 쌀을 비교하면 가격이 증가하면 보석은 수요가 급격히 감소하고 쌀은 가격이 증가해도 감소세가 적게 나타난다, 이 때 보석은 쌀보다 탄력성이 크다. Bar의 주류는 매출 탄력성이 크다. 경영자가 Bar의 마케팅을 어떻게 하느냐에 따라서 매출은 큰 차이를 보일 것이다. 분위기와 즐거운 흥미로움이 있는 Bar는 그렇지 않은 Bar와 같은 제품을 판매하고 있지만 매출의 차이는 많이 날 것이다. 따라서 Bar는 다른 업종보다 마케팅에 민감한 부문이라 할 수 있다.

6) 야간영업

Bar는 야간 영업을 한다. 호텔의 Bar 직원은 일반적으로 오후 5시에 출근하여 다음 날 새벽 2시에 퇴근한다. 때문에 종업원의 안전과 시설의 안전을 고려하여 영업해야 한다.

7) 분위기

레스토랑의 선택속성 중 가장 중요한 몇 가지 중 음식의 맛이 상위에 포함된다. Bar 또한 식음료 업장으로 음식의 맛이 좌우할 수 있다. 그러나 Bar에서 판매하는 제품은 특별한 가공을 하지 않거나 가공의 수준이 낮아 그 맛으로 고객에게 혜택을 주기 어렵다. 다시 말하면, 제품이 단순하여 모든 Bar에서 같은 맛을 즐길 수 있다. 따라서 분위기가 자신의 취향과 맞는 곳을 선택하게 된다. 따라서 Bar의 분위기는 고객이 Bar를 선택하는 중요한 기준이 되며, 고객이 즐거울 수 있는 분위기의 연출은 사업의 성패와 관련되어 있다.

5. Bar의 조직과 직무의 이해

1) Bar조직

호텔의 Bar는 식음료부의 하부부서로 소속되어 있는데, 식음료부서장의 밑에 Bar Manager 혹은 Beverage Manager → Assistant Manager → Head Bartender → Sommlier → Bartender → Assistant Bartender를 기본조직으로 구성되어 있다.

Sommelier는 와인에 관한 전문적인 지식을 가진 사람이다. 이와 같은 음료부분의 조직은 칵테일 · 와인 · 판매 등의 세 분야로 나눠진다. 음료부분의 조직은 사람을 상대로 하는 대인 서비스로 부가가치를 창출하는 분야로 기능이 다양하다. 음료의 조직 또한 회사의 경영이념에 입각하여 조직의 형태, 직원 상호간의 직무, 권한과 책임의 한계를 명확하게 규정하여 업무의 능률을 높이고 경영활동을 촉진 시켜야 한다. 일반적인 호텔 Bar 조직도는 다음과 같이 구성되어 있다.

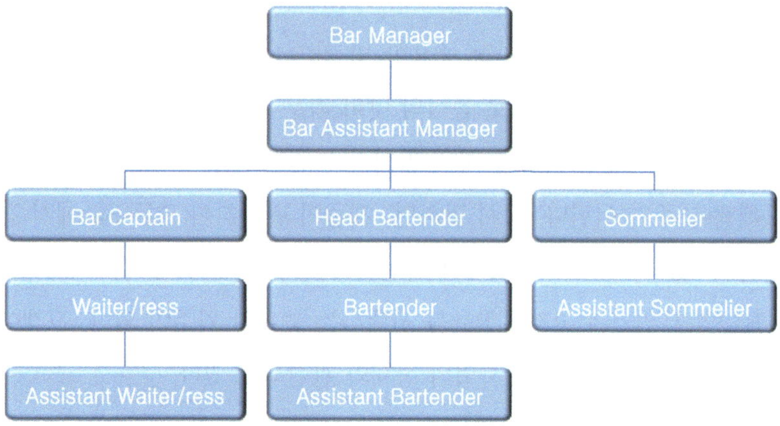

그림 2-2 호텔 Bar 조직도

2) 직무의 이해

직무의 이해란 해당직무를 수행하기 위해 요구되는 사항을 명시해 놓은 것을 말한다. Bar의 직책은 호텔의 규모나 성격에 따라 약간의 차이는 있지만 대규모 호텔에서는 Bar Manager, Bar Assistant Manager, Sommelier, Head Bartender, Bar Captain, Bartender, Waiter/ress, Assistant Bartender 등으로 구성되어 있다. 따라서 이들 각각의 직무를 분석해보면 다음과 같다.

① Bar Manager

- Bar 직원들의 근무 편성과 Bar 영업을 책임진다.
- 각종 음료 및 칵테일에 대한 풍부한 지식을 가지고 종사원들의 교육훈련을 담당한다.
- 고객서비스를 철저히 지휘 · 감독하여 고객관리에 만전을 기한다.
- 호텔서비스의 매뉴얼과 규정을 준수하고 이를 감독한다.
- 영업종료 후 영업보고 및 재료 사용보고서를 작성 · 제출한다.
- 표준 칵테일 Recipe(칵테일 표준량)를 각 Bar에 비치하고 이에 대한 교육을 담당한다.

- 가격조정과 원가계산도 할 수 있어야 한다.

② Assistant Manager

- Bar 영업장의 부책임자로서 Manager를 보좌하고, 부재 시 업무를 대행한다.
- 영업 종료 후 영업일지를 작성하여 Manager에게 보고한다.
- 영업장이 항상 청결하고 정상적인 상태로 운영되도록 책임을 지고 감독한다.

③ Sommelier

- 와인의 진열과 음료재고를 점검 · 관리하며 필요시 음료 창고로부터 보급 · 수령한다.
- 고객으로부터 와인주문 및 추천을 돕고 서브를 담당한다.
- 업장 서비스 매뉴얼과 호텔 규정에 대하여 숙지하고 있어야 한다.
- 항상 최선의 서비스를 제공할 수 있도록 음료판매 및 관리에 만전을 기한다.
- 와인의 프로모션을 계획하고 진행할 수 있도록 한다.
- House Wine을 지정하여 이에 따른 판매 전략과 교육을 실시한다.

④ Head Bartender

- 담당구역의 정돈상태와 준비상황을 점검한다.
- Bar 서비스의 책임자로서 정확한 주문과 서브를 담당한다.
- 필요시 지배인의 업무를 보좌하며 대행하기도 한다.
- 판매되는 음료상품의 지식, 시간, 순서들을 정확히 숙지해야 한다.
- 고객이 떠난 후 테이블을 재정비하도록 지시한다.
- 업장의 서비스에 대한 매뉴얼, 긴급조치사항 등을 숙지한다.
- Monthly Inventory(월말 재고조사)를 실시한다.

⑤ Bar Captain

- 접객서비스의 책임자로서 정확한 주문과 서비스를 담당한다.
- 필요시 지배인의 업무를 보좌하며 담당구역 및 준비사항 등을 점검한다.
- 고객으로부터 직접 주문을 받고 계산서를 발행한다.
- 판매되는 품목의 상품지식, 시간, 순서 등을 정확히 숙지해야 한다.
- 종사원의 근무 스케줄을 작성하여 보고한다.
- 각종 음료의 판매촉진을 위한 행사의 목적을 달성할 수 있도록 한다.
- 영업 종료 후 그 날의 영업보고서를 작성하고 특이사항을 보고한다.
- 고객으로부터의 예약사항을 점검하고 이에 따른 준비를 한다.

⑥ Bartender

- 매일 영업에 필요한 각종 음료의 재고량(Bar Stock)과 기물 등을 준비한다.
- 글라스류 및 칵테일 용기 등을 세척, 정리한다.
- 냉장고, 제빙기 등의 기기를 점검한다.
- 와인, 맥주, 청량음료 등의 적정온도가 유지될 수 있도록 점검하고 관리한다.
- Recipe(표준 제조법)에 준하여 지정된 계량기 및 글라스에 제공한다.
- 영업종료 후 Inventory(재고조사)를 하여 Head Bartender에게 보고를 한다.
- 영업종료 후 Bar 주위의 청소와 기물정리를 담당한다.

⑦ Bar Waiter/ress

- 담당 테이블과 그 주위를 항상 정리정돈하고 청결을 유지한다.
- 서비스는 정확하게 하며 반드시 트레이를 사용하여 서브한다.
- 항상 고객을 주시하고 주문이나 필요시 도와줄 수 있도록 한다.
- 고객이 돌아가고 난 후 테이블을 재사용할 수 있도록 한다.
- 기물 취급법, 상품지식 등을 숙지하여야 한다.
- 판매되는 음료의 상품을 숙지하여 고객에게 추천할 수 있도록 한다.

⑧ Assistant Bartender

- Bar 운영에 필요한 각종 주류를 포함하여 기물, 린넨, 비품 등을 창고로부터 수령한다.
- 칵테일 장식에 필요한 과일류를 슬라이스하여 사용할 수 있도록 준비한다.
- Bar에 있는 비품들을 위생적으로 유지하고 Bar 카운터 주위를 항상 청결하게 유지한다.
- 싱크대에서 글라스류, 은기류, 접시류 등을 닦아 재사용할 수 있도록 준비한다.
- 맥주는 Cooler에 넣어 적당한 온도로 제공할 수 있도록 한다.
- Bar 내부의 청결을 유지한다.

6. Bar의 종류

1) 운영 형태에 따른 분류

① Lounge

호텔의 Bar는 장소와 위치에 따라 여러 형태로 분류할 수 있는데, 일반적으로 1층 로비 근처에 위치하고 있는 Lobby Lounge Bar가 일반적이다. 라운지 바에서 판매하는 음료로는 커피, 차, 칵테일, 전통차, 간단한 스낵 등이 있다.

또한 위치에 따라 고층의 경치가 좋은 곳에 위치한 Sky Lounge Bar가 여기에 해당된다 할 수 있다.

특급호텔의 대표적인 라운지로는 파크 하얏트 서울의 'The lounge'로 24층에 위치하여 주스와 차, 와인 및 간단한 식사 등을 즐길 수 있다.

최근 호텔에서는 전략적으로 수익성을 극대화시키기 위해 음식을 함께 제공할 수 있는 Dining 개념의 라운지 바를 활성화시키고 있다.

② Membership Bar

Membership Bar는 주로 호텔 투숙객이나 호텔 회원제에 가입된 고객과 일행들이 주로 편리하게 이용할 수 있도록 만들어진 Bar이다.

일반적으로 Membership Bar에서는 라이브 공연을 보고 즐길 수 있으며 신선한 기분을 느낄 수 있는 Pub Bar와 감미로운 음악이 흐르는 조용한 Music Bar 등을 갖추고 있다.

③ Pub Bar

주로 라이브 공연이나 재즈 연주 등이 펼쳐지는 영국식 선술집 형태로 운영되는 업장이다. 대표적인 사례로 그랜드 하얏트 서울의 J.J. Mahoney's를 들 수 있다. 라이브 밴드의 공연이 있는 뮤직 룸, 최신음향 및 조명시스템을 갖춘 댄스 플로어, 아일랜드 스타일의 Bar, 간단한 식사를 즐길 수 있는 룸과 야외 테라스 등 종합적인 Bar 시설을 갖추고 있기 때문에 Entertain Bar라고도 한다.

④ Karaoke Bar

고객들이 음악에 맞춰 노래를 부를 수 있는 유흥적 요소를 제공하고 위스키와, 맥주, 와인, 안주 등을 판매하는 곳이다. 일반적으로 다양한 형태의 룸에는 컬러 조명과, 대형 스크린, 최첨단 오디오 시스템 등을 갖추고 있다. 특급호텔의 대표적인 가라오케로는 롯데호텔 잠실의 'MEGA CC'가 있으며 최근 변화된 트랜드는 라이브 및 와인바, 가라오케를 함께 갖춘 신개념의 Entertainment Bar가 증가하고 있다는 것이다.

2) 위치 및 기능에 따른 분류

① Classic Bar

조용한 분위기와 음악이 약간 무거운 분위기를 느낄 수 있는 Bar이다.

② Flair Bar

병으로 플레어하고 칵테일 쇼를 하는 시끄럽고 즐기기 위한 Bar이다.

③ Modern Bar

호텔에 있는 Bar로서 고객들과 대화를 하는 Bar이다.

④ Restaurant Bar

주종상품이 식료(Food) 위주이지만 Bar를 갖추고 있는 형태이다.

⑤ Lobby Lounge

호텔 로비층에 위치하여 낮과 밤에 따라 다양한 음료 종류를 판매하는 Bar이다.

표 2-1 서울 특1급 호텔 Bar&Lounge 현황

<table>
<tr><th>구 분</th><th>Lounge Bar</th><th>Pub Bar</th><th>Membership Bar</th><th>Karaoke Bar</th></tr>
<tr><td>그랜드 앰배서더 서울</td><td>●</td><td>•</td><td></td><td></td></tr>
<tr><td>그랜드 인터컨티넨탈 서울</td><td>●</td><td>●</td><td>●</td><td>•</td></tr>
<tr><td>그랜드 하얏트 서울</td><td colspan="4">●[2]</td></tr>
<tr><td>그랜드 힐튼 서울</td><td>●</td><td></td><td>●</td><td>•</td></tr>
<tr><td>롯데호텔 서울</td><td>●</td><td>●</td><td>•</td><td></td></tr>
<tr><td>롯데호텔 월드</td><td>●</td><td>•</td><td></td><td></td></tr>
<tr><td>르네상스 서울</td><td>●</td><td></td><td></td><td></td></tr>
<tr><td>리츠칼튼 서울</td><td></td><td></td><td>●</td><td></td></tr>
<tr><td>밀레니엄 서울 힐튼</td><td>●</td><td></td><td></td><td></td></tr>
<tr><td>쉐라톤 그랜드 워커힐</td><td>●</td><td>•[3]</td><td></td><td></td></tr>
<tr><td>쉐라톤 서울 디큐브시티</td><td>●</td><td></td><td></td><td></td></tr>
<tr><td>신라호텔</td><td>●</td><td></td><td>●</td><td></td></tr>
<tr><td>웨스틴 조선</td><td>●</td><td>•</td><td></td><td></td></tr>
<tr><td>인터컨티넨탈 코엑스 서울</td><td>●</td><td></td><td></td><td></td></tr>
<tr><td>임피리얼 팰리스</td><td>●</td><td>●</td><td>●</td><td>•</td></tr>
<tr><td>파크 하얏트 서울</td><td>●</td><td></td><td></td><td></td></tr>
<tr><td>플라자 호텔</td><td>●</td><td>•</td><td></td><td></td></tr>
<tr><td>JW 메리어트 서울</td><td>●</td><td>●</td><td>•</td><td></td></tr>
<tr><td>W 서울 워커힐</td><td>●</td><td></td><td></td><td></td></tr>
</table>

2) 그랜드 하얏트 서울의 J.J. Mahoney' s는 4가지 형태의 Bar를 모두 포함한다.
3) 쉐라톤 그랜드 워커힐은 4월부터 10월까지 야외 가든에서 Pub Garden이라는 Bar를 운영한다.

제 2 절 Bar의 운영관리

1. Menu Planning

호텔의 경우 여러 개의 개별업장을 갖고 있는 경우에는 각 업장별로 개성을 살린 다양한 메뉴가 필요하다. 예를 들어 음료상품의 판매를 주력하는 Bar에서 스카이라운지는 양식을 메뉴에 포함할 수도 있고, Pub Bar에서는 다양한 이벤트를 위한 프로그램을 만들어 운영할 수 있어 메뉴계획 시 고려되어야 한다. 특히 호텔 Bar의 메뉴는 다양한 음료상품이 포함되어야 한다.

Bar는 식료에 대한 비중이 비교적 가볍고, 영업장의 면적이 일정부분 이상이 아닐 때에는 조리사 고용의 의무가 없으며, 음료의 경우 규격화, 대량생산에 의한 대중화 그리고 다양한 오락과 유흥종사자의 중요성만을 부각시켜 메뉴의 중요성을 인식하지 못했다. 단지 음료에 의한 음식궁합의 상식선에서 고려되는 메뉴의 나열 정도로 인식해 왔다.

그러나 메뉴는 Bar의 얼굴이며 Bar의 분위기를 말해 주는 것으로서 영업품목, 판매방법, 조건을 고객에게 제시하여 고객의 구매 욕구를 불러일으키는 연결 작용을 한다. 따라서 메뉴 계획은 누가, 언제, 어디서, 무엇을, 얼마만큼의 양으로, 어떤 분위기에서, 어떻게 제공하는가와 누구에게, 어떤 상품을, 얼마에 제공하는가? 등을 종합적으로 고려하는 것이라 할 수 있다.

그러므로 메뉴계획에 앞서 주변 환경과의 경쟁력과 원가절감차원 등에서 다음과 같은 내용을 중심으로 충분한 시장조사를 통해 이루어져야 한다.

1) Bar 입지성 고려.

Bar의 입지조건은 Bar 경영에 미치는 영향이 매우 크다. 왜냐하면 Bar의 취지에 따라 업종과 업태, 메뉴의 구성과 가격, 고객층 등이 결정되기 때문이다. 그리고 Bar는 주로 야간에 영업을 하므로 도심지라도 야간에 사람들이 모이는 지역

인지, 혹은 야간에 사람들이 빠져 나가는 지역인지에 따라 차이가 매우 크다.

또한 영세 Bar의 경우 많은 물품을 동시에 구매하거나, 많은 재료를 동시에 구비하지 못하는 여건 하에서도 신속하고 쉽게 구매물품을 구입할 수 있는 여건인지를 동시에 고려해야 한다. 이러한 노력은 노동력과 자금이용의 극대화를 꾀할 수 있게 한다.

2) 시장성 파악.

업종이나 메뉴가 현재 인기가 있는지 혹은 없는지, 아니면 인기가 생성되는지를 파악하여야 함과 동시에, 경쟁력을 갖춘 메뉴인지에 대한 시장성 조사를 하여 차별화된 메뉴의 전략이 필요하다. 그리고 표적 고객층의 필요와 요구에 부흥하는 시장성 있는 메뉴를 개발하기 위해서는 다양한 정보를 수집해야 한다.

3) 경제성 고려

메뉴의 구성목적은 원가절감을 통한 이윤창출에 있으므로 고객의 욕구에 부합하는지를 파악함과 동시에 수익성을 확보할 수 있는 것인지 사전통제가 전제되어야 한다. 수익성에 대한 분석도 없이 가격을 임의로 결정하여 다량의 판매에도 불구하고 결과적으로 업소에 손실이나 이익률 하락의 가능성이 있기 때문이다.

4) 시장의 상황을 파악

메뉴를 구성하기에 앞서 구입시장의 성격을 사전에 파악하여 시장의 특성에 맞는 구매계획으로 메뉴를 작성하여야 한다. 식음료는 계절성이 강하기 때문이다.

5) 생산방식이나 조리시설의 여건과 조리사의 능력 등을 충분히 고려

주장은 조리사 고용의 의무가 없으므로 조리사의 기술과 조리장의 설비, 작업조건에 따라 메뉴의 구성을 달리 하여야 한다. 그리고 각각의 메뉴가 서로 어떠한 상관성이 있는지를 고려해야 한다.

6) 적정 판매가격 고려.

메뉴의 구성은 적정한 판매 가격을 통하여 경쟁력에 대처하고 매출증대로 주장경영에 기여할 수 있어야 한다. 또한 각각의 상품가격이 고, 중, 저가의 분포가 적절히 믹스되어야 한다. 그리고 표준원가를 초과하지 않도록 하여 고객의 경제적 수준에 부합하고 목표이윤을 실현할 수 있어야 한다.

7) 조리나 서비스에 소요되는 노동력 파악

현재의 직원으로 충분한 서비스가 가능한지, 인건비에 비례하여 경제성을 갖는지, 상품화과정의 소요시간의 적정성 등을 예측할 수 있어야 한다.

8) 주 고객층에 대한 사전조사

입지조건에 다라 달라질 수 있는 문제지만, 고객층을 지역별, 연령별, 소득별, 성별, 직업별 등의 인구통계적인 부분을 세분화하여 차별화전략을 구사하여야 한다.

9) 업소의 규모와 시설 · 설비 고려

이상과 같이 메뉴는 단편적으로 구성하기보다는 전체적으로 조화 있게 구성하여 각각의 음료에 대해 음식궁합에 부합함과 동시에 시각적, 후각적, 미각적, 영양적으로도 손색이 없어야 한다.

2. 음료의 관리와 판매 전략

외식산업은 별다른 노력과 전문적인 지식이 없어도 할 수 있다는 과거의 생각은 매우 잘못된 편견이라 할 수 있다. 이 분야의 성공적인 경영인이 되기 위해서는 확고한 직업의식과 자기개발을 위한 노력 그리고 시간의 투자가 필요하다. 과거 호텔의 경우 식음료부서의 생산성이 매우 저조하여 경시하였으나 현재는 상대적 매출액의 높은 비율로 인식이 크게 전환되고 있다.

특히 식음료부분에서 음료판매증가는 눈부시게 발전을 하였고 순이익 발생률이 20% 정도에 불과한 레스토랑 운영보다 Bar의 이익발생률은 40% 이상을 상회하고 있어 식음료경영에 있어 중추적인 역할을 하고 있다.

효율적인 Bar의 운영을 위해서는 우선 어떤 회사의 상품을 판매할 것인가를 결정해야 한다. 이는 고객의 상표 선호에 따라 전체 매출액이나 업장의 이미지에 많은 영향을 줄 수 있기 때문이다. 보편적으로 잘 알려진 상품을 구비해 놓는 것이 고객의 기호를 맞추는데 별 어려움이 없겠지만 유명한 상품은 상대적으로 원가의 가격이 높게 형성되므로 원가관리에 어려움이 있을 수 있다. 또한 유명도가 떨어지는 상품을 권할 때에는 먼저 고객에게 시음을 하도록 하여 그들의 반응을 살펴보도록 해야 하며 비교적 원가가 저렴한 제품은 칵테일 베이스로 사용하는 방법도 있다. 또한 매월 또는 분기별로 특정상품을 지정하여 대/내외적으로 판매를 위한 홍보를 강화하여 매출액 증가의 효과를 얻을 수 있다. 또한 현장에서 근무하는 종사원들은 그들이 판매하는 상품에 대한 지식이 매출액 증대에 상당한 영향력이 있다는 사실을 환기시켜 줄 필요가 있다.

가장 중요한 음료의 판매증대를 위해서는 바텐더와 Bar의 종사원을 대상으로 하는 직무연구 프로그램의 개발이 선행되어야 한다. 오늘날 음료의 판매 전략도 많이 다양해지고 음주운전에 대한 경각심이 높아지고 있어 이에 따른 교육 프로그램의 판매전략 방법이 요구되고 있다. 음료판매 측면에서도 저 알코올의 와인, 맥주, 비알코올성 칵테일을 개발하는 등 창의성 전략이 대두되고 있다.

Campari Soda
(Campari 45ml+Club Soda 1/2can)

Campari: 23200원/Btl(750ml)
Club Soda: 380원/Can
① Campari: 23200*45/750=1392원
② Club Soda: 380*1/2=190원
①+②=1582원

그림 2-3 Woobar Cocktail 중 가장 낮은 Cost Menu (W 서울 워커힐)

Royal Mojito
(Fresh Lime 1/2ea +Mint 1/2pk+Havana Rum 45ml +Champagne120ml)

① Fresh Lime: 3000*1/2=1500원
② Mint: 700*1/2=350원
③ Havana Rum: 33400*45/750=2004원
④ Champagne 60300*120/750=9648원
①+②+③+④=13502원

그림 2-4 Woobar Cocktail 중 가장 높은 Cost Menu (W 서울 워커힐)

표 2-2 2011년 Restaurant & Bar Profit/Loss Report (W 서울 워커힐)

단위: 원(%)

Description			
Outlet Name	Kitchen	Namu	Woobar
Food Revenue	430,930,152 (72.67)	2,760,964,611 (68.15)	746,154,870 (15.46)
Beverage Revenue	60,926,7963 (10.27)	503,961,848 (12.44)	3,243,376,646 (67.20)
Other Revenue	544,292,633 (9.18)	480,205,708 (11.85)	442,669,428 (9.17)
Service Charge	467,260,714 (7.88)	306,249,952 (7.56)	393,972,316 (8.16)
Total F&B Revenue	5,930,122,836 (100)	4,051,382,119 (100)	4,826,173,260 (100)
Cost of Food	1,815,548,890 (42.13)	955,445,428 (34.61)	171,047,711 (22.92)
Cost of Beverage	189,513,618 (31.11)	179,442,272 (35.61)	726,102,553 (22.39)
Cost of Sales: Other	4,020,000 (0.74)	96,272,700 (20.05)	70,862,941 (16.01)
Total Cost of Sales	2,009,082,508 (33.88)	1,231,160,400 (30.39)	968,013,205 (20.06)
Departmental Profit	323,480,510 (5.45)	38,088,612 (9.40)	2,242,762,688 (46.47)

3. Bar의 이익관리

1) 원가관리

원가관리란 고객에게 제공되는 메뉴의 질과 양을 희생시키지 않으면서 원가를 적절하게 최소한으로 유지하는데 있다. 이러한 원가절감을 위해서는 매출액 증대와 효율적인 원가 관리가 이루어져야 한다. 메뉴의 질적 향상과 가격 등에 있어서도 타업장보다 경쟁력이 강화되어 결과적으로 합리적 업장운영이 보장된다. Bar 경영의 궁극적인 목표는 수익 창출이다. Bar 경영은 제조업과는 달리 재료의 보관이나 저장, 출고 등에 있어 깨지거나 변질될 가능성이 있기 때문에 다음과 같은 원가 관리를 실천해야 한다.

- 고객이 선호하는 음료를 예측하여 소비가 되는 음료에 대하여 정확한 판매 기록을 함으로써 불필요한 음료 주문을 피하는 것이 좋다.
- 표준 Recipe를 이용하여 재료의 양과 조주 방법 등을 정확히 해줌으로써 불필요한 낭비를 없앤다.
- 재료의 구매, 검수, 출고가 고객에게 메뉴로 제공되기까지의 낭비 요인을 항상 점검하여 제거한다.
- Bar 직원을 적재적소 배치하여 인건비의 손실을 막는다.

① Daily Inventory(일일 재고조사)

바텐더가 매일매일 출고와 저장의 양을 항상 맞출 수 있도록 매일 재고조사를 실시한다.

② Monthly Inventory(월 재고조사)

일일 재고조사의 마지막 결산으로 한 달 동안 판매된 재료에 대한 출고와 입고량을 점검하여 매출을 올릴 수 있도록 하는 것으로 매출액과 많은 영향을 가지고 있다.

WooBar Beverage Inventory, Jan 2012

Item Group	Item	Qty	Unit	Unit Cost	Cost	Act
8980 WATER	Evian 330ml	0	Litre	1,515	-	
8980 WATER	Evian 500ml (24btl/box)	40	Litre	1,600	64,000	
8980 WATER	Perrier Lemon 330ml	3.96	Litre	3,500	13,860	
8980 WATER	Perrier Plain 200ml	0	Litre	5,000	-	
8980 WATER	Perrier Plain 330ml	3.63	Litre	3,500	12,705	
8980 WATER	San pellegrino 500ml	12	Litre	3,580	42,959	
8980 WATER	San pellegrino 750ml	12	Litre	3,000	36,000	
8980 WATER	Soon Soo Vio	19.5	Litre	500	9,750	
8980 WATER	Volvic Water (Lotte) 500ml/btl	0	Each	1,000	-	
8980 WATER	Voss Water Sparkling - 375ml	13.875	Litre	6,400	88,800	
8980 WATER	Voss Water Sparkling - 800ml	12.8	Litre	4,750	60,800	
8980 WATER	Voss Water Still - 800ml	0	Each	3,800	-	
AMERICA RED	Alexadner Valley Bin 6 Shiraz 1999(Geyser Peak)	0	Each	253,732	-	
AMERICA RED	Apothic Red Winemaker's Blend 10 USA	3	Each	18,000	54,000	
AMERICA RED	Cakebread C/S 06 USA	0	Litre	122,667	-	
AMERICA RED	Farella Park Road Block Syrah 06 Napa Valley USA	6	Each	64,800	388,800	
AMERICA RED	Founder s Estate Merlot 2002(Beringer)	0	Each	23,750	-	
AMERICA RED	Franciscan Oakville Estate C/S 04 USA	0	Litre	57,067	-	
AMERICA RED	Geyser Peak Merlot 2002	0	Each	34,000	-	
AMERICA RED	Geyser Peak Reserve Alexander Maritage 2002	0	Each	73,000	-	
AMERICA RED	Honig Napa Valley C/S 05 US	3	Each	49,000	147,000	
AMERICA RED	Insignia joseph phelps 2005 USA	0	Litre	266,667	-	
AMERICA RED	Jordan Reserva C/S 2005 USA	2	Each	72,000	144,000	
AMERICA RED	L ecole No. 41 Merlot Columbia Valley 05 USA	1.5	Litre	82,800	124,200	
AMERICA RED	Louis M Martini Napa Valley C/S 08 USA	2	Each	38,500	77,000	
AMERICA RED	Louis M Martini Sonoma County C/S 09 USA	2	Each	20,000	40,000	
AMERICA RED	MV Profile 1999(Merryvale Vineyards)	0	Each	210,000	-	
AMERICA RED	Newton The Puzzle 05 USA (Red)	0	Each	80,400	-	
AMERICA RED	Omaggio 2001(Seghesio)	0	Each	113,667	-	
AMERICA RED	Opus one roberta mondavi&baron philip2000	0	Each	420,000	-	
AMERICA RED	Paraduxx duckhorn vinyard 07 USA	1.5	Litre	125,379	188,068	
AMERICA RED	Peju Napa Valley C/S 06 USA	2	Each	79,200	158,400	
AMERICA RED	Peju Napa Valley Merlot 06 USA	2	Each	69,600	139,200	
AMERICA RED	Ravenswood Napa Valley Zinfandel 2003	0	Each	35,000	-	
AMERICA RED	Raymond R Collection C/S 05 USA	2	Each	45,000	90,000	
AMERICA RED	Rex Hill Pinot Noir 2006	0	Litre	52,000	-	
AMERICA RED	Ridge Monte Bello C/S 04 USA	2	Each	297,000	594,000	
AMERICA RED	Robert Mondavi C/S 06 USA	0	Each	50,000	-	

그림 2-5 Woobar Daily & Monthly Inventory Sheet (W 서울 워커힐)

Chapter 2.
음료의 이해

제 1 절 음료의 역사

1. Alcoholic Beverage의 역사

비알코올성 음료를 제외하면 음료라고 표현할 수 있는 것은 술에 대한 역사를 이야기할 수밖에 없다. 술은 인류의 역사와 그 나라의 풍습과 민속을 함께 한다. 고대시대에는 신에게 바치는 신성한 음료로 전래되었듯이 유목시대와 농경시대를 거치면서 곡류에 의한 술이 조주되어 오면서 오늘날 술이 다양화 되었다. 술에 대한 역사는 수렵시대에 웅덩이나 바위틈에서 물과 들 및 산에 맺어 있는 과실종류가 자연적으로 발효되면서 술이 자연스럽게 만들어졌다고 할 수 있다.

1) Beer

현재 곡물로 조주된 가장 오래된 술로서 맥주의 기원은 인류가 정착하여 농사를 경작한 이후인 BC 4000년경 수메르인에 의해 밀 빵이 물에 젖어 발효된 맥주를 발견해 음료로써 즐겼다.

2) Wine

와인은 선사시대부터 마셨던 것으로 추측되지만 각종 유물을 근거로 할 때 지금으로부터 약 6000년 전의 벽화에서 그 기원을 찾을 수 있겠다. 예로부터 현존하는 기록에서 찾아보면 기원전 1700년경 함무라비 법전에 와인에 대한 기록이 있으며 페르시아를 중심으로 생성된 포도재배와 와인 양조 기술은 고대 로마, 그리스를 거쳐 프랑스를 비롯한 유럽 전역으로 전파되었고, 중세기에는 종교적 목적에 의하여 주로 포도원에서 포도를 재배하고 양조하였다.

3) Distilled Liquor

증류주는 중세에 접어들면서 8세기에 아랍의 연금술사가 강한 주정의 제조과정을 연구하였으며 12~13세기 십자군전쟁 당시 연금술 및 증류비법이 유럽에 전파되었으며, 1171년에 헨리 2세가 아일랜드를 침입하였을 때 보리를 발효하여 증류한 술을 마셨다 한다. 12세기경에는 러시아에서 보드카가 탄생하였고, 14세기경에는 프랑스에서 브랜디가 탄생하였으며 17세기경에는 네덜란드 의학교수인 실비우스 박사에 의해 진이 탄생하였고, 서인도제도에서는 사탕수수를 원료로한 럼을 탄생시켰다. 그 후 멕시코에서는 원주민들이 즐겨 마시는 발효주인 풀케를 증류하여 데킬라를 탄생하였다. 이와 같이 각 나라에서 많이 생산되는 곡물을 위주로 술이 탄생하였으며, 아울러 열매, 과일껍질, 나무부리 등을 혼합하여 증류한 여러 가지의 리큐르가 탄생하였다.

2. Non-Alcoholic Beverage의 역사

약 1만 년 전의 것으로 추정되는 동굴벽화가 스페인 발렌시아부근의 아라니아 동굴에서 발견되었는데 벌꿀을 채취하는 인간의 모습을 하고 있다. 이것이 우리 인간이 마신 최초의 음료라고 전해진다.

벌꿀 다음으로 인간이 발견한 음료는 과즙(果汁)이라고 한다. 고고학적으로 자료에 의하면 기원전 6,000년경 바빌로니아에서 레몬과즙을 마셨다는 기록이 전해지고 있다. 그 후 이 지방 사람들은 밀 빵이 물에 젖어 발효된 맥주를 발견해 음료로써 즐겼으며, 또한 중앙아시아 지역에서는 야생의 포도가 쌓여 자연발효된 포도주를 발견하여 마셨다고 한다.

인간이 탄산음료를 발견하게 된 것은 자연적으로 솟아 나오는 천연광천수를 마시게 된 데서 비롯된다. 어떤 광천수는 보통 물과 달라서 인체나 건강에 좋다는 것이 경험으로 알게 되어 환자에게 마시게 했다.

기원전 그리스의 기록에 의하면 이러한 광천수의 효험에 의해 인간이 장수했다고 전해지고 있다. 그 후 로마시대에서는 이 광천수를 약용으로 마셨다고 한다. 그러나 약효를 믿고 청량한 맛은 알게 되었으나 그것이 물속에 함유된 이산화탄소 때문이라는 것은 발견하지 못했다.

탄산가스의 존재를 발견한 것은 18세기경 영국의 화학자 Joseph Pristry이며 그는 지구상의 중요한 원소의 하나인 산소의 발견자로 과학사의 눈부신 업적을 남겼다. 탄산가스의 발견이 인공 탄산음료 발명의 계기가 되었고, 그 후 청량음료의 역사에 크게 공헌하게 되었다.

또한 인류가 오래 전부터 마셔온 음료로는 유(乳)제품이 있다. 목축을 하는 유목민들은 염소나 양의 젖을 음료로 마셨다.

또한 현대인의 기호식품인 커피는 600년경 예멘에서 양치기에 의해 발견되어 약재와 식료 및 음료에 쓰이면서 홍해 부근의 아랍 국가들에게 전파되었고, 1,300년경에는 이란에, 1,500년경에는 터키에까지 전해졌다.

인류가 음료에 있어서 향료에 관심을 갖게 된 것은 그리스나 로마시대부터 전해지고 있으나 의식적으로 향료를 사용하게 된 것은 중세기 경으로 십자군의 원정이나 16세기경부터 시작된 남양(南洋)탐험으로 동양의 향신(香辛)을 구하게 된 것이 그 동기가 되었다. 그 당시에는 초 · 근 · 목 · 피에 함유된 향신료를 그대로 사용하였으나 18세기에 와서는 과학의 발달과 함께 천연향료나 합성향료가 제조되기 시작하였다. 그리하여 19세기에는 식품공업이 크게 발전하고 제품의 다양화와 함께 시장에 나오게 되었다. 그 외에 알코올성 음료도 인류의 역사와 함께 많은 발전을 거듭하였다. 오늘날에는 유제품을 비롯한 각종 과일주스가 나오게 되면서 점차 다양화되어 현재에 이르게 되었다.

Tip

음료의 기원

인류가 음료에 있어서 향료에 관심을 갖게 된 것은 그리스나 로마시대부터 전해지고 있으나 의식적으로 향료를 사용하게 된 것은 중세기 경으로 십자군의 원정이나 16세기경부터 시작된 남양(南洋)탐험으로 동양의 향신(香辛)을 구하게 된 것이 그 동기가 되었다. 그 당시에는 초 · 근 · 목 · 피에 함유된 향신료를 그대로 사용하였으나 18세기에 와서는 과학의 발달과 함께 천연향료나 합성향료가 제조되기 시작하였다. 그리하여 19세기에는 식품공업이 크게 발전하고 제품의 다양화와 함께 시장에 나오게 되었다. 그 외에 알코올성 음료도 인류의 역사와 함께 많은 발전을 거듭하였다. 오늘날에는 유제품을 비롯한 각종 과일주스가 나오게 되면서 점차 다양화되어 현재에 이르게 되었다.

제 2 절 음료의 분류

1. Alcoholic Beverage

1) Fermented Liquor

양조주는 인간이 주식(主食)으로 하고 있는 쌀, 보리 등의 곡류, 포도, 사과 등의 과실류를 원료로 하여 전분이나 과당을 발효시킨 술이다. 알코올 발효는 설탕, 포도당과 같은 당분이 Yeast(효모)의 작용으로 알코올과 탄산가스로 변하는 과정이다. 따라서 당분이 함유된 원료에 효모를 첨가해 발효시켜 얻어지는 주정을 양조주라 하는데, Wine과 Cider(사과주)가 있고, 또 하나는 전분을 원료로 하여 그 전분을 당화시켜 다시 발효 공정을 거쳐 얻어내는 것으로써 맥주와 청주가 있다. 또한 예부터 현재까지 많은 사람들이 즐겨 마시는 우리나라 전통주인 막걸리가 있으며 막걸리라는 이름은 막 거른 술이라는 데서 비롯되었으며 탁주, 회주, 백주, 탁배기, 농주, 이화주 등으로 지역마다 부르는 이름이 다양하다. 이와 같이 양조주는 알코올 발효가 끝난 술을 직접 또는 여과하여 마시는 것으로 발효주라고도 하는데, 원료 자체에서 우러나오는 성분을 많이 가지고 있으며, 알코올 함유량이 낮은 특성을 가지고 있다.

그림 2-6 와인

그림 2-7 맥주

그림 2-8 막걸리

2) Distilled Liquor

증류주는 양조주보다 순도 높은 주정을 얻기 위해 1차 발효된 양조주를 다시 증류시켜 알코올 도수를 높인 것이다. 증류방법은 알코올과 물을 끓는점의 차이를 이용하여 고농도 알코올을 얻어내는 과정이다. 즉 양조주는 서서히 열을 가하면 끓는점이 낮은 알코올이 먼저 증발하게 되는데, 이 증발하는 기체를 모아서 냉각시키면 고농도의 알코올 액체를 얻어낼 수 있다. 이와 같은 증류주에는 위스키, 브랜디, 진, 럼, 보드카, 테킬라 등이 있다.

그림 2-9 위스키

그림 2-10 브랜디

3) Compounded Liquor

혼성주는 증류주나 양조주에 식물성 향미성분을 배합하고 다시 감미료나 착색료 등을 첨가하여 만든 술의 총칭이다. 혼성주는 식물의 원료에 따라 다시 약초, 향초류, 과실류, 종자류 등으로 구분된다.

그림 2-11 베일리스

그림 2-12 그랑마니에르

2. Non-Alcoholic Beverage

비알코올성 음료는 알코올 성분이 함유되어 있지 않은 음료를 말하는데 청량음료, 영양음료, 기호음료 등으로 구분할 수 있다.

1) Soft Drink

청량음료는 마실 때에 청량감을 주는 음료로 탄산음료와 무탄산음료 등으로 나눠진다. 탄산음료에는 탄산가스가 포함된 것으로 콜라, 사이다, 환타, 토닉워터, 소다수, 칼린스믹스, 진저엘 등이 있다. 무탄산 음료에는 일반적으로 Mineral Water(생수)를 가리킨다.

2) Nutritious Drink

영양음료는 영양성분이 많이 함유된 음료로 건강에 이로운 것이다. 일반적으로 영양음료라고 할 수 있는 것은 야채나 과즙 음료로서 주스, 우유 등이 있다. 또한 과일주스는 Fresh(생과즙)과 Canned(캔과즙) 등으로 나눌 수 있다.

3) Favorite Drink

기호음료는 식전이나 식후에 즐겨 마시는 커피류나 차류 등을 말한다. 커피는 보통 커피와 무 카페인 커피로 나눠지며 차의 종류에는 홍차, 녹차, 인삼차 등이 있다. 이 같은 기호음료 또는 칵테일의 부재료로도 사용할 수 있다.

표 2-3 음료의 분류

구분				
Beverage	Alcholic Beverage	Fermented Liquor	Beer	
			Wine	
			Sake	
			Rice Wine	
		Distilled Liquor	Whisky	Scotch Whisky
				Irish Whisky
				American Whisky
				Canadian Whisky
			Brandy	
			Gin	
			Vodka	
			Rum	
			Tequile	
			Aquavit[4]	
		Compounded Liquor	Herbs&Spices[5]	
			Fruits	
			Beans&Kerels[6]	
	Non-Alcholic Beverage	Soft Drink	Carbonated	
			Non Carbonated	
		Nutritious Drink	Juice	
			Milk	
		Favorite Drink	Coffee	
			Tea	

4) 감자가 주 원료인 스웨덴의 전통술이지만 노르웨이 · 덴마크 등 다른 스칸디나비아 반도 국가에서도 즐겨 마신다. 15세기 무렵에는 포도주를 다시 증류시켜 만들었는데 의약품으로 사용했다. 감자를 주원료로 사용한 것은 18세기부터이다. 색깔이 없고 투명하다. 익힌 감자에 맥아를 넣고 발효시켜 증류한 것으로부터 95%의 알코올을 추출하여 물을 타서 희석시켜 만든다. 캐러웨이 · 고수 · 박하 · 오렌지 껍질 등 향을 내는 재료를 넣는다. 보통 매우 차게 하여 스트레이트로 마신다.

5) 약초 및 향신료

6) 종자류

제 3 절 술의 제조과정

술의 제조과정은 Yeast가 작용하여 발효시키는 것이다. 술의 원료는 인간이 주식으로 하고 있는 곡류나 과실류로 만들어지는데, 술을 만드는데 필요한 기초 원료의 전분과 과당을 함유하고 있다. 따라서 과실류에 포함되어 있는 과당에 직접 효모에 첨가하면 에틸알코올과 이산화탄소 물이 만들어지는데 이산화탄소는 공기 중에 산화되고 알코올 성분의 술이 만들어지는 것이다. 그러나 곡류의 전분의 그 자체가 직접적으로 발효가 안 되기 때문에 전분을 당분으로 분해시키는 당화과정을 거친 후에 효모를 첨가하면 알코올 발효가 되어 술이 만들어진다. 이와 같이 술의 제조과정에 있어서 알코올은 당분이 변한 것으로 술의 원료는 반드시 당분을 함유하고 있어야 한다. 이와 관련된 술의 제조과정을 알기 쉽게 도식화하면 다음과 같다.

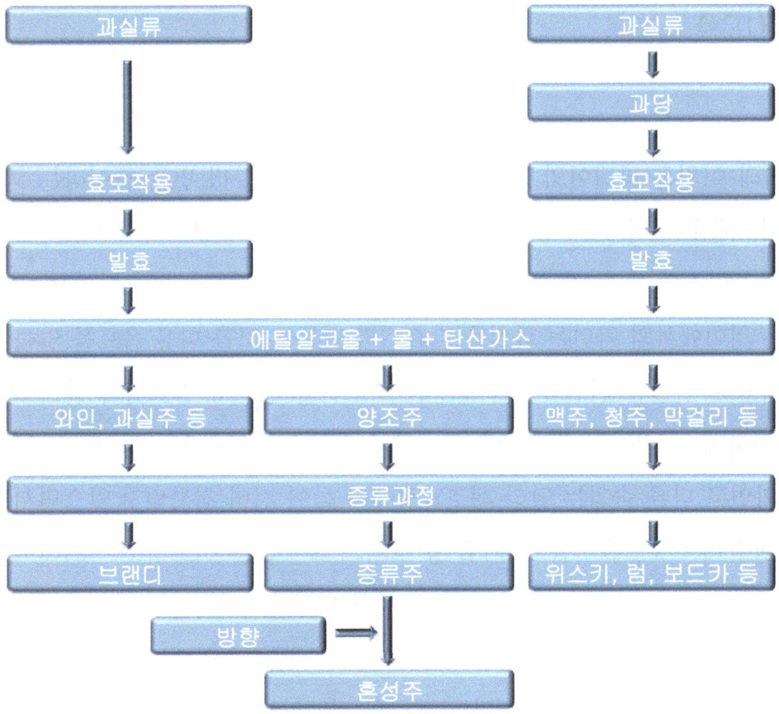

그림 2-13 술의 조주과정

Chapter 3.

Alcoholic Beverage

제 1 절 Fermented Liquor

1. Wine

1) 와인의 정의

와인의 어원은 라틴어의 'Vinum'으로 포도나무로부터 만든 술이라는 의미가 있으며, 세계 여러 나라에서 와인을 뜻하는 말로는 이탈리아의 Vino, 독일의 Wein, 프랑스의 Vin, 미국과 영국의 Wine 등이 있다.

넓은 의미에서의 와인은 과실을 발효시켜 만든 알코올 함유 음료를 말하지만, 일반적으로 신선한 천연과일인 순수한 포도만을 원료로 발효시켜 만든 포도주를 의미하며, 우리나라 주세법에서도 역시 과실주의 일종으로 정의하고 있다.

또 와인은 다른 술과는 달리 제조과정에서 물이 전혀 첨가되지 않으면서도 알코올 함량이 적고, 유기산, 무기질 등이 파괴되지 않은 포도성분이 그대로 살아 있는 술이다. 실제로 와인의 성분을 분석하면 수분 85%, 알코올 9~13% 정도이고, 나머지는 당분, 비타민, 유기산, 각종 미네랄, 폴리페놀(동맥경화에 효능이 있는 카테킨) 등으로 나눠진다.

따라서 와인의 맛은 그 와인의 원료인 포도가 자란 지역의 토질, 기온, 강수량, 일조시간 등 자연적인 조건과 인위적인 조건인 포도 재배방법 그리고 양조법에 따라 달라진다. 그래서 나라마다, 지방마다 와인의 맛과 향이 다른 것이다. 와인은 이와 같은 자연성, 순수성 때문에 기원전부터 인류에게 사랑받아 왔으며, 현대에 이르러서도 일상적인 식생활에 맛과 분위기를 돋우고 더 나아가 서구문명의 중요한 부분을 차지하고 있다.

와인을 한마디로 말하기는 어렵지만 그리스의 철학자 플라톤의 말처럼 '와인이야 말로 신이 인간에게 내려준 최고의 선물' 임에는 틀림없는 것 같다.

2) 와인의 역사

기록상으로 인류가 언제부터 와인을 마시기 시작했는지 정확히 알 수는 없지만, 고고학자들이 발굴한 유적과 효모에 의해 발효가 저절로 일어나는 와인의 특성상 와인은 인류가 마시기 시작한 최초의 술로 보인다.

문헌상 와인의 역사는 지금으로부터 약 7000년 전 소아시아와 메소포타미아 지방에서 시작되어 페니키아인에 의해 이집트, 그리스, 로마 등으로 퍼져나가면서 발전하였다. 메소포타미아 지역에서는 기원전 4000년경에 와인을 담는데 쓰인 항아리의 마개로 사용된 것으로 추정되는 유물이 발견되기도 하였으며, 고대 이집트의 벽화와 아시리아의 유적에 의하면 기원전 약 3500년에 이미 와인이 애음되고 있었다.

와인을 '신의 축복'이라 말하는 그리스는 기원전 600년경 페니키아인들에 의해 포도와 와인을 전해 받은 유럽 최초의 와인 생산국이며, 로마에 와인을 전해주었다.

로마는 유럽을 점령한 후 프랑스, 독일 등 식민지 국가들에게 포도 재배와 와인양조를 중요한 농업의 하나로 만들었다. 그리고 유럽을 점령하면서 부대 주둔지 주위에 적군이 숨어 있지 못하도록 부대 인근지역의 나무를 베어내고 포도나무를 심기도 하였으며, 또, 이들 점령지역의 좋지 못한 식수를 마시고 배탈이 나는 것을 방지하기 위해여 와인을 마시기도 했는데, 이 때문에 유럽의 여러 지역으로 포도의 재배가 확산되어 나갔다.

중세시대에 와서는 교회의 미사나 성찬용으로, 또는 의학용으로 그 중요성이 강조되면서 포도 재배나 와인양조 기술이 엄청난 발전을 하게 되었다. 게다가 대형 와인공장이 생기고 교회에서 필요한 양보다 많은 양을 생산하여 주된 수입원이 되기도 하였다.

영국에서도 와인소비가 급증하였는데 이는 1152년에 후일 영국 왕이 된 Henry Ⅱ Plantagenet가 프랑스 아키텐 지방의 Alienor D'uitaine 공주와 결혼하면서 결혼 지참금으로 가져간 아키텐지방의 일부인 보르도 지방이 영국령이 되어 와인이 세관 통관 없이 수출되었기 때문이다.

근래에 들어서는 생활의 향상과 명문 와인의 등장, 병에 넣어 보관하는 방법, 편리한 운반 등으로 인해 와인의 보급은 물론 소비량 역시 크게 늘었다. 또 1679년 프랑스 'Dom Perignon'[7]에 의해 샴페인 제조법이 개발되었고, 와인 병의 마개로 코르크의 사용이 일반화되었다. 이때부터 품질에 따라 등급을 매겼으며, 유럽 전 지역뿐만 아니라 신대륙에서도 와인의 수요가 급증하여 주요한 무역상품이 되었다.

한편 18세기 후반 미국에서 수입된 야생 포도나무의 뿌리에 있던 '필록세라 선충'[8]이라는 기생충이 유럽 전지역의 포도원을 황폐화시키는 위기가 있었다. 하지만 이를 저항력이 강한 미국산 포도 묘목과 유럽 포도묘목의 접붙이기로 해결할 수 있었고, 1860년 '미생물에 의해 발효와 부패가 일어난다.'는 사실이 파스퇴르에 의해 발표되어 효모의 배양, 살균, 숙성에 이르는 와인 제조 방법이 크게 발전하였다.

포도 재배와 압축기, 여과기 등 양조기술의 발달로 훌륭한 와인이 많이 생산되었는데, 1935년 프랑스에서는 와인에 대한 규정 A · O · C법[9]을 제정하여 와인의 철저한 품질관리를 통해 세계적 명성을 유지하고 있다. 이에 잇따라 이탈리아, 독일, 미국, 오스트레일리아, 스페인 등이 비슷한 와인 법을 시행해 와인의 품질을 유지, 발전시켜 나가고 있다. 또 교통의 발달로 와인의 생산과 교역이 활발해졌고, 아시아 개발도상국의 경제가 발전됨에 따라 이들 지역에도 와인이 확산되고 있다.

7) Dom Perigno(1639~1715): 코르크 마개를 만든 신부. 샴파뉴(Champagne) 지방의 오빌레(Hautvillers)에 있는 성 베드로 사원(San Pietro Basilica)에서 포도원 관리와 와인 제조책임을 맡고 있던 인물로 발포성 와인(샴페인)을 개발하게 되었는데, 우연히 저장해 놓은 와인 병의 병마개가 튀어 달아나고 와인이 솟구쳐 오르는 것을 보고 이것을 보존할 수 있는 방법을 연구 중, 1690년경 스페인수사들이 코르크마개로 물통을 막는 것에서 힌트를 얻어 코르크를 와인 병마개로 사용해 보았는데 와인의 숙성도가 비약적으로 발전되었다고 한다. 그 이전의 병마개는 보통의 나무에 아마포를 두르고 거기에다가 올리브기름을 묻혀서 썼는데 이것에 비해 완전한 밀폐가 가능해졌고 기름이 섞이지 않아서 신선도도 훨씬 높아졌다고 한다.

8) Phylloxela: 포도나무뿌리진딧물

9) AOC[Appellation d' Orgine Controlee]: 프랑스의 농산품과 식료품 분야에서 법규로 통제하는 원산지명칭으로 와인을 만들때 사용하는 포도 품종을 제한하거나 수확지역, 알코올 도수, 최소 숙성기간, 최대 수확량 등을 법률적으로 제한하는 것을 말한다.

3) 와인의 분류

① 색에 따른 분류

▷ Red wine

일반적으로, 적포도로 만드는 레드와인은 적포도의 씨와 껍질을 그대로 함께 넣어 발효시킴으로서 붉은 색소뿐만 아니라 씨와 껍질에 들어있는 타닌성분까지 함께 추출되므로 떫은맛이 나며, 껍질에서 나오는 붉은 색소로 인하여 붉은 색깔이 난다. 레드 와인의 맛은 이 타닌의 조화로움에 크게 좌우되며, 포도껍질과 씨를 얼마 동안 발효시키느냐에 따라서, 또는 포도품종에 따라서 타닌의 양이 결정된다. 레드와인의 일반적인 알코올 농도는 12~14% 정도이며, 타닌 성분으로 인해서 상온(약17~18℃)에서 마셔야 제 맛이 나고, 레드 와인의 타닌성분은 와인이 차가울 때 더욱 날카롭게 느껴진다.

그림 2-14 Red Wine

그림 2-15 White Wine

▷ White Wine

화이트 와인은 잘 익은 백포도(적포도가 아닌 것은 전부 백포도임; 노랑, 금빛, 청포도)를 압착해서 만들고, 적포도를 이용하여 적포도의 껍질과 씨를 제거하고 만드는데, 포도를 으깬 뒤 바로 압착하여 나온 주스를 발효시킨다. 이렇게 만들어진 화이트 와인은 타닌성분이 적어서 맛이 순하고, 포도 알맹이에서 우러나오는 색깔로 인해 노란색을 띤다.

화이트 와인의 일반적인 알코올 농도는 10~13% 정도이며, 와인 쿨러에 차게(약 8℃)해서 마셔야 제 맛이 나나, 지나치게 차게 하면 화이트 와인에 포함되어 있는 산과 향(Aroma)성분에 영향을 주어서 제 맛을 느낄 수 없다.

▷ Rose Wine

대체로 붉은 포도로 만드는 로제 와인의 색은 핑크색을 띠며, 로제 와인의 제조과정에서 레드 와인과 비슷하다. 레드 와인과 같이 포도껍질을 같이 넣고 발효시키다가(레드 와인의 경우 며칠 또는 몇 주; 로제 와인은 몇 시간 정도)어느 정도 시간이 지나서 색이 우러나면 껍질을 제가한 채 과즙만을 가지고 와인을 만들거나, 또는 레드 와인과 화이트 와인을 섞어서 만들기도 한다.

로제 와인은 보존 기간이 짧으면서 오래 숙성시키지 않고 마시는 것이 좋고, 색깔로는 화이트 와인과 레드 와인의 중간의 핑크빛이라 보기에 아름다우며, 맛으로 보면 오히려 화이트 와인에 가까워 차게 해서 마시는 것이 좋다.

그림 2-16 Rose Wine

② 맛에 따른 분류

▷ Dry Wine

드라이 와인은 포도 속의 천연 포도당을 완전히 발효시켜 당분(단맛)이 거의 남아있지 않은 상태의 와인이다.

▷ Medium Dry Wine

드라이한 맛과 스위트한 맛 중간 정도의 맛을 느낄 수 있는 와인을 말한다.

▷ Sweet Wine

주로 화이트 와인에 해당되며, 와인을 발효시킬 때 포도속의 천연 포도당을 완전히 발효시키지 않고 일부 당분이 남아 있는 상태에서 발효를 중지시켜 만든 와인과 보당(설탕을 첨가함)을 한 와인 등이 있다.

③ 알코올첨가 유무에 따른 분류

▷ Fortified Wine

주정강화 와인 또는 알코올강화 와인이라고 한다. 과즙을 발효시키는 중이거나 발효가 끝난 상태에서 Brandy나 과일 등을 첨가한 것으로서 알코올 도수를 높이거나 단맛을 나게 하여 보존성을 높인 와인이다. 스페인의 Sherry Wine이나 포르투갈의 Port Wine 등이 대표적인 강화 와인이다.

그림 2-17 Sherry Wine, Port Wine

▷ Unfortified Wine

보통 일반적인 와인을 말하는 것이며, 다른 증류주를 첨가하지 않고 순수한 포도만을 발효시켜서 만든 보통 와인을 말한다. 알코올 도수는 8~14% 정도이다.

④ 탄산가스 유무에 따른 분류

▷ 스파클링 와인

일명 발포성 와인이라 부르는 스파클링 와인은 발효가 끝나 탄산가스가 없는 일반 와인을 병에 담아 당분과 효모를 첨가해 병 내에서 2차 발효를 일으켜 와인이 발포성을 가지도록 한 것이다. 프랑스 샹파뉴 지방을 제외한 지역에서 이 방식으로 만들어진 스파클링 와인을 Method Champanois(샴페인 방식) 또는 Cremant(크레망) 등으로 표기하고 있는데, 이것은 신흥 와인 생산국 등에서 스파클링 와인에 샴페인이라고 표기, 판매한 데에 따른 샹파뉴 지방 사람들의 반발 때문이다. 스파클링 와인을 프랑스에서는 Vin Mousseux[10], 독일에서는 Sekt[11], 이탈리아에서는 Spumante[12]라고 부르는데, 20℃에서 3기압 이상의 상태에서 보관하는 와인을 말한다. 1~3.5기압의 약 발포성 와인을 프랑스에서는 Vin Petillant[13], 독일에서는 Perlwein[14]이라고 한다.

그림 2-18 Champagne

▷ Still Wine

일반 와인은 일면 비발포성 와인이라고 부르는데, 이것은 포도당이 분해되어 와인이 되는 과정 중에 발생되는 탄산가스를 완전히 제거한 와인으로 대부분의 와인이 여기에 속한다. 그 색깔은 레드, 화이트, 로제 와인이 있으며, 알코올 도수는 대체로 11~12%이며, 프랑스, 독일, 이탈리아 등은 보통 10~12%이다.

10) 뱅 무세
11) 젝트
12) 스푸만테
13) 뱅 페타앙
14) 파르바인

⑤ 식사 시 용도에 따른 분류

▷ Aperitif Wine

Aperitif Wine(식전와인)은 본격적인 식사를 하기 전에 식욕을 돋우기 위해서 마신다. 주로 한두 잔 정도 가볍게 마실 수 있는 강화 주나 산뜻하면서 향취가 강한 맛이 나는 와인을 선택한다. Champagne을 주로 마시지만 달지 않은 Dry Sherry와 Vermouth[15] 등을 마셔도 좋다.

▷ Table Wine

Appetizer가 끝나고 식사와 곁들여서 마시는 와인으로 테이블 와인은 그냥 마시는 것보다는 음식과 함께 잘 조화를 이뤄 마실 때 그 맛은 배가 된다. 음식물에 따라 대체적으로 화이트 와인은 생선류에, 레드 와인은 육류에 잘 어울린다.

▷ Dessert Wine

디저트 와인은 식사 후에 입 안을 개운하게 하려고 마시는 와인이다. 즉 어린이들이 식사 후에 아이스크림을 먹는 것처럼 어른들도 식사 후에 약간 달콤하고 알코올 도수가 약간 높은 디저트 와인을 한 잔 마심으로써 입 안을 개운하게 마무리 짓는다. Port wine이나 Cream Sherry, Sauternes[16], Barsac[17] 등이 있다. 그리고 독일의 Auslese[18]급부터 Trockenbeerenauslese[19]급까지가 대표적인 디저트 와인에 속한다.

그림 2-19 Chateau d'Yquem[20], Trockenbeerenauslese

15) 원료인 포도주에 브랜디나 당분을 섞고, 향쑥 · 용담 · 키니네 · 창포뿌리 등의 향료나 약초를 넣어 향미를 낸 혼성주로서 원래 식전에 식욕을 촉진하기 위하여 애피타이저 와인으로 만든 것이지만, 칵테일 재료로서도 널리 쓰인다.
16) 소테른느: 프랑스 Bordeaux 지방의 지역으로 세계적으로 유명한 Sweet White Wine을 생산하는 산지.
17) 바르작 지역의 와인은 가볍고 상쾌한 감미를 즐길 수 있는 특징이 있다.
18) 아우스레제: 독일에서 사용되는 포도주 용어로서 좋은 포도송이만 정선하여 만든 와인을 의미한다.
19) 트로켄베에렌아우스레제: 독일 고급 와인 중의 하나이다. 이 긴 단어는 다음과 같이 이루어졌다. trocken/건조한(dried), beeren/포도(berries), aus/지난(out), lese/따다(picking). 정리를 해보면, 포도가 충분히 익을 때까지 기다린 뒤 손으로 한 알 한 알씩 수확해서 만든 와인을 말한다. 보통 귀부병에 걸린 포도를 사용하기 때문에 향긋하고 매우 달콤하다.
20) 프랑스 Bordeaux지방의 Sauternes 지역의 와인.

4) 와인의 제조과정

와인을 가장 간단히 정의 하면 '싱싱하고 잘 익은 포도를 발효하여 만든 천연 과즙음료'라고 하겠다. 포도로 생성된 즙과 천연조건이 와인을 만들게 한다. 그것은 포도 속에 와인을 만들기 위하여 꼭 필요한 두 가지 성분, 즉 효모와 당분이 있기 때문이다. 그러나 와인제조에 있어서 천연조건만이 중요한 것은 아니다.

와인을 와인답게 하는 것은 역시 인간의 양조 기술이다. 수확의 시기에서부터 제조의 시작, 여러 섬세한 단계들을 거치며 하나하나 세심한 배려와 선택을 통해 비로소 각각의 와인이 만들어진다.

모든 종류의 와인은 포도밭에서 수확되어 제품으로 병 속에 들어가기까지 유사한 일련의 과정을 거쳐 제조된다. 이러한 일련의 기본적인 단계들을 이해하면, 종류마다 약간씩 차이를 보이며 변화무쌍한 와인의 세계를 보다 쉽게 이해할 수 있을 것이다.

① 레드 와인의 제조과정

레드 와인은 적포도로 만든다. 화이트 와인과는 달리 레드 와인은 붉은 색 및 타닌 성분이 중요하므로 포도껍질 및 씨에 있는 붉은 색소와 타닌 성분을 많이 추출해서 와인을 만들어야 하므로 제조공정이 조금 더 복잡하다.

▷ 포도수확

포도원으로부터 잘 익은 적포도를 수확한다.

▷ 공장

수확한 포도를 공장으로 보낸다.

▷ Stemming(줄기제거)

수확된 포도의 줄기에는 풀냄새가 나고 쓴맛이 나기 때문에 제거한다. Stemmer라는 분쇄기 또는 손으로 포도로부터 줄기와 대를 분리시킨다.

그림 2-20 분쇄기, 손으로 분리

▷ 제경 파쇄

줄기를 골라낸 포도의 껍질, 씨, 알맹이를 같이 으깨는데 이 때 롤러의 사이가 약간 떨어져 있어 포도의 주스만 만들어 내는 것이니 씨나 껍질까지 완전히 으깨지는 것이 아니다.

그림 2-21 주스

▷ Maceration[21]

과피침지(침용)는 와인의 성격에 따라 다소 길어질 수 있다. 타닌 성분이 적은 햇포도주라면 침용은 며칠이면 충분하고, 장기 보관용 와인은 2~3주 또는 그 이상 걸린다. 색소와 타닌이 즙을 위로 뽑아 올려 포도즙 덮개에 계속 뿌려주어야 주조통 안의 포도주의 질이 비슷해진다.

21) 마세라사용

▷ 아황산염(So2)첨가

침용 시에 아황산염과 효모를 첨가하기 시작하는데, 아황산염은 항균제로서 포도에 부착되어 있는 야생효모의 생육을 저해하고 포도 과피에 붙어 있는 각종 부패균을 살균시키며 생육을 저해하고 과즙중의 산화효소에 의해 색깔이 변화하는 것을 없애줌으로써 과즙의 산화 및 페놀류의 산화를 방지하고 과즙을 맑게 하여 포도주가 식초로 변하는 것을 막아준다.

또한 포도세포를 죽여 포도껍질로부터 적색 색소 용출을 돕고 알데하이드와 결합하여 향미를 증진시키며 글리세린의 생성을 돕는다. 미숙으로 건전한 포도에는 약 50~75mg/L를 넣고 과숙으로 수확하여 곰팡이의 부착으로 산도가 낮은 경우에는 약 300mg/L를 넣는다. 그러나 아황산염을 인위적인 첨가물이기 때문에 아무리 좋은 약이라도 적게 먹는 것이 좋다고 사람들이 생각하므로 최소한의 허용치를 넣으려고 노력한다. 특히 천식이 있는 환자에 있어서는 거의 미세하지만 민감한 반응을 보이고 있다.

▷ 1차 발효(전 발효 또는 알코올 발효)

침용한 포도즙을 발효 통에 옮겨져 효모를 첨가하여 포도즙을 발효시킨다. 알코올 발효는 약 10~20일 전후에 걸쳐서 진행된다. 이 기간 동안 온도와 농도를 세밀하게 관찰해야 한다. 온도가 높으면 당의 분해 속도가 빨라지기 때문에 발효기간은 짧아진다. 또한 포도의 찌꺼기가 표면위로 올라와 포도즙 맨 위쪽에 덮개를 형성하기 때문에 지속적으로 섞어주어야 한다. 이 때 포도 껍질의 타닌 성분과 색소가 발효 중에 즙으로 우러나온다. 이것을 1차 발효라고 한다. 포도즙은 10~32℃에서 효율적으로 발효를 하며, 그 중에서 백포도주는 저온(18~22℃)에서 발효시켜야 좋은 와인이 되고 적포도주는 포도에 표피가 있는 관계로 28~32℃가 가장 좋다. 38℃이상이 되면 효모가 박테리아와 동화되어 유독성 물질이 발생하기 때문이다. 반대로 너무 낮은 온도는 와인의 영양분 부족현상이 나타나 알코올 함량이 낮아져 좋은 와인을 생산할 수 없게 된다. 발효 통으로는 스테인리스 스틸통, 콘크리트 통, 오크배럴 등에서 행한다.

그림 2-22 스테인리스 스틸통

▷ 압착

화이트 와인의 경우 포도 껍질과 씨를 분리시키기 위해 압착한 다음 포도즙만을 발효시킨다. 그러나 레드 와인은 껍질, 과육, 씨와 함께 발효한 후 압착한다. 이렇게 해서 얻어지는 즙은 껍질에 의해 착색되고 향이 베게 된다. 로제 와인은 레드와 화이트 와인을 섞어서 만드는 경우도 있지만, 대게는 레드 와인을 만드는 과정을 따르며 내용물이 전부 발효되기 전에 압착한다.

1차 발효가 끝나면 포도주를 유출시킨다. 여기에서 자연적으로 유출된 포도주를 Vin de Goutte[22]라 하고, 남아 있는 찌꺼기를 압착해서 얻어진 포도주를 Vin de Press[23]라고 하며, 대게 타닌성분과 색상이 풍부하다.

그림 2-23 압착기 압착 후 찌꺼기

▷ 주석제거

압착이 끝나면 와인의 온도는 낮추어 주석을 제거한다. 이것을 Stebilisation[24]이라 한다.

22) 뱅 드 구트
23) 뱅 드 프레스
24) 스타빌라시용

▷ 2차 발효(후 발효 또는 유산 발효)

압착된 포도즙과 자연 유출된 포도즙을 합쳐 오크통이나 스테인리스 스틸통에서 2차 발효를 시킨다. 젖산 또는 유산발효로 부르는 2차 발효는 포도에 포함되어 있는 Malic Acid(사과산)을 유산균의 작용으로 Lactic Acid(유산)과 Co2(이산화탄소) 등을 발생시키는 필수적인 과정으로 와인의 맛을 좀 더 부드럽게 한다. 그런데 이 2차 발효는 언제 발생할지 모르기 때문에 요즈음에는 2차 발효 매개물질인 박테리아를 실험실에서 배양하여 1차 발효가 끝나기 전에 첨가한다. 와인의 숙성을 촉진시키고 병 속에서 2차 발효가 일어나는 것을 방지한다. 이 때 발효 통으로는 주로 오크 배럴을 사용하는데 작은 통의 것이 큰 통보다 숙성기간이 짧다. 그래서 Barrel Fermentation[25)]라고도 한다.

▷ 앙금 분리(걸러내기)

후 발효가 끝난 와인은 앙금을 분리하여 숙성에 들어간다. 이 때 와인 속의 색소, 찌꺼기와 단백질, 주석산 물질 등을 침전시켜 와인을 맑고 깨끗하게 하는 것으로 찌꺼기를 최대한 분리하기 위해 청징제를 배럴에 첨가하여, 불순물들이 청징제와 같이 엉겨 있을 때 제거한다. 청징제로서는 달걀흰자, 젤라틴, 소피, Bentonite[26)] 등을 사용한다.

▷ Barreling(숙성)

이렇게 얻어진 액은 숙성시키기 위해 참나무로 된 통으로 보낸다. 이 참나무통 또한 나무 그 자체와 통에 담겨져 있는 시기에 따라 향과 맛에 영향을 준다.

숙성장소는 진동이 거의 없어야 하며, 숙성온도는 약 12~14℃, 숙성 습도는 70%가 가장 적당하고 숙성기간은 포도품종에 따라 또는 만들고자 하는 와인에 따라 다르나, 보르도의 우수한 와인의 경우 보통 12~24개월 정도 숙성시킨다.

25) 배럴 오크
26) 벤토나이트: 화산재의 풍화로된 점토의 일종

그림 2-24 스테인레스 숙성 및 오크숙성

▷ Blending

똑같이 숙성이 끝난 와인들이라 하여도 각 통마다 환경이 조금씩 달랐기 때문에 와인의 맛의 차이가 있다. 이것을 보완하여 똑같은 맛을 내기 위하여 Blending Master에 의해 여러 통들의 와인들을 섞는다.

그림 2-25 Blending 방법

▷ 여과 및 병입

브랜딩이 끝난 후 와인은 다시 한 번 불순물을 여과하면서 병에 담는다.

▷ 병 숙성

저급 와인은 병입이 된 후 바로 판매에 들어가지만, 고급 와인들은 병입 후 숙성을 통해서 와인을 한층 안정시키며, 거친 맛을 최소화시킨다. 병 숙성 기간은 각각의 와인마다 다르나 약 3~24개월 정도 한다. 보르도의 우수한 와인의 경우 숙성은 약 10~15℃, 습도 약 75%가 가장 적당하고 코르크 마개가 마르지 않도록 반드시 눕혀서 보관한다. 이 때 습도가 너무 높으면 코르크에 곰팡이가 피어 와인 향에 영향을 주며 라벨이 썩고, 습도가 너무 낮으면 코르크가 빨이 말라 와인이 산화되어 맛이 시큼해진다.

그림 2-26 병숙성 과정

▷ 출하 및 판매

병 숙성이 끝난 와인은 병에 라벨을 붙여 판매한다.

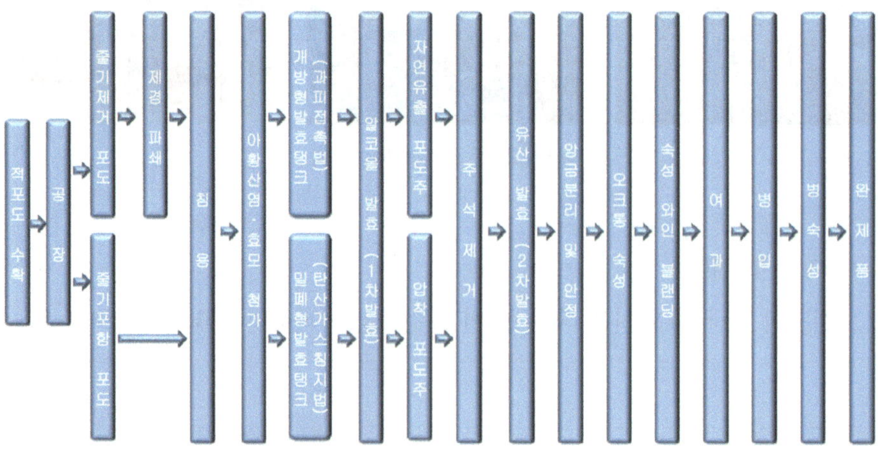

그림 2-27 Red Wine 제조과정

② 화이트 와인의 제조과정

화이트 와인은 잘 익은 백포도(청포도)나 적포도의 껍질과 씨를 제거 후 만든다.

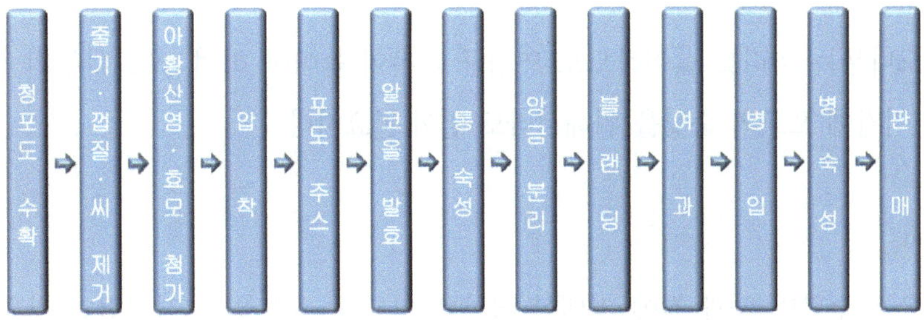

그림 2-28 White Wine의 제조과정

5) 와인의 품질을 결정하는 요소

① Terroir(환경요소)

프랑스어로 테루아라고 하는 것은 포도재배에 있어서 영향을 미치는 자연적인 요소들을 말하는 것이다. 또한 각각의 포도밭은 서로 다른 토양과 기후 및 위치로 인하여 포도재배에 영향을 미친다는 의미로 각각의 포도밭에서 생산되는 포도가 다르기 때문에 그 포도를 가지고 생산하는 와인의 맛 또한 서로 다를 수밖에 없다는 의미를 내포한다.

▷ Sun Light

햇빛은 포도주의 빛깔을 결정한다. 포도에 당분을 형성시키고 붉은 색소가 합성되기 위해서는 보다 많은 태양에너지가 필요하다. 이러한 이유로 알자스, 샤블리, 샹파뉴 등 북쪽 지역에서는 백포도주를 많이 생산하며, 남쪽에서는 색깔이 짙고 짜임새 있는 적포도주를 생산하는 것이다.

일조량이 적으면 당도가 떨어지고 산도가 높고, 일조량이 많으면 당도가 높고 산도가 낮다. 와인의 맛은 Sweetness(당도), Acid(산) 그리고 Tannin(타닌) 등의 조화이다.

▷ Temperatures

포도나무는 서리를 싫어하므로 연평균 기온이 높아야 하며, 포도나무의 생장 주기 기간에 포도의 숙성을 위해서라도 열이 필요하다.

▷ Rain

강우는 수확의 양과 질에 지대한 영향을 미친다. 포도원의 결정적인 것은 강우량인데, 특히 연중분포와 어떤 형태로 내리는가가 중요하다(자주 오는 비인가, 폭풍우인가?). 비가 오는 시기에 따라 포도나무의 반응은 제각기 다르다. 강우량이 많으면 포도의 Acid는 높아지는 반면 Sweetness는 낮아진다. 반대로 강우량이 적으면 산도는 낮아지고 당도는 높아져서 좋은 와인을 만들 수 있다.

② Location of Vineyard

▷ Vineyard Exposure

포도원의 방향은 남향, 남동향이 좋다. 이는 포도나무에 아주 중요한 일조량에 크게 영향을 주기 때문이다. 부르고뉴 포도원은 동향인데 그 이유는 아침 해를 받아 토양이 서서히 달궈지고 서쪽으로부터 부는 바람과 비를 피할 수 있기 때문이다.

▷ Altitude

해발 100m씩 올라갈수록 기온이 0.6℃씩 내려간다. 이는 포도의 성장을 변화시키는데, 산맥이 가까이 있으면 서늘하게 되어 포도 알이 서서히 익게 된다. 그리고 알자스 포도원과 같이 숲이 가까이 있으면 찬바람으로부터 포도원을 보호할 수 있다.

③ 포도품종

와인의 맛을 결정짓는 제 요소 중 가장 영향력이 큰 것은 포도품종이다. 따라서 여러 포도품종에 대한 정확한 특성을 이해하는 것이 매우 중요하다.

▷ 레드와인용 포도품종

· Carbernet Sauvignon

레드 와인 하면 카베르네 소비용, 화이트 와인하면 샤르도네라 할 정도로 카베르네 소비용은 레드 와인을 위한 포도품종으로 가장 많이 알려져 있다. 이 포도는 4가지 특성이 있는데, 작은 포도알, 깊은 적갈색, 두꺼운 껍질, 많은 씨앗이 특징이다. 씨앗은 타닌 함량을 풍부하게 하고, 두꺼운 껍질은 색깔을 깊이 있게 나타낸다. 최고의 카베르네 소비용 프랑스 보르도 지방에서 생산되는 것이지만 추운 독일 지역을 제외하고는 광범위한 지역에서 생산되고 있다.

블랙커런트, 체리, 자두 향기를 지니고 있으며, Young Wine 일 때에 떫은맛이 강해서 거칠지만 오크통 숙성을 통해 맛이 부드러워 진다. 이 포도로 만든 포도주는 장기간 숙성이 가능하다.

· Merlot

메를로는 카베르네 소비용과 유사하지만 카베르네 소비용에 비해 타닌함량이 적고 부드러워서 마시기 좋으며, 가벼워서 다른 포도의 거친 맛을 부드럽게 하기 위해 혼합용으로 많이 사용한다. 메를로는 보르도와 프랑스의 남쪽 지방, 캘리포니아, 칠레, 남아프리카, 이탈리아, 헝가리 등에서 재배되고 있으며, 쌩떼밀리옹과 뽀므롤 지방에서는 주품종으로 사용된다.

딸기, 체리, 자두, 꽃, 향신료 향기를 지니고 있다. 일반적으로 숙성이 빨리 되는 경향이 있으므로 일찍 마실 수 있으나, 프랑스의 Petrus[27] 같은 특급 와인들은 장기간 보관도 가능하다.

· Pinot Noir

프랑스의 부르고뉴에서 이 포도 품종으로 세계 정상급의 레드 와인을 만들고 있다. 우아한 과실의 맛이 풍부하고, 바디감이 부드러우면서도 야생성을 지니고 있는 매력적인 와인이라 할 수 있겠다.

딸기, 체리, 민트 향기를 지니고 있으며, 타닌이 적고 부드러워 마시기 좋다. 재배지역은 다른 품종들이 잘 자라지 못하는 서늘한 기후대를 선호한다. 대표

27) 페트뤼스

와인으로는 Romanee-Conti[28], Chambertin[29] 등의 특급 와인이 있고, 샹파뉴 지방에서는 스파클링 와인의 주품종으로 사용된다.

· Syrah

시라는 프랑스 남부 꼬뜨 뒤 론 지역에서 주로 생산되며, 최근에는 호주의 대표 품종으로 자리 잡고 있다. 호주에서 'Shiraz'라고 부른다. 진하고 선명한 적보라빛 색상이 일품이며, 풍부한 과일향과 향신료향이 색다른 와인의 맛을 느끼게 해준다.

· Malbec

말벡은 원산지 보르도에서는 인기를 끌지 못하다가, 최근에 와서 칠레, 아르헨티나, 남아프리카 공화국 등에서 널리 재배고 있으며, 아르헨티나에서는 국가 대표 품종으로 육성하고 있다. 말벡은 카베르네 소비뇽의 힘을 부드럽게 하는 블렌딩용으로 많이 사용된다. 자두향이 물씬 풍기며 우연하고 안정된 와인의 맛을 보여주고 있다.

· Gamay

가메는 매년 11월 셋째 주 목요일 출시되는 'Beaujoais Nouveau[30]' 때문에 갑자기 유명해진 품종이다. 프랑스 보졸레 지방의 토양이 화강암 질과 석회암질 등으로 이루어져 배수가 뛰어나 부르고뉴 주요 재배품종인 Pino Noir 대신에 이 토양에 적당한 가메종을 재배하고 있다. 루비 색에 체리, 나무, 딸기, 과일향이 풍부한 와인이다.

▷ 화이트 와인용 포도품종

· Chardonnay

대부분의 고급 화이트 와인을 만드는 품종으로 널리 재배되고 있다. 주산지는 프랑스 부르고뉴 지방이며, 캘리포니아와 칠레, 호주 등에서도 재배된다. Chablis[31], Meursault[32], Montrachet[33] 등에서 이름난 화이트 와인을 생산

28) 로마네 꽁띠
29) 샹베르땡
30) 보졸레 누보
31) 샤블리
32) 뫼르소
33) 몽라쉐

한다.

서늘한 기후대에서 자란 샤르도네는 섬세하고 기품 있는 와인을 생산하며 뜨거운 태양아래서 일조량을 많이 받은 샤르도네는 사과, 레몬, 자몽, 복숭아, 파인애플 등과 열대 과일향이 풍부한 강한 화이트 와인을 만들어 준다. 오크 숙성을 통하여 부드러움과 복합미를 증진시킬 수 있으며, 화이트 와인 중에서 가장 오래 보관할 수 있는 품종이다.

· Sauvignon Blanc

보르도 남서부 지방과 루아르 지역이 대표적인 산지인데, 보르도 지역이 소비뇽 블랑은 대개 쎄미뇽 품종과 블렌딩하여 조화롭고도 싱그러운 느낌을 준다. 루아르 지역은 미네랄 성분이 강하고 쌉쌀한 풍미가 난다. 그리고 뉴질랜드에서 생산되는 소비뇽 블랑은 라임, 토마토 잎의 향과 함께 잘 익은 구즈베리 향의 독특한 자극을 느낄 수 있다.

이 품종은 대단히 상큼하여 풋풋함이 넘쳐흐르고, 푸릇푸릇한 들판에서 갓 밴 듯한 풀 향기가 인상적이다. 현대인의 입맛에 맞기 때문에 최근 전 세계적으로 재배 면적이 급증하고 있다. 대표적인 백포도주로는 Sancerre[34], Pouilly Fume[35] 등이 있다.

· Semillon

세미뇽의 산도는 낮고 향이 강하지 않아 단독으로 사용되지 않으며, 주로 샤르도네나 소비뇽 블랑과 블렌딩되는 보조 품종이다. 이 품종에 걸리는 귀부병을 이용해 Sauternes 지방에서 만든 스위트 화이트 와인은 세계 최고 수준이다. 유명한 스위트 와인 인 Chateau d'Yquem도 이 품종을 80%정도 사용한다.

· Riesling

리슬링은 독일을 대표하는 품종으로 라인과 모젤 지방 그리고 프랑스의 알자스에서 생산되는 화이트 와인의 대표적인 품종이다. 이 리슬링 와인은 섬세하고 기품이 있는 와인으로 산도와 당도의 균형과 조화가 잘 이루어져 와인의 초보자

34) 쌍세르
35) 푸이퓌메

가 마시기에 가장 적합한 와인이라 할 수 있으며 닭고기, 야채 등과 잘 어울린다.

6) 와인에 관한 상식

① 와인에 관한 일반 상식

▷ 와인의 중요 구성요소

와인의 알코올 농도는 그 종류마다 다르고 Natural Wine(순수한 와인)의 경우에는 14%이하가 보통이다. 와인의 당 농도는 순수한 와인 중에서는 귀부 와인이 가장 높고, 화이트 와인에는 발효를 정지시켜 당분을 높게 만든 것도 있다.

유기산으로는 주석산, 사과산, 구연산 등 과즙에서 우려내는 산 이외에 발효 중에 생성되는 호박산, 젖산, 초산 등 여러 가지 산이 함유되어 있다.

과즙 중의 아미노산은 효모에 의해서 대사되어 균체성분이 되므로 와인 중의 아미노산은 발효말기의 효모의 자기소화에 의한 것이 많다. 또, 발효 중에 아미노산으로부터 생성되는 고급 알코올은 에스테르로 존재하기도 하고, 와인의 향성분이 된다. 포도의 방향물질로 미량의 알코올류, 카보닐류, 아세틸류, 아스테르류, 휘발성 지방산류, 페놀류 등이 알려져 있고, 이들 아로마의 발효에 의해서 생성되는 향이 합쳐져서 향기 성분의 패턴이 변화하며, 또 숙성 중의 산화, 환원, 에스테르화 등으로 부케가 생성된다. 이들 세 가지 향이 잘 조화되어 비로소 향이 좋은 포도주로 평가된다.

▷ Vintage(Millesium[36]/Ano[37])

빈티지란 포도가 수확된 해를 가리킨다. 다른 농산물과 같이 포도도 가후의 영향을 크게 받는데. 즉 강우량, 일조시간, 기온의 변하가 수확물의 질과 성격에 영향을 준다. 예를 들어, 덥고 건조했던 여름의 수박이 달고 맛있듯이 포도에 있어서도 1년 동안의 기후의 변화가 과실 안에 농축되어, 와인의 품질을 결정한다. 따라서 와인 상표에 적혀있는 수확년도를 봄으로써 어느 정도 그 와인의 성격을 예측할 수 있다.

36) 밀레짐: 빈티지의 프랑스어
37) 아노: 빈티지의 이탈리아어

▷ Tannin

포도의 껍질, 씨와 줄기 그리고 오크통에서 우러나오는 성분으로, 주로 떫은 맛에 많이 들어 있고, 적당한 떫은 맛과 텁텁한 감촉을 결정짓는 중요한 물질이다.

타닌은 주로 식물의 잎이나 줄기, 뿌리, 열매 등에 널리 분포되어 있으며, 특히 감, 밤, 녹차 그리고 덜 익은 과실류에 많이 함유되어있다.

타닌 중 떫은 맛을 내는 것은 수용성 타닌이고, 떫지 않은 타닌은 불용성이다. 수용성인 타닌은 완숙하지 않은 열매에 많이 있으나 완숙되면서 불용성 타닌으로 변하여, 이 경우에 타닌의 양은 같다.

그런데 타닌과 같이 함유되어 있는 페리페놀은 혈관에 쌓여 있는 콜레스테롤 지방산이나 노폐물 등을 녹여주는 작용을 하여 뇌졸중, 관상동맥, 혈전증, 협심증, 심근경색과 같은 혈관계 질환의 예방과 치료를 하는 작용을 하고 있다. 그러기 때문에 고지방 섭취로 인한 콜레스테롤을 제거하기 위해서 타닌과 같이 함유되어 있는 폴리페놀을 섭취하는 목적으로 감, 밤, 포도, 녹차, 우롱차 등을 섭취하면 좋다.

▷ 주석산염

레드 와인에는 간혹, 주황색의 결정체가 가라앉아 있는 경우가 있다. 이것은 와인 속에 들어있는 주석산염의 결정체로, 와인의 유기산 중주석산은 와인의 맛을 강하게 할 뿐만 아니라 식욕을 북돋아 주는 역할을 한다. 병에 담긴 지 얼마 안 된 와인에서는 그렇지 않지만 5℃이하에서 장기간 보존하거나 이온도에서 충격 또는 진동을 받으면 와인 속의 주석산염이 과포화 되어 서서히 결정체가 생기게 된다.

▷ 아황산염

아황산염은 항균제로서 포도에 부착되어 있는 야생효모의 생육을 저해해서 포도주가 식초로 변하는 것을 막아주고 각종 부패균의 생육을 저해하고 포도즙을 환원상태로 유지시켜줄 뿐 아니라 페놀류의 산화를 방지시켜 준다. 또 과즙 중의 산화효소의 활성화를 없애 과즙의 산화를 방지하고 포도 세포를 죽여 과피로부터의 적색 색소용출을 도움으로써 과즙을 맑게 하는 것을 돕는다.

② 아로마와 부케

▷ Aroma

아로마는 포도의 원산지에 따라 맡을 수 있는 와인의 첫 번째 냄새 또는 향기를 말한다. 이 아로마는 원료 자체에서 우러나오는 향기이며, 포도의 품종에 따라서 같은 품종이라 하여도 자란 환경, 즉 토양의 성분, 기후, 재배조건 등에서 여러 가지 차이가 날 수 있다.

▷ Bouquet

부케라는 것은 주로 와인의 발효과정이나 숙성과정 중에 형성되는 여러 가지 복잡 다양한 향기를 말한다. 각 성분들끼리 어울림, 오크통 속에서의 화학적인 변화, 병숙성 과정 중의 원숙한 교류 등을 통하여 우아하고 변화무쌍한 자기만의 독특한 향을 가지게 된다.

와인의 향을 맡아보고 품종이 무엇인지 알 수 있는 것은 아로마로 알 수 있고, 숙성이 잘되었다고 할 수 있는 것은 부케로서 알 수 있다.

③ 코르크 마개

16세기에 이미 유리병이 사용되었고 17세기에 들어 코르크가 사용된 것은 와인의 발달에 큰 영향을 끼쳤다. 코르크로 밀봉된 와인은 병에 담글 때 들어간 소량의 공기 중에 산소가 와인과 반응을 하여 더 이상 광가와의 접촉이 차단된 채 병 숙성이 이루어지면서 와인 중의 유기산, 타닌, 당분이 적절히 균형을 이루게 된다. 코르크 마개는 참나무의 외피로 만든 것으로 내화성, 포장기능, 보호기능 등이 있는 스펀지로 구성되어 있어 신축성이 뛰어나서 오래 전부터 병마개로 사랑받아 왔다. 코르크마개가 와인을 밀봉하기에 이상적인 이유는 가볍고 깨끗하며 밀폐성이 있고 재질이 부드러워 병 아귀에 고정이 잘되며 온도변화에 거의 변하지 않아 쉽게 부패하지 않는다.

특히 신축성이 뛰어나 압축해서 병 아귀에 넣기 쉽고 병 아귀에 들어가 후에 곧바로 팽창해서 병 아귀와 밀착하므로 이상적인 와인 병마개라 할 수 있다. 코르크 매마개의 수명은 대략 20~50년 정도이며 와인을 오랜 기간 보관해야 하는 경우는 매 7년마다 전문가에게 의뢰하여 코르크를 교체하기도 한다.

품질이 좋고 긴 코르크는 고급용으로 제조 시에 생긴 부스러기로 만든 압착 코르크는 저급용으로 쓰이며, 샴페인용 코르크는 3개 층으로 붙여 만든다. 보통 일반용은 지름 24mm인 코르크를 지름 18mm 병 아귀에 많이 사용하며, 샴페인용은 지름 32mm인 코르크를 지름 17mm인 병 아귀에 사용하는데, 병 아귀 바깥 부분이 버섯 모양이 되게 한다.

④ Wine Tasting

와인을 맛있게 마시는 절대적인 온도는 없다. 자기가 맛있다고 느끼는 온도로 마시는 것이 가장 좋다. 하지만 와인은 각 와인마다 독특한 풍미를 가지고 있으므로 그것을 잘 살려주는 온도로 마시면 보다 좋은 맛을 느낄 수 있다.

드라이 화이트와 로제 와인은 8~12℃로 조금 차갑게 해서 마시는 것이 좋다. 그러나 너무 차갑게 하면 와인의 향기와 맛이 얼어붙어 버리며, 10℃에서 아로마나 부케가 좀 더 잘 나타난다.

레드 와인은 차갑게 마시지 않게 실내 온도로 해서 마신다고 말하는데, 이는 실내온도가 지금보다 훨씬 낮던 시절에 비롯된 생각으로, 오늘날의 실내 온도인 20~22℃ 보다 낮은 15~19℃가 좋다. 그러나 Young 또는 가볍고 Fruity한 레드 와인은 12~14℃에 마시는 것이 그 신선함을 더욱 즐길 수 있다. 우리가 흔히 착각하는 부분이 서빙온도와 마시는 온도인데 찬 와인의 경우 서빙 10분 후면 18℃의 방에서 약 4℃정도 상승한다.

와인의 맛을 한 마디로 표현 할 수 없는데, 와인은 탄생 · 성장 · 숙성 · 쇠퇴의 사이클을 가지고 있기 때문이다. 와인은 순환과정마다 맛이 달라질 수 있기 때문에 와인의 맛을 보기 위해서는 와인을 최적의 상태로 만들어야 한다. 와인을 테이스팅을 하기 위해서는 주변의 미세한 환경에서도 와인의 맛이나 향에 영향을 미칠 수 있기 때문에 신경써야 한다. 와인 테이스팅은 오감을 통하여 느낄 수 있지만 크게 세 가지로 나누어 볼 수 있다.

▷ 시각 평가

와인의 시음은 눈으로 시작한다고 할 수 있으며, 코나 입으로 느끼는 것에 비하여 눈으로써 평가할 수 있는 것이 즉시적이고 객관성이 있다. 시각적인 평가는 크게 두 가지로 나눠며 그것은 와인의 색깔과 선명도 이다. 와인을 눈으로 살피는 이유는 일정기간 이상의 보관을 요하는 와인이 가질 수 있는 와인의 결점을 예상하고 찾아내기 위한 작업이다. 와인의 빛깔이 옅고 선명하지 않으며 흐릿하면 보관상의 문제가 있는 경우가 많다.

화이트 와인은 초기 숙성시에는 푸르스름한 색상을 띠다가 숙성이 진행될수록 황금색이나 호박빛깔을 보이며 레드와인은 일반적으로 보랏빛이나 체리빛깔을 띠다 숙성이 진행될수록 색이 엷어지며 아주 오랜기간 숙성한 와인은 벽돌빛깔을 띈다.

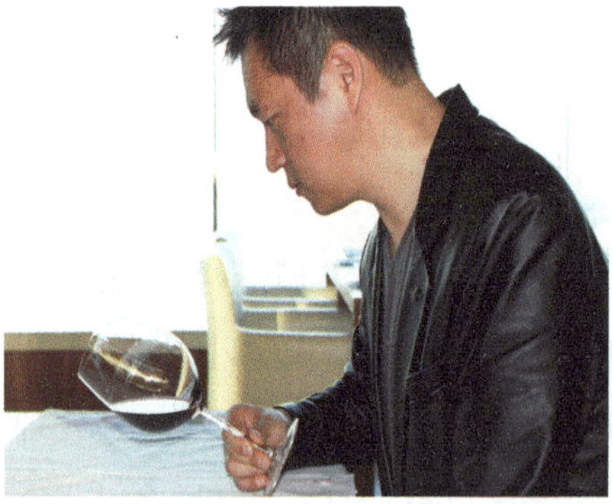

그림 2-29 시각평가

그림 2-30 후각평가

▷ 후각 평가

와인의 시음에 있어서 사람의 코는 수 천 가지의 냄새를 맡을 수 있고, 후각은 상대적으로 주관적이기도 하다. 후각은 맛의 감각에 비해 무려 1만 배나 발달해 있으며, 와인의 향을 구별하기 위해서는 많은 훈련이 필요하다.

후각은 사람마다 냄새에 대한 민감도가 다르고 선호도도 다르다. 와인의 향은 그 유형에 따라 두 가지로 구별된다. 1차 향은 포도 자체의 천연향이나 알코올 발효과정에서 형성되는 향이다 이것을 Aroma(아로마)라고 하며, 2차 향은 오크통 숙성이나 병에서 숙성할 때 생기는 숙성향으로 Bouquet(부케)라고 한다.

일반적으로 와인의 질이 낮으면 낮을수록, 그리고 나이가 어이면 어릴수록 향이 단순하다. 반대로 질이 좋고 오래된 와인일수록 향과 부케는 복잡하고 다양한 향의 조화가 탁월하다.

▷ 미각 평가

눈과 코로 즐기는 과정도 쉽지 않지만, 입으로 하는 시음이 사실상 가장 복잡하고 어렵다. 그것은 입안에서 감지하고 느낄 수 있는 것은 다양하면서도 복잡하기 때문이다.

입으로 맛보는 와인 테이스팅은 마지막 과정으로 제일 중요하고, 시간도 가장 길다. 우리가 혀로 느낄 수 있는 미각은 단맛, 쓴맛, 신맛, 짠맛의 4가지이다. 와인을 마실 때의 단맛은 설탕 · 알코올 · 글리세린 등에 의해 느낄 수 있으며, 신맛은 PH농도나 산도로, 쓴맛은 소금 · 나트륨 · 클라로이드 등으로 우리 신체에 매우 중요하지만, 와인에서는 그다지 중요하지가 않다. 그래서 와인에서는 일반적으로 단맛 · 신맛 · 쓴맛의 세 가지만으로 맛을 구별한다.

그림 2-31 미각평가

7) 와인 서비스

① 와인 주문받기

고객의 오른쪽에서 상냥하게 인사하고 고객에게 와인 리스트를 제공한다. 이때의 와인 리스트는 항상 깨끗한 상태로 보존되어야 한다. 와인 주문을 받을 때는 와인에 대한 충분한 지식을 갖추고, 추천하는 판매기술을 효과적으로 사용한다. 주문한 요리와 잘 어울리는 와인을 추천한다. 와인은 보통 소믈리에가 담당하고 있지만, 근무하는 직원 모두 와인에 대한 기초 지식을 가지고 있어야 하며, 와인 판매을 판매하는 직원은 매출의 증대, 직업에 대한 자신감, 고객의 입장에서 최선의 선택이 될 수 있도록 주문을 받아야 한다.

그림 2-32 와인 주문

② 와인 서비스 방법(일반 와인)

- 고객이 와인 라벨이 보이는 위치에서 Open을 시작한다.
- 코르크스크류의 나이프로 병목의 알루미늄 캡슐을 제거한다.
- 스크류를 코르크의 정중앙에 기준을 잡고 시계방향으로 돌리면서 조심스럽게 밀어 넣는다.
- 스크류의 지렛대 부분을 병 주둥이에 대고 코르크를 뽑아 올린다.
- 소리가 나지 않게 손으로 돌리면서 코르크를 뽑는다.
- 코르크를 코에 가까이 대고 냄새를 맡아 이상 유무를 확인한 후 고객에게 확인시켜 준다.
- 코르크를 내려놓고 병목 안팎을 냅킨으로 닦는다.

③ 와인 서비스 방법(Decanting)

와인병에서 와인을 따를 때 침전물이 글라스에 흘러들지 않도록 분리하기 위하여 다른 유리 용기인 Decanter(디켄터)에 따르는 작업을 말한다.

디켄팅하는 이유는 크게 두 가지인데 첫 번째는 오랜 숙성을 거친 고급 레드 와인은 침전물이 생기는데 마셔도 상관은 없지만 풍미를 떨어뜨릴 수 있고 아름다운 와인을 즐기기에 방해 요소가 되기 때문에 침전물을 제거하여 최상의 상태로 와인을 서비스하기 위해서이며 두 번째는 최근 빈티지의 레드 와인을 공기와 접촉을 하는 Breathing 과정을 통해 산화작용을 일으키면서 와인의 맛을 부드럽게 하기 위해서이다.

- 주문한 와인에 알맞은 글라스를 선택, 테이블에 세팅한다.

그림 2-33 와인 글라스

- Decanting에 필요한 장비를 세팅한다.

그림 2-34 디켄터

• 고객에게 와인을 설명하며 주문한 와인인지 확인 받는다.

• 고객이 와인 라벨이 보이는 위치에서 Open을 시작한다.

그림 2-35 와인 설명

그림 2-36 와인 오픈

• 와인 병목 부분을 유리 디켄터에 천천히 따르며 찌꺼기가 나타나면 중지한다.

그림 2-37 디켄팅

• 고객에게 테이스팅 시켜드린다.

그림 2-38 와인 테이스팅

④ 와인 서비스 전에 고려 할 사항

오래된 와인의 경우 정찬에 사용되기 하루 정도 세워 두었다가 디켄팅해서 와인을 오픈하는 것이 좋다. 아는 오랜 숙성을 통해 와인 안에 생긴 미세한 앙금 등이 완전히 가라앉게 만들어 보다 맑은 와인을 서비스할 수 있도록 도와준다. 또한 디켄팅은 앙금 제거뿐만 아니라 오랜 숙성을 통해 생성된 좋지 않은 약간의 이취를 날려주는 역할도 한다.

소믈리에로서 주의해야 할 사항은 오래된 빈티지의 와인이라 하더라도 와인이 디켄팅을 견딜 수 있는 상태인지를 파악하고 있어야 한다.

와인 서비스 순서는

▷ 영 와인에서 성숙한 와인으로 서비스한다.

▷ 화이트 와인에서 레드 와인으로 서비스한다.

▷ 라이트 바디 와인에서 풀바디 와인으로 서비스한다.

▷ 드라이한 와인에서 스위트 와인으로 서비스한다.

Tip

와인과 건강

포도 이외에는 다른 원료가 전혀 들어있지 않기 때문에 와인에는 어느 종류의 술보다 영양성분이 많이 함유되어 있다. 비타민과 무기질은 물론이고 살균작용으로 인해 위장치료에 탁월한 타닌성분 등 인체에 이로운 수 백 가지의 성분이 와인 한 잔에 들러 있다. 식사와 함께라면 가장 이상적인 양은 150~300ML정도 인데. 글라스 한두 잔 정도 되는 양이다. 와인과 함께 식사를 하면 입맛과 분위기가 고조되고, 식사 후에 깊은 숙면을 취할 수 있다.

2. Beer

1) 맥주의 개요

맥주는 보리(대맥)를 발효시켜 쓴맛을 내는 홉[38]과 물 그리고 효모를 섞어 저장하여 만든 탄산가스가 함유된 알코올성 음료이다.

맥주의 성분은 종류에 따라 약간의 차이는 있으나 일반적으로 물이 90%로 대부분을 차지하며, 그 외 알코올과 탄수화물, 유기산 등이 함유되어 있다. 맥주의 색깔은 대부분 맥아와 홉에서 비롯되며 농색에서 담색을 나타낸다. 맥주의 맛은 쓴맛, 단맛, 신맛들이 잘 조화되어 있으며 탄산가스를 함유하고 있어서 상큼하고 시원한 맛을 갖는다. 맥주의 색깔이나 광택과 함께 가장 중요시되는 외형적 특성은 바로 거품이다. 거품은 맥주 중에 탄산가스 유출을 막아주고 맥주의 산화를 억제하는 보호막의 역할을 하기 때문에 맥주는 거품의 형상과 그 지속성이 있어야 한다. 거품은 맥주 중에 녹아 있던 탄산가스가 방출될 때 일어나는 현상이다.

최초의 맥주는 B.C 3000년경 메소포타미아의 수메르인의 유적지에서 출토된 점토판에서 발견되었다. 이 방법은 맥아를 빻아서 빵을 만든 다음 빵에 물을 붓고 반죽하여 발효시킴으로써 맥주를 만드는 것이다. 맥주가 대중화된 것은 15세기 이후 홉을 사용하면서부터이고, 산업혁명 이후 열처리 살균법이 발명됨으로써 대량 생산소비가 가능해졌다고 한다. 우리나라 최초의 맥주는 1876년 일본에서 들어온 삿포로 맥주였고, 1900년을 전후에서 에비스 맥주와 기린맥주가 들어왔으며 1980년을 전후해서 대중화되었다.

2) 맥주의 원료

① 보리

맥주를 만드는 가장 대표적인 원료로 보리를 싹틔운 후 건조시킨 맥아이다. 맥아는 전분을 분해시켜 당과 덱스트린을 만드는 당화효소와 단백질을 분해시켜 펩타이드와 아미노산을 생성하는 단백질 가수분해효소를 함유하고 있다. 맥

38) Hop: 맥주의 원료로서 맥주 특유의 향기와 쓴맛을 주며 맥아즙의 단백질을 침전시켜 제품을 맑게 하고 잡균의 번식을 방지하여 저장성을 높여주는 여러 가지 효능이 있다.

아는 또한 효모에 필요한 영양분을 재공하며, 맥주에 필요한 향미성분을 함유하고 있기 때문에 매우 중요한 맥주의 원료이다. 맥주 양조에 사용되는 맥주보리는 두 줄 보리이다. 두 줄 보리는 봄보리와 겨울보리가 있고 우리나라에서는 주로 겨울 보리를 사용한다. 이것은 영하 3℃ 이상이 되어야 재배가 가능하다. 수확한 보리는 수분을 가하여 싹을 틔운 후 건조시켜 맥아로 만드는데, 싹을 틔우는 과정에서 양조에 필요한 효소가 생성된다.

② 홉(Hop)

홉은 뽕나무과 넝쿨풀로서 그 암꽃을 사용하는데, 암수술에 있는 수지(樹脂)에 쌉쌀한 맛과 향기의 근원인 루프린과 푸무론이 있다. 홉의 향미가 맥주의 맛을 좋게 할 뿐만 아니라 잡균의 번식을 억제하여 맥주의 부패를 방지하고 맥주의 거품을 보다 좋게 하며 맥주를 맑고 깨끗하게 하는 역할을 한다. 또한, 맥주가 신경을 진정시키고, 내분비와 외분비를 촉진시키며, 식욕을 증진시킨다고 하는데, 이러한 약리작용도 홉의 약효라 할 수 있다.

그림 2-39 홉(Hop)

③ 물

맥주는 90%의 물로 구성되어 있기 때문에 물은 맥주의 품질을 결정하는 중요한 원료 가운데 하나라 할 수 있다. 맥주 양조에 사용되는 물은 무색투명하고 오염되지 않은 무취 무미의 깨끗한 물이여야 한다. 일반적으로 담색맥주에는 칼슘, 마그네슘과 탄산염의 함유량이 비교적 적은 연수가 적합하고, 농색맥주에는 경수가 좋다. 일반적으로 맥주 양조용수는 제조회사에서 만들어지는 맥주의 특성에 따라 여러 가지 방법으로 처리하여 적합한 용수를 사용하게 된다.

④ 효모

맥주 양조에 사용되는 효모는 야생효모가 아니라 배양효모를 사용하고 있다. 효모는 맥즙(맥아를 분쇄한 후 물과 적당한 온도로 당화시켜 끓인 것)속의 당분을 발효시켜 알코올과 탄산가스로 분해시킨다. 양조효모의 종류는 매우 다양하고 풍부한 향을 만들어내는 효모, 맛을 조화롭게 하는 효모, 깨끗한 끝 맛을 특징으로 하는 효모 등 여러 가지이다.

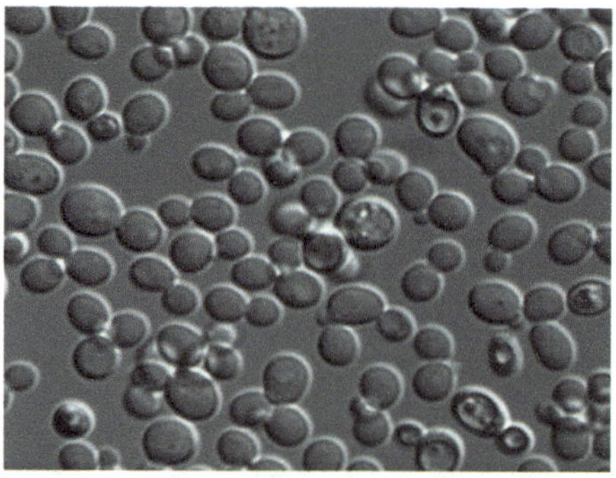

그림 2-40 효모

3) 맥주의 분류

① 효모 발효법에 따른 분류

▷ 상면 발효 맥주

상면 발효 맥주는 발효도중 생기는 거품과 함께 떠오르는 성질을 가진 효모를 사용하고 만드는 맥주이다. 상면 발효 맥주는 18~25℃의 비교적 고온에서 2주 정도 발효 후 15℃정도에서 약1주일간 숙성을 거쳐 만들어진다. 이것은 냉각설비가 개발되지 않았던 15세기 이전까지 주로 사용되던 전통적 양조방법으로 영국 등지에서 사용되던 방법이다. 이 방법으로 만들어진 맥주는 맥아의 농도가 깊고, 색상이 진하며 알코올 도수가 높다. 영국의 Ale Beer, Stout Beer,

Porter Beer 등이 여기에 속한다. 상면 발효 맥주의 형태별 특징을 살펴보면 다음과 같다.

· Ale Beer

에일 맥주는 홉의 냄새가 강한 특징이 있으며, 몰트의 훈제 정도에 의하여 Dark나 Brown의 천연색이 양성되어 아주 특별한 맛이 탄생된다. 이러한 에일 맥주의 귀족이라 불릴 만큼 고급스러운 제품으로서 많은 양을 마셔도 포만감이 전혀 없이 식사와 같이 즐길 수 있는 와인 대용의 세계유일의 맥주이다.

영국은 상면 발효 맥주의 본고장으로써 원래는 보리로 만든 술을 통칭하여 에일 맥주라 하였는데 16세기 말부터 홉으로 만든 맥주가 들어오면서 홉을 넣지 않은 맥주를 Ale, 홉을 넣으면 Beer라고 불렀다. 에일 맥주는 상명 발효 효모에 의하여 보통 맥주보다 홉을 1.5~2배정도 더 넣어 홉의 향이 강하며 실내온도와 가까운 고온(18~21℃)에서 발효시키기 때문에 후숙 기간이 짧아 탄산가스가 적고 거품이 적어 깊은 맛이 베어난다.

그림 2-41 Ale Beer

· Stout Beer

색이 매우 검으면서 감미롭고 다소 탄 냄새를 지니며 강한 맥아향을 갖고 있다. 쓴맛이 강하고 8~11℃의 강한 알코올 함유량을 지니고 있다. 약 6개월 이상의 후숙 기간을 가지며 최종 발효는 병 속에서 시킨다.

그림 2-42 Stout Beer

· Porter Beer

영국의 대표적인 맥주로서 맥아즙 농도, 발효도와 홉의 사용량 등이 높은 강하고 진한 흑맥주이다. 맥아즙 농도, 발효도, 홉의 사용량이 높고 캐러멜로 착색하여 검은 색깔을 띤다. 5%정도의 알코올을 함유하고 있으며 일정 비율의 흑맥아를 사용하여 제조한다.

그림 2-43 Porter Beer

▷ 하면 발효 맥주

하면 발효 맥주는 발효가 끝나면서 가라앉은 효모를 사용하여 만드는 맥주로, 비교적 저온에서 발효되며, 일반적으로 Lager Beer(라거 맥주)라고 부른다. 라거 맥주는 7~12일 정도 발효 후, 다시 0℃이하에서 1~2개월간의 숙성기간을 거쳐 만들어진다. 이러한 라거 맥주 양조 방법은 현재에 이르러는 영국을 제외한 전 세계 맥주시장을 주도하고 있는 맥주이다. 체코의 Pilsen Beer, 독일의 Dortmund, Munchen Beer 등과 오스트리아의 Wien Beer, American Beer 등이 여기에 속한다. 하면 발효 맥주의 형태별 특징을 살펴보면 다음과 같다.

· Pilsen Beer

체코의 필젠에서 유래된 타입으로, 연수를 양조용수로 사용하며 담색 맥아를 사용하기 때문에 맥아 향기가 약한 황금 빛깔의 맥주로 담백하면서 쓴 맛이 강한 맥주이다.

그림 2-44 Pilsen Beer

· Munchen Beer

독일의 뮌헨에서 유래된 타입으로 흑갈색 맥아를 섞어서 만들기 때문에 맥아의 향이 강하고 쓴 맛이 부드럽다.

그림 2-45 Munchen Beer

· Wien Beer

오스트리아 빈에서 유래된 타입으로, 색과 향미가 농색맥주와 담색맥주의 중간형이다.

그림 2-46 Wien Beer

② 맥아의 색에 따른 분류

▷ 담색 맥주

옅은 색의 맥아를 사용해 양조한 맥주로 짙은 색의 맥주에 비해 깨끗한 맛이 난다. 전 세계적으로 이 담색 맥주의 소비량이 농색 맥주에 비해 많다. 담색맥주로는 필젠 맥주와 도르트문트맥주가 대표적이다. 우리나라에도 대부분이 담색맥주이다.

▷ 농색 맥주

짙은 색의 맥아와 특수한 맥아, 그리고 옅은 색의 맥아를 섞어 양조한 맥주로 담색 맥주에 비하여 깊고 풍부한 맛이 있고 진한 풍미를 갖고 있다. 농색 맥주로는 영국의 Pale Ale과 Mild Ale 등이 대표적이다.

③ 맥즙 농도에 따른 분류

독일의 세법은 맥주를 양조하기 전에 맥즙의 농도를 4단계로 나누고 있다.

옅은 쪽부터 Einfach[39], Schank[40], Voll[41], Stark[42] 등인데 우리나라의 보통 맥주는 샹크와 폴의 중간정도 가 된다. 흑맥주는 폴, 스타우트는 쉬타르크 등이 된다.

4) 세계의 맥주

① 독일 맥주

로마의 사가(史家) 타키토스의 '게르마니아'에 독일인이 맥주를 즐기는데 대한 기술이 있다. 또한 게르만인은 맥주에 홉의 사용 및 하면 발효에 의한 산뜻한 맥주를 만드는 법을 세계에 전파했다. 독일은 사회적으로도 맥주는 중시되어, 프러시아의 빌헬름4세가 발포한 '맥주순수령(맥아 · 홉 · 물 이외는 사용해서는 안 된다)'은 세계최초의 식품위생법이다. 이 법령은 현재까지도 유효하여 홉이 맥주의 고정 원료가 되었다.

② 영국 맥주

하면 발효 맥주를 독일형이라고 한다면 상면 발효 맥주는 영국형이라고 부를 수 있다. 영국의 맥주는 일반적으로 홉의 향이 짙고 농도가 높은 맥주로서 너무 차지 않게 작은 머그잔에 따라서 조금씩 마셔야 그 맛과 향이 가장 좋은 것으로 알려져 있다. 영국의 유명한 맥주로는 기네스 북 때문에 알려진 Arthur Guinness사의 초콜릿색의 흑맥주를 들 수 있다. 스타우트라고 하면 Guinness를 가리킬 만큼 유명하다. 또한 최근에는 하면 발효 담색 맥주도 늘어나고 있다.

③ 네덜란드 맥주

네덜란드의 대표적인 맥주회사는 1864년에 창립된 Heineken(하이네켄)으로 암스테르담에 본부를 두고 있으며 창업자의 이름이 하이네켄이다. 하이네켄은 파스퇴르연구소의 기술자로 새로운 효모를 육종하였고, 그 후 품질을 인정받아 해외로 진출하게 되었다. 현재 하이네켄은 세계에서 두 번째로 큰 맥주회사로

39) 아인파하
40) 샹크
41) 폴
42) 쉬타르크

발전 하였고, 50여 개국의 공장을 가지고 있다.

④ 미국 맥주

미국의 맥주산업은 1632년 맨하탄에서 네덜란드 서인도 회사가 맥주를 판매하기 시작하면서 사업적 맥주산업이 시작되었다. 처음에는 영국식 상면 발효 맥주가 생산되었는데 독일인들의 이민이 증가하면서 하면 발효 맥주가 만들어지게 되었다. 19세기 중엽에는 독일 이면에 의한 맥주 회사의 설립이 많아졌고, 특히 독일계가 많았던 밀워키가 미국의 중심지가 되었다. 미국의 맥주는 탄산가스가 강하고 차게 하여(7℃이하)마시는 것이 많은데 에일이나 보크 등의 농다가 높거나 저 칼로리 맥주 등 종류도 무척 많으며 생산량으로는 세계 제일의 자리를 차지하고 있다.

⑤ 체코 맥주

체코는 유럽에서 독일과 함께 정통 라거 맥주를 생산한다. 체코의 Pilsner[43]는 전 세계 담색맥주의 근원이 되었다. 또한 체코의 Budvar맥주는 미국의 Budweiser의 원조로 인식되고 있다. 13세기에는 필젠, 부드비이에, 자텍, 프라하 등의 여러 도시에는 그 주변 1마일 이내는 맥주 판매권을 인정하는 특허권이 있다. 18세기 말에 이르러서는 이 전통 위에 과학적 기술이 첨가되고 19세기 중엽에 이르러 필젠 맥주가 완성되었다. 이 스타일은 그 후 전 세계 맥주의 기본형이라고 할 수 있는 명품이 되고, 체코 맥주의 명성은 높아졌다. 미국 맥주의 버드와이저(부드바이제), 미켈로브 등 체코의 지명을 볼 수 있는 것도 이것을 증명하고 있다고 할 수 있다. 쿠스폴 공단에서 만든 맥주로는 전 세계의 필스너 맥주의 원천이라는 긍지를 자랑하는 'Pilsner Urquell[44]: 원천이라는 뜻'이 있는데, 그 맛이 투명하고 산뜻하다.

43) 필스너 맥주
44) 필스너 우르겔

5) 맥주 제조 과정

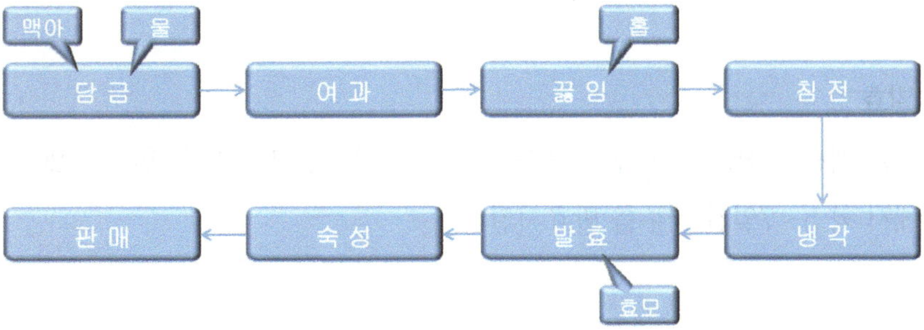

그림 2-47 맥주 제조 과정

① 담금

담금이란 분쇄된 맥아를 발효하기 쉬운 당으로 분해하는 작업 즉, 녹말질을 당분으로 변화시켜 단맛을 나게 하는 공정으로 맥아로부터 양질의 엑기스를 뽑아내는 과정이다.

② 여과

곡피나 기타 찌꺼기를 제거하여 맥즙을 맑게 해주기 위하여 맥즙과 찌꺼기 성분을 분리하는 공정으로 맥아의 곡피가 여과 층을 형성하여 맥즙이 여과되는 여과 조를 이용하는 방법이며 다른 하나는 여과포를 사용하는 매쉬필터를 이용하는 방법이다.

③ 끓임

여과를 마친 맥즙에 홉을 첨가하여 끓임으로서 홉 내의 휴물론을 이성화하여 맥주의 특이한 향미와 쓴맛을 우러나게 하고 타닌성분과 단백질을 응고시킨다.

④ 침전

맥즙을 침전 조에서 침전시킴으로서 단백질 응고물들을 제거한다.

⑤ 냉각

침전시킨 맥즙을 열교환기를 통해 10~16°C 사이로 냉각시킨다.

⑥ 발효

냉각된 맥즙에 산소와 함께 효모를 첨가하여 발효탱크로 이송 후 10~20°C 사이에서 약 5~7일간 맥주를 발효시킨다.

⑦ 숙성

발효가 종료된 맥주의 온도를 낮추어 효모를 침강시켜 빼내고 맛을 안정화시키고 이산화탄소가 맥주에 녹아들도록 약 15일간 숙성한다.

⑧ 판매

숙성된 맥주를 관을 통하여 디스펜서로 이송하여 판매한다.

6) 맥주 서비스

맥주의 온도는 기호에 따라 조금씩 달라지나 일반적으로 맥주의 독특한 맛이 살아나는 온도는 여름 4~8℃ 겨울에는 8~12℃ 정도로 마시는 것이 좋다. 미지근한 맥주는 거품이 너무 많고 쓴맛이 나며 반대로 너무 차가우면 거품이 잘 일지 않을 뿐더러 맥주 특유의 향도 사라진다. 가끔 맥주를 빨리 차갑게 하려고 냉동실에 넣어 두는 경우가 있는데, 이는 향이나 성분의 조화가 깨져 쓴맛만 남게 되는 수가 있다. 맥주의 거품은 청량감을 주는 탄산가스가 새어나가는 것은 물론 맥주가 공기 중에서 산화되는 것을 막아주므로 맥주를 따를 때에는 2~3cm 정도 거품이 덮이도록 제공해야 한다.

7) 맥주 취급방법

맥주를 관리하는데 있어 많은 사람들은 안전한 제품이라 잘못 인식하고 있다. 맥주는 주류제품 중에 가장 상하기 쉬운 것으로, 양조장에서 만들어진 제품의 맛과 향을 유지하고 상하지 않도록 잘 다루어야 한다. 맥주는 병입된 후에 숙성을 하지는 않지만 병입되기 전 약간의 공백 기간에도 숙성을 하므로 신선하게 유지하는 것이 중요하다. 좋은 맥주의 조건으로는 흔히 호박색의 빛깔과 산뜻한 향기 그리고 상쾌하고 청량감 있는 술맛을 든다. 이를 위해서는 마시기 전의 보관 장소가 햇빛에 노출되지 않은 곳이어야 하며 온도변화가 심하지 않아야 한다. 또한 운반할 때도 가급적 피해야 하는데 충격은 맥주안의 단백질이 응고하는 혼탁현상을 일으키기 때문이다. 맥주가 변질되어 혼탁현상이 나타나면 인체에 해는 없다하더라도 맛과 향을 잃게 되어 맥주의 제 맛을 즐길 수 없게 된다. 또한 맥주는 오래 저장하여 그 맛과 향기를 잃게 해서는 안 되기 때문에 입고된 제품의 순서대로 First In First Out System(FIFO)[45]방법을 사용하여 맥주의 신선도를 유지하여야 한다.

제 2 절 Distilled Liquor

1. Whisky

12세기 초기에 약용으로 쓰였다는 위스키의 어원은 유럽의 스코틀랜드나 아일랜드 인들이 쓰고 있는 켈트어로 '생명의 물'이라는 뜻인 'Uisge-Beatha'[46]에서 시작되었다. 이것이 'Usquebaugh'[47]가 되고 다시 어미가 생략된 'Usage(어스키)'에서 'Uisky(위스키)'로 불리다가 오늘날의 'Whisky' 또는 'whiskey'가 되었다.

증류주를 일컫는 '생명의 물'이라는 말은 본래 연금술에서 나온 용어로 중세기 초 아랍의 연금술사들은 비금속에서 금속을 만들고자 하는 과정에서 기구에 발효액 술을 넣고 끓이다가 금 대신 강렬한 액체를 얻었다. 목이 타는 듯 한 느낌

45) 선입선출: 먼저 입고된 것부터 출고해 가는 것으로 재고관리의 방법이다.
46) 우스게베이
47) 어스퀴보

에 놀라 '생명의 물', 즉 라티어로 'Aqua-Vitae'[48]라 이름 지어 불렀지만 당시 아랍에서는 술 마시는 것이 금지되어 있어 연금술사들이 증류한 알코올의 대부분은 치료용 의약이나 향수 등으로 사용되었다.

'생명의 물'을 만들어내는 연금술사의 증류 기술은 5세기경 세인트 패트릭이란 성직자에 의해 아일랜드에 처음 전파되었다. 아일랜드에서는 Saint Patrick 위스키의 아버지로 여기며, 그가 사망한 3월 17일을 St. Patrick's Day라고 부르며 최대의 축제일로 여기고 있다.

이처럼 연금술사들에 의하여 개발된 알코올 증류 비법은 수도사들에게 전수되었고 순식간에 유럽 각지로 퍼져 나갔다. 결국 오늘날과 같은 위스키는 12세기 십자군 전쟁이 끝난 후 중동 지역에서 돌아온 기독교의 수도사들에 의해 탄생되었다고 봐야 할 것이다.

위스키는 곡물을 발효, 증류, 숙성시키는 노하우만 있으면 어느 나라에서나 만들 수 있다. 위스키는 현재 여러 나라에서 만들어지고 있으나 뛰어난 위스키 산지로는 다음과 같다.

- ▷ 스코틀랜드(영국의 브린튼 섬 북부에서 생산되는 Scotch Whisky)
- ▷ 아일랜드(북아일랜드와 아일랜드 공화국에서 생산되는 Irish Whiskey)
- ▷ 미국(원료, 제법의 면에서 여러 가지 타입의 American Whiskey)
- ▷ 캐나다(독자적인 타입의 Canadian Whisky)
- ▷ 일본(스카치 위스키와 비슷한 제법의 Japanese Whisky)

이와 같은 위스키는 원료와 증류법, 숙성법 등의 차이로 나름대로의 맛이 각각 독특하며 차이가 나고 있다. 오늘날 맛과 멋, 그리고 강한 개성을 가지고 있는 대표적인 것이 미국 위스키 중의 Bourbon Whiskey로써 이것은 반드시 통 안쪽에 검게 그을린 술통으로 숙성시키므로 술에 강렬한 향취가 스며들게 하는 방법이 대표적인 예가 되고 있다. 그리고 스카치 위스키의 경우에는 맥아를 건조시킬 때 피트탄의 연기 향을 이용하여 건조하므로 매우 개성이 강한 몰트위스키가 되고 있다. 이하 블렌드디 스카치, 아이리시, 일본의 위스키 등으로 이어

48) 아쿠아 비테

지는데, 캐나디언 위스키가 가장 라이트하다. 그러나 순한 술을 선호하는 요즘 사람들의 취향에 맞아 최근 상승세를 타고 있다.

Tip

위스키 영문 표기 방법

위스키는 제조 지역에 따라 아일랜드와 미국에서는 Whiskey로 그 외 지역에서는 Whisky로 표기한다. 이는 위스키의 원조인 아일랜드 지방의 위스키인 Irish Whiskey가 Scotch Whisky와 차별을 갖기 위한 것이며 버번이나 테네시 같은 American Whiskey도 아일랜드인 들이 처음 만들기 시작해 스펠링을 달리한다.

1) Scotch Whisky

① 스카치 위스키의 개요

스카치 위스키란 영국 북부의 스코틀랜드에서 만들어진 위스키를 말한다. 스코틀랜드의 면적, 인구 모두 우리나라의 경상남도와 거의 비슷하다. 그 정도 규모의 땅에서 세계적으로 이름난 스카치 위스키의 수많은 브랜드가 만들어지고 있는 것이다. 스카치 위스키는 영국북부의 스코틀랜드에서 증류되고 숙성된 위스키를 말하며 중세에 아일랜드에서 위스키 제법이 전해지면서 탄생하였다.

그 당시의 위스키는 증류한 직후 바로 마셨기 때문에 소주와 같이 무색투명한 것이었으며 현재와 같이 투명한 호박색으로 등장하게 된 것은 18세기 말부터이다. 그 계기는 영국정부가 부족한 재원을 확보하기 위하여 위스키에 높은 세금을 부과하자 위스키 증류업자들은 스코틀랜드의 산간으로 들어가 위스키를 밀조하기 시작하면서부터이다. 그 때 위스키 증류업자들은 대맥아를 건조시킬 연료가 부족하여 산간에 묻혀있던 피트 탄을 사용하였는데. 이로 인해 위스키 특유의 향이 발생되었고 이것이 피트의 훈연 때문인 것을 알게 되었다. 그 후 증류업자들은 밀조된 술이 많이 누적되자 위스키를 장기간 저장하기 위하여 스페인에서 수입해온 쉐리 와인을 마시고 난 빈 통에 담아 두었다. 당시에는 스페인으로부터 포도주를 다량 수입했기 때문에 빈 통은 쉽게 구할 수 있었다. 나중에 술을 팔기 위하여 술통을 열어보니 시간의 경과와 더불어 통의 영향으로 호박색의 짙은 향취와 부드러운 맛의 술이 되어 있었다. 그 이후부터 스카치 위스키는 피트 향과 나무통의 숙성으로 제품화하는 것이 기본조건이 되어 오늘날에 이르고 있다. 스카치 위스키는 제조법상 다음의 3가지 타입으로 분류된다.

② 스카치 위스키의 종류

▷ Malt Whisky

몰트 위스키는 피트 탄의 그을림을 베이게 한 대맥(몰트)만을 원료로 하여, 단식증류기로 2회 증류한 다음, 오크통에 장시간 숙성시켜, 피트 향과 통의 향이 베인 독특한 맛이 나는 위스키이다. 이와 같은 몰트 위스키에는 싱글 몰트 위스키와 배티드 몰트 위스키 등으로 나눌 수 있다.

▷ Single malt whisky

싱글 몰트 위스키는 증류소에 따라 피트 향과 오크통에서 우러나온 향의 성분이 약간의 차이가 있어 다른 증류 공장의 몰트 위스키를 일체 혼합하지 않고 출하시킨 것을 말한다.

▷ Vatted malt whisky

배티드 몰트 위스키는 몰트 위스키끼리 혼합한 것으로 Pure Malt Whisky라고도 한다.

▷ Grain whisky

보리의 맥아와 옥수수, 밀을 혼합하여 당화, 발효 과정을 거친 뒤 연속식 증류기로 대량 증류시킨 위스키이다. 피트를 태워 건조하는 방식이 아니기 때문에 몰트 위스키 보다 맛의 특징이 적고 가벼운 타입의 위스키로 몰트 위스키와 블렌딩하기 위한 목적으로 만든다.

▷ Blended whisky

블렌디드 위스키는 몰트 위스키와 그레인 위스키를 적당한 비율로 혼합한 것인데 우리가 마시고 있는 스카치 위스키의 대부분이 블렌디드 위스키이다. 배합 비율에 따라 맛이 달라지기 때문에 회사마다 배합 비율의 노하우를 가지고 있다.

③ 스카치 위스키의 유명상표

스카치 위스키는 몰트 위스키, 그레인 위스키, 블렌디드 위스키 등으로 나눌 수 있는 데 우리가 흔히 볼 수 있고, 마시는 스카치 위스키는 대부분 블렌디드 위스키이다.

· Ballantine's

발렌타인 시리즈는 설립자인 George Ballantine이 1827년 스코틀랜드 에든버러에서 첫 식료품 및 주류 점을 개업하면서 그 시작을 함께 했다. 사업을 확장하면서 품격 높은 고급 위스키를 만들려는 그의 끊임없는 노력은 점점 기품 있고 세련된 상류사회에서 인정을 받게 되었다. 또한 영국 왕실에서 최고 명품에게만 수여되는 'Royal Warrant' 상을 수상하게 되면서 스코틀랜드뿐만 아니라 해외에서도 그 명성을 이어 가게 되어, 품격 높은 위스키로 자리 잡게 된다. 스탠더드 급에서부터 30년 까지 숙성시킨 다양한 제품을 생산하고 있다. Ballantine's Finest, Ballantine's 12년, Ballantine's MASTERS, Ballantine's 17년, Ballantine's 21년과 Ballantine's 30년 등이 있다.

그림 2-48 Ballantine's 17년 & 30년

· Chivas Regal

Chivas Regal이란 'Chivas 집안의 왕자'라는 뜻으로 1843년에 빅토리아 여왕의 궁정 납품을 인정받은 프리미엄급 위스키이다. 시바스, 그 특유의 부드러움은 바로 스코틀랜드의 스페이사이드라는 지역에서 비롯된다. 이곳은 독특한 자연 환경을 자랑하는 신비한 매력의 지역으로 시바스 리갈 블렌딩의 핵심인 부드럽고 원숙한 위스키 제조를 위한 완벽한 조건을 제공한다.

그림 2-49 Chivas Regal 12년 & 18년

· Cutty Sark

커티샥은 게일 어로 '짧은 셔츠'라는 뜻인데, 1869년 이 이름을 붙인 배가 스코틀랜드에서 출발 동양 항로에 취항하여 매우 빠르기로 이름을 날렸다. 커티샥

그림 2-50 Cutty Sark 6년 & 17년

은 그 이름을 따서 1923년 탄생하였다. 몰트위스키와 그레인 위스키의 배합으로 블렌딩 과정을 거쳐 우아하고 섬세하면서도 복잡한 향과 청량감과 달지 않은 부드럽고 상쾌한 맛을 특징으로 하고 있으며 그 색은 밝고 투명한 호박색을 띄며, 전 세계적으로 사랑받는 블렌디드 스카치 위스키이다.

· J&B

J&B는 그 자체로서도 이탈리아인 Justerini와 영국인 Brooks라는 서로 다른 기질의 두 사람의 만남으로 생겨난 평범하지 않은 존재이며 1749년부터 지금까지 이어온 250년이 넘는 역사를 자지고 있다. 다른 위스키와는 다르게 독창적이고 역동적인 병 모양에서 또 연하고 순수한 색체의 원액에서 그리고 다른 음료와 혼합했을 때의 맛에서도 그러한 J&B만의 독특함을 느낄 수 있다.

그림 2-51 J&B Rare, J&B Zet, J&B 15년

· Johnnie Walker

조니워커는 우리나라에서 위스키의 대명사로 가장 널리 알려진 것으로 Red Label은 1909년에 탄생했으며 신선하고 강한 느낌을 주며 스모크 몰트와 달콤한 바닐라의 쏘는 향이 선명하며 풍부한 맛으로 미각을 자극한다. Black Label은 숙성년도가 최소 12년 이상 된 위스키 원액을 사용해 각종 위스키 품평회에서 수상경력이 많은 위스키이며, Green Label은 다른 라벨과는 달리 그레인 위스키를 혼합하지 않았으며, 스코틀랜드 최상의 몰트 양조장에서 15년 이상의 15

가지 몰트를 선정한 다음 이들을 정성스레 블렌딩했다. 회사 설립 100주년을 기념하기 위해 만들어진 조니워커 Gold Label은 18년산 이상의 싱글 몰트 위스키만 엄선하여 특별히 블렌딩 했으며 Blue Label은 블렌더 예술의 완벽한 표현으로 태어난 명작으로 그 탁월함을 통해 다른 어떤 프리미엄 위스키보다 많은 수상 경력으로 그 고귀한 가치를 인정받고 있다.

그림 2-52 Johnnie Walker Black & Blue

· Glenfiddich

싱글몰트 위스키 마켓의 리더로서 시장을 이끌어 나가고 있는 글렌피딕은 게일어로 골짜기를 뜻하는 Glen(글렌)과 사슴을 뜻하는 Fiddich(피딕)의 합성어이다. 1887년 크리스마스에 스코틀랜드 스페이사이드 지역에 위치한 글랜피딕 증류소에서 첫 제품이 탄생하였다.

그림 2-53 Glenfiddich 18년 & 30년

· Macallan

맥캘란은 하일랜드 산 싱글 몰트 위스키로, 밀조 시대에도 생산하였다. 1824년에는 더 글렌리베트의 뒤를 이어 이미 공인 증류소의 면허를 얻었다. 제2차 세계대전 후 규모를 확대했으나 옛날의 증류소를 지금까지도 사용하고 이어 위스키의 풍미가 중후하다. 맥캘란 몰트의 특징은 쉐리통에 숙성시킨다는 점이다. 쉐리 외에 피노, 아몬틸라도 등에 사용한 통에서부터 크림통에 이르기까지 폭넓게 쓰고 있다.

그림 2-54 Macallan 30년 & Macallan 1946

표 2-4 제조법에 의한 스카치 위스키 브랜드의 구분

제조법	브랜드
Malt Wisky	Glenfiddich Macallan
Blended whisky	Ballantine's Chivas Regal Cutty Sark J&B Johnnie Walker

2) Irish Whiskey

① 아이리시 위스키의 개요

아이리시 위스키는 영국령 북아일랜드와 아일랜드 자치 공화국 전체에서 생산되는 위스키를 말한다. 아일랜드는 위스키의 발생지로 알려져 있다. '1171년 잉글랜드의 헨리 2세의 군대가 이 땅을 정복하러 건너왔을 때, '아이리시'라는 강렬한 술을 마시고 있는 것을 보았다.' 라는 기록이 남아 있다. 이것이 위스키에 관한 최초의 기록이다.

현재 아이리시 위스키의 제법은 스카치 위스키와 유사한 것 같으나 제조과정이 다르다. 스카치위스키는 맥아를 건조시킬 때 피트 탄을 태운 연기에 건조시키는데 아이리시 위스키는 바닥에 건조시킨다. 건조시킨 맥아를 갈아서 물을 넣어 열을 가하여 맥아즙을 만들 때 밀과 호밀을 함께 넣고 즙을 만든다. 이때에 한 번에 끝내는 것이 아니고 4번을 반복하여 끓여서 냉각시킨 다음 발효시켜 단식 증류법으로 3번 반복하여 증류한다. 증류된 원액은 쉐리 등으로 사용하였던 오크통에 넣어서 5년 이상을 숙성시키며 스카치보다 부드럽고 짙은맛이 나며 몰트위스키에서 나는 훈향이 없다는 차이가 있다.

② 아이리시 위스키의 유명상표

· John Jameson

존 제임슨은 1780년 더블린에서 존 제임슨이 설립한 증류소의 위스키이다. 오랫동안 아이리시의 고전적인 증류법을 지켜 '아이리시(기름지다)'라고 표현되는 해피 타입의 위스키를 만들어 왔다. 그러다가 콘 위스키를 블렌딩한 부드러운 풍미의 맛을 개발하여 온더락 등으로 호평을 얻고 있다.

그림 2-55 John Jameson

· Old bushmills

올드 부시밀즈는 영국령 북아일랜드에서 유일한 브랜드이며, 또한 현존하는 아이리시 위스키 중 가장 역사가 오래된 브랜드이다. 부시밀즈의 의미는 북아일랜드에 있는 도시 이름인데 '숲속의 물레방앗간'이라는 뜻으로, 그 곳에서 만들어지고 있는데서 붙여진 이름이다.

3) American Whiskey

① 아메리칸 위스키의 개요

아메리칸 위스키는 신대륙에 이주해 온 영국계 이민자에 의해서 시작되었다. 미국의 위스키에 관한 최고의 기록은 1770년 피츠버그에서 호밀로 증류주를 만들었다는 내용이 기록되어 있다. 따라서 최초의 아메리칸 위스키는 Rye Whiskey라고 할 수 있으며 옥수수를 원료로 위스키가 만들어진 것은 1783년 켄터키 주에서 외반 윌리엄스라는 사람이 보리에 옥수수를 넣어서 만든 것이 옥수수 위스키 즉 Bourbon Whiskey의 시초로 기록되어 있다. 현재, 미국의 위스키는 연방법의 규제 하에서 제조되고 있다. 그 법에 의하면, 위스키란 곡물의 발효액을 알코올 95도 이하에서 증류하여 오크통에서 숙성하고 알코올 함유량 40도 이상으로 병입된 것이다. 원료로 옥수수를 51% 이상 함유하고 있으면 버번 위스키가 되며, 옥수수 80% 이상 함유하고 있으면 콘 위스키가 된다.

이러한 위스키를 2년 이상 통에서 숙성하면 명칭 위에 '스트레이트'라는 말이 붙는다. 또한 법적으로는 버번으로 분류되지만 테네시 주에서 만들어지며 그 곳에서 생산되는 숯으로 여과한 후에 숙성시킨 것은 상거래 습관상 Tennessee Whiskey로 구분된다.

② 아메리칸 위스키의 유명상표

· Jack Daniel's

잭 다니엘 위스키는 테네시주에서 버번과 유사한 방법으로 생산하는데 제조과정에서 증류시킨 원액을 사탕단풍나무 목탄으로 여과시키는 한 단계 과정을 더 거친 다음 숙성시킨다. 따라서 잭 다니엘은 버번 위스키 보다 부드럽고 향이 좋아 미국을 대표하는 위스키로 널리 알려져 있다. 창업자 잭 다니엘이 소년시

절부터 위스키 증류 일을 돕다가 1846년 테네시 주 링컨 군 린치버그 마을에서 창업하였다.

그림 2-56 Jack Daniel's Single Barrel

· Jim Beam

짐빔은 1795년 제이콥 빔이 버번 군에 위스키 증류소를 건립하면서 시작되었다. 현존하는 미국의 증류회사 중에서는 가장 오랜 역사를 가지고 있다. 버번 위스키의 특징으로는 Sour Mash[49]공법으로 위스키를 생산하고 있는데, 맛이 부드러워 소프트 버번의 대명사로 인정받고 있다. 블랙라벨은 고급품으로 라벨에 101개월(8년 5개월)이라 기재되어 있는데 장기 숙성에서 얻어진 마일드한 풍미가 특징이다. 우리나라에서는 Bourbon Coke의 칵테일기주로서 많이 이용되고 있는 브랜드이다.

그림 2-57 Jim Beam White & Black

49) 사워 메쉬: 천연 효모를 이용하여 발효시킴

· Maker's Mark

메이커스 마크의 역사는 1784년으로 거슬러 올라간다. 스코틀랜드의 아일랜드계 이민자인 로버트 사무엘스는 미국 켄터키로 이주하여 자신과 이웃들을 위해서 위스키를 만들었다. 이후 로버트의 손자인 T. W. 사무엘스가 1840년에 가문 최초의 민간 증류소를 세우면서 위스키 명가로서의 7대에 거친 명성이 시작되었다.

그림 2-58 Maker's Mark

4) Canadian Whisky

① 캐나디안 위스키의 개요

캐나다의 위스키 역사는 미국의 독립전쟁으로 인하여 북쪽의 캐나다로 이주하는 영국이민이 늘어나면서부터 시작되었다. 1920년에 미국의 금주법이 시행되고 거대 주류기업인 씨그램사와 하이럼 워커사가 설립되면서 발전하게 되었다. 캐나다에서는 스트레이트 위스키를 만드는 것이 법으로 금지되어 모든 위스키는 라이 위스키와 콘 위스키의 블렌디드인데, 라이트한 풍미가 현대인의 기호에 맞아 많은 인기를 얻고 있다. 위스키의 제조 공정은 라이를 중심으로 한 약간 향미가 진한 플레이버링 위스키 제조와 옥수수를 중심으로 한 크림 맛의 위스키 제조로 나눠진다. 3년 이상 숙성시킨 후 배합하서 제품화된다. 또한, 원료로 51%이상 라이를 사용하면 라벨에 라이 위스키라고 표시할 수 있다. 제품으로는 캐나디안 클럽과 크라운 로얄이 그 쌍벽을 이루고 있다. 모두 미국 내에도 증류공장이 있어 전 세계에 공급하고 있다.

② 캐나디안 위스키의 유명상표

· Canadian Club

캐나디안 클럽은 1858년에 창업한 하이럼 워커사의 주력 제품이다. C.C라는 예칭으로 전 세계에 알려져 있다. 빅토리아 여왕 시대인 1898년 이래로 영국 왕실에 납품되고 있으며 라벨에 영국 왕실의 문장을 표시하고 있다.

그림 2-59 Canadian Club & Canadian Club 12년

· Crown Royal

크라운 로얄은 왕관의 모양을 본 뜬 위스키로서 1939년 영국 국왕 조지 6세 내외가 캐나다를 방문했을 때 씨그램 사가 심혈을 기울여 만든 진상품이다. 이 위스키는 12년 산 프리미엄급의 고급 위스키이다.

그림 2-60 Crown Royal

5) Japanese Whisky

① 제페니즈 위스키의 개요

제페니즈 위스키는 몰트 위스키와 블렌디드 위스키의 두 가지 타입이 주류를 이루고 있다. 특히 블렌디드 위스키는 몰트 위스키의 풍미에 중심을 두고 품질이 설계되어 있다. 그런 점에서는 스키치 위스키와 유사한 타입의 위스키라 할 수 있다. 단, 제페니즈 위스키는 스카치 위스키에 비해서 훈향이 매우 억제되어 있으며 온화한 성격을 가진다. 또한 발효, 증류 및 숙성 등에서 오는 방향이 우수하며 총체적으로 섬세한 풍미를 가지며 입맛도 순하다.

② 제페니즈 위스키의 유명상표

· Suntory

산토리 위스키는 1923년 도리이가 교토부 야마자키에 일본 최초의 위스키 증류소를 세웠다. 이후 1929년에 본격적인 일본산 위스키 제1호인 산토리 백례를 개발하였다. 산토리라는 명칭은 태양과 창업자 도리이의 이름을 합해서 탄생하였다. 산토리 위스키에서 Old · Mild&Smood · Reserve 10 등은 일본을 대표하는 베스트셀러 제품으로 부드러운 맛과 세련된 맛이 특징이다. 향 21년은 몰트와 그레인 모두 21년 이상 숙성한 것을 사용하여 매끄러운 맛으로 강렬하고 깊은 맛이 그 특징이다. 또한 30년 이상 몰트 원액을 통숙성한 일본 최초의 블렌디드 위스키 30년은 고급품으로 잘 알려져 있다.

그림 2-61 Hibiki

2. Brandy

1) 브랜디의 개요

브랜디란 포도를 발효, 증류한 술에 붙인 명칭이다. 과실을 주원료로 하는 증류주에 대해서 원료에 따라 체리브랜디, 사과브랜디 등으로 부를 수 있다. 브랜디는 프랑스 코냑지방에서 생산되는 브랜디가 대표적이라고 할 수 있는데 우리에게 브랜디라는 이름보다 Cognac[50]이라는 이름으로 더 잘 알려져 있다. 그 다음으로 유명한 브랜디로는 Armagnac[51]이 있다. 이밖에도 포도 이외의 과실을 원료로 한 브랜디로는 사과로 만든 Calvados[52]가 있는데, 프랑스 서북부 노르망디 지방의 특산주이다. 또한 포도로 와인을 만들고 난 찌꺼기를 재 발효한 후 증류하여 만든 찌꺼기 브랜디로, 프랑스의 Eau-de-vie de Marc[53]와 이탈리아의 Grappa[54] 등이 있다.

2) 브랜디의 종류

① Cognac

▷ 코냑의 개요

코냑 지방은 와인의 명산지인 보르도의 북쪽에 위치한 도시로, 이 지역에서 생산한 브랜디만을 코냑이라 부른다. 따라서 코냑은 모두 브랜디이지만, 모든 브랜디가 코냑은 아니다. 즉 프랑스의 다른 지방에서 같은 품종의 포도로 같은 방법으로 제조했더라도 코냑이라 부를 수 없으며 토질, 기후에 따른 포도의 질이 결과물인 코냑에 영향을 미치기 때문이다. 이것은 1909년에 지역적 명칭으로서의 코냑이 법령에 의하여 보호되게 되었고 1938년에는 프랑스 정부가 제품을 보증하는 원산지 통제 명칭이 되었다. 이 보호조례에는 코냑의 포도원료, 와인의 양조, 증류과정 및 방법까지도 엄격히 규제하고 있다. 코냑의 생산지는 코냑시를 중심으로 하여 여섯 지구의 품질순위로 나누어지고 있다.

50) 코냑
51) 아르마냑
52) 칼바도스
53) 오드비 드 마르
54) 그라파

표 2-5 Cognac 생산지의 품질순위

순위	생산지
1	Grand Champagne
2	Petite Champagne
3	Borderies
4	Fins Bois
5	Bons Bois
6	Bois Ordinaires

레미마틴 코냑 라벨에 핀느 샹파뉴라 기재된 것이 있는데, 이것은 양질의 브랜디인 그랑 샹파뉴와 쁘띠 샹파뉴의 것을 혼합한 최고급의 코냑임을 의미한다. 브랜디의 등급은 생산지역과 숙성시간에 의해 결정되지만 같은 지방에서도 제조회사와 지역 등에 따라 약간의 차이가 있다. 코냑제품은 숙성기간이 6년이든 30년이든 모두 X.O급을 사용할 수 있다. 코냑의 숙성기간은 Compte[55]로 표시한다. 숙성기간은 다음해 4월 1일 기준으로 그 다음해 4월 1일이면 1꽁트(매년 1꽁트씩 추가)라 한다.

표 2-6 Cognac의 Comte 표기

표기	Comte
V.O(Very Old)	2 Comte 이상
★★★(3 star)	2 Comte 이상
V.S.O.P(Very Superior Old Pale)	4 Comte 이상
Napoleon	6 Comte 이상
X.O(Extra Old)	6 Comte 이상
Extra	6 Comte 이상

▷ 꼬냑의 유명상표

· Hennessy

헤네시 코냑은 1765년 아일랜드 출신의 리차드 헤네시에 의하여 설립되었다. 헤네시는 소규모의 자가 포도원을 소유하고 있으므로 90%는 증류업자들로부터 사들여 증류하고 있다. 따라서 헤네시는 증류업자라기 보다는 블렌딩업자라는 표현이 잘 어울린다. 이러한 헤네시의 코냑의 특징은 브랜디 신주의 숙성에 리

55) 꽁트: 와인을 증류한 후의 숙성기간

무진 산의 떡갈나무로 자사에서 만든 새 통을 사용한다는 점이다. 이렇게 하여 통에서의 용출성분을 많이 배게 한 다음 묵은 통으로 숙성시킨다. 그 때문에 헤네시 코냑은 대규모 유명 메이커의 제품 중에서도 주질이 중후한 점이 특징으로 되어 있다. 헤네시의 V.S.O.P급은 30년 저장된 원주를 블렌딩한 것으로 유명하다.

그림 2-62 Hennessy V.S.O.P & Hennessy X.O

· Camus

카뮈 코냑은 현재 코냑 메이커로서는 세계 5위이며 그 제품의 대부분이 세계 각지의 면세점에서 여행객들이 가장 많이 사가고 있는 제품이다. 부드러우면서도 감칠맛이 나는 것이 카뮈 나폴레옹 코냑의 특징이다.

그림 2-63 Camus V.S.O.P & Camus X.O

· Remy Martine

레미마틴 코냑은 별 셋급의 제품은 생산하지 않고 전 제품이 V.S.O.P급 이상이라는 것으로 유명하다. 레미마틴은 코냑 지구 전체의 9%에 미치지 못하는 그랜드 상파뉴, 쁘띠 상파뉴 지구의 약 1200개소의 포도원에서 포도와 와인을 수집한다. 그것을 소형 증류기로 증류하여 숙성용 통도 리무진의 화이트 오크의 심재만을 써서 만든 것을 사용하고 있다. 증류소의 신주는 10개월에서 1년가량 새통에서 숙성하기 때문에 통의 향기와 타닌의 풍미가 생긴다. 제품화할 때에는 20년의 고주도 적당히 블렌딩한다. V.S.O.P보다 위 클래스에는 Napoleon, X.O, Extra 그리고 루이 13세는 레미마틴사 제품 가운데 유일한 그랜드 상파뉴의 것으로 루이 왕조를 상징하는 백합 모양의 병에 담아 판매하고 있다.

그림 2-64 Remy Martine V.S.O.P & Remy Martine X.O

· Courvoisier

쿠르브아제 코냑은 마텔, 헤네시 등과 함께 현재의 코냑 업계의 3대 메이커의 하나로 꼽힌다. 마텔 제품이 약간 쌉쌀한 맛의 산뜻한 감칠맛을 추구하고 헤네시 제품은 충분한 숙성으로 인해 중후한 풍미가 있는 것에 비하여 쿠르브아제는 그 중간 타입이라 할 수 있다.

그림 2-65 Courvoisier V.S.O.P, Courvoisier X.O

② Armagnac

▷ 아르마냑의 개요

아르마냑은은 보르도 지방의 남서쪽에 위치하고 있으며, 이 지방에서 생산되는 브랜디만을 아르마냑이라고 한다. 아르마냑은 원료와 토양, 기후 등에 있어 코냑 지방과 별 차이는 없으나 증류기법의 차이가 있다.

코냑은 단식증류기로 2번 증류 하지만 아르마냑은 반연속 증류기로 한번만 증류하기 때문에 향(香)이 짙은 특성이 있다. 또한 아르마냑은 숙성시킬 때 향이 강한 블랙 오크통을 사용하기 때문에 화이트 리무진 오크통을 사용하는 코냑보다 숙성이 빠르다. 보통 10년 정도면 완전히 성숙한 아르마냑이 되며 숙성연도 표시는 코냑에 준한다. 다음의 세 지역인 아르마냑, 테나레즈, 오 아르마냑 등에서 생산한다.

▷ 아르마냑의 유명상표

· Chabot

16세기 프랑스와 1세 때 프랑스 최초의 해군 원수 Phillippe de Chabot 라는 사람이 있었다. 그는 자기 배에 적재하는 와인이 긴 항해 동안에 변질되는 것을 방지하기 위해 오랜 항해에도 견딜 수 있도록 증류해서 적재하도록 하였다. 그렇게 하면 맛이 전혀 나빠지지 않을뿐더러 통 속에서 세월이 경과할수록 나무 통속에서 우러나오는 타닌성분과 방향성분이 가미되어 양질의 우수한 브랜디가 된다는 것을 발견하게 되었다.

· Janneau

자뉴는 1851년에 테나레즈 지구에서 설립되어 6대째 가업으로 계승하고 있다. 자뉴의 증류는 아르마냑 전통의 증류법으로 1회만 하며, 숙성은 블랙 오크의 새통에 2년 동안 저장하여 통의 향기를 베이게 하고 있다.

· Malliac

말리약은 아르마냑 지방 몽레알 마을의 Chateau de Maliac 사의 제품이다. 이 회사는 현재 꼬냑의 명문 쿠루부아제 사의 산하에 있다. 말리약 코냑은 모두 10년 이상 숙성한 원주를 사용하고 있다.

3. Gin

1) 진의 개요

진을 두고 '네덜란드 사람이 만들었고 영국인이 꽃을 피웠으며 미국인이 영광을 주었다'라고 말한다. 진에 대한 역사와 기원은 명확하지 않지만 1660년경 네덜란드 라이덴 대학의 의학박사 프란시스쿠수 실비우스 드라 보에 의해 약주(藥酒)로서 개발한 것이 정설이다. 당시 네덜란드는 지금의 인도차이나 반도와 인도네시아 지역을 식민통치하며 전 세계를 호령하던 해양 국가였다. 식민지에서 나가 사는 많은 사람들이 열대 질병인 열병에 시달리는 경우가 많았던 터라 실비우스 박사는 곡류를 증류해 얻은 알코올에 이뇨제 효능이 있는 노간주나무 열매인 주니퍼 베리를 넣고 증류하여 해열제로 만들었다. 여기에 주니퍼 베리를 뜻하는 프랑스어 즈니에브르라는 명칭을 붙이고 약국에서 팔게 했는데, 이것이 진의 시초가 되었다.

깨끗하고 상쾌한 맛의 이 약은 해열 및 이뇨작용이 뛰어나 날개 돋친 듯이 팔리기 시작했고, 유럽에서도 이뇨, 해열제로 널리 사용되었다. 그러다가 겨울이 길고 흐린 날이 많은 네덜란드의 사람들, 특히 애주가들 사이에서 아예 제네바 와인이라 불리며 음용되기 시작했다. 네덜란드 전역에 퍼진 제네바 와인은 17세기 말경 영국으로 전파되어 진이라는 이름으로 불리면서 상쾌하고 샤프한 맛을 지닌 세련된 술로 다시 발전되었고 큰 인기를 얻었다. 그 후 진은 칵테일의 본고장 미국에 전파되어 칵테일 베이스로 가장 많이 쓰이는 술로 주목받으면서 전 세계로 보급되었다.

2) 진의 종류

① 런던 드라이 진

영국의 제조법으로 만들어 런던 드라이진으로 불리며, 통상적인 진을 말한다. 연속식 증류 방법이 개발되면서 보드카처럼 여러 번 증류하여 더 부드럽고 순화된 진으로 태어나 인기를 얻기 시작했다. 단맛이 없는 날카롭고 쌉쌀한 맛이 나며, 주니퍼 베리, 코리앤더, 아몬드, 흰붓꽃 그리고 감초 등과 같은 여러 가지 향료 식물과 레몬, 오렌지 등과 같은 과일의 껍질로 맛을 낸다.

② 플리머스 진

1930년 영국 남서부에 있는 영국 최대 군항인 플리머스 시의 도미니파크 수도원에서 만들어진 것이 시초이다. 바위가 많은 고원인 다트무어 지역의 물을 사용하여 현재까지 플리머스에서만 생산되는 유일한 진이다. 런던 드라이진과 올드 탐 진의 중간 맛을 지녔으며 향이 강한 것이 특징이다.

③ 올드 탐 진

드라이진에 2~3%의 당분을 첨가해 맛을 순하게 한 스위트 진이다. 칵테일 탐 칼린스의 주재료일 만큼 한때 우수한 진으로 인기를 끌었지만 연속식 증류법이 개발된 후 진 시장에서 주도권을 잃었다.

④ 제네바

강렬하고 거친 감촉을 지닌 네덜란드의 진으로 주니퍼 베리의 향이 강하게 첨가되어 맛이 풍부한 고급 진으로 알려져 있다. 클래식하고 단맛, 깨끗하고 섬세한 맛, 오크통에서 숙성된 알코올 도수가 높은 맛 등이 있지만 올드 탐 진과 마찬가지로 시장에서 맛보기 힘든 술이다.

⑤ 플레이버드 진

주니퍼 베리가 아닌, 다른 여러 가지 과일로 향을 내거나 또는 과일, 약초, 향초 등을 넣고 거기에 당분을 첨가시켜 달콤하게 만든 리큐어 형태의 진을 말한다. 여성에게 인기가 많은 대표적인 술로 슬로 진이나 오렌지 껍질의 향을 이용한 오렌지 진, 레몬의 상쾌한 풍미를 낸 레몬 진, 생강으로 향을 낸 진저 진, 박하 향의 민트 진, 그 외에도 체리 진, 애플 진 등이 있다.

3) 진의 상표

· Tanqueray

탠커레이 진의 설립자인 찰스 탠커레이는 연속식 증류기가 개발되어 좀 더 효과적이고 순수한 알코올을 생산할 수 있게 되자 최고의 진을 생산하기 위해 그의 나이 20세인 1830년에 런던에서 탠커레이 진을 생산하기로 결심했다. 그는 물의 중요성을 인식하고 증류소에 아주 맑은 온천이 있는 곳에 설립했고 이는 탠커레이 브랜드 품질에 막대한 영향을 주었고 1898년에 탠커레이는 전 세계 최고의 진회사로 거듭나기 위해 고든과 합병하게 되고 이때부터 가장 큰 진제조 판매회사가 되었다.

탠커레이 넘버 텐은 특유의 신선한 맛을 지녔으며 부드럽고 우아하며 자몽, 오렌지, 라임의 가벼운 시트러스 풍미가 개성의 핵심이 되는 가운데 주니퍼가 조화를 이루고 잔잔한 캐모마일이 살짝 가미되어 이를 강조한다.

그림 2-66 Tanqueray & Tanqueray No. Ten

· Beefeater

비피터 진은 병의 라벨에서 보여 주듯이 런던탑에 주재하는 근엄한 근위병을 뜻한다. 런던에서 생산되는 유일한 런던 드라이진으로 전 세계 No.1 판매량을 자랑하는 프리미엄 진의 대표 브랜드이다. 비피터는 맥아와 옥수수를 주원료로 발효, 증류시킨 증류주에 주니퍼 베리, 코리앤더, 안젤리카 등 다양한 식물들과 혼합하여 24시간 우려내서 만들어진다.

그림 2-67 Beefeater

· Gordon's

고든스 진은 1769년 런던의 템스 강 남안에서 창업되었다. 고든스 진은 엄선된 주니퍼 베리와 다양한 허브를 사용하여 제조하므로 독특한 향을 가지고 있으며 최고의 증류 전문가들이 주니퍼 베리 수확을 직접 검사하고 이 열매 중에서 최상위 10%을 엄선하여 고든스 진 제조용으로 사용된다.

그림 2-68 Gordon's

그림 2-69 Bombay

· Bombay

봄베이 사파이어 진은 1761년부터 전해온 비밀 레시피를 통해 탄생했으며 세계 각국에서 엄선된 10가지 재료의 완벽한 균형으로 은은한 향과 부드러운 맛을 선사하며 사파이어를 담은 듯 한 푸른빛의 디자인이 매혹적임.

· Hendrick's

헨드릭스 진은 스코틀랜드 남서쪽에 위치한 Girvan에서 전통 수작업으로 소량만 생산되는 프리미엄 진으로 엄선된 곡물과 11가지 허브, 장미 꽃잎, 그리고 오이를 주원료로 생산된다.

그림 2-70 Hendrick's

4. Rum

1) 럼의 개요

럼은 기원전 아시아에서 유래된 가장 오래된 증류주 중 하나이다. 알렉산더 대왕이 중국과 인도에서 가져온 사탕수수를 1493년 콜럼버스가 신세계에 들여왔으며, 이로써 다른 지역에서는 이미 생산된 럼주가 카리브 해 연안 지역에서 탄생되었다. 럼이 코로를 거쳐 베네수엘라에 착륙하자 생산이 빠르게 증가되며 커피 콩, 카카오나무와 함께 식민지 경제를 떠받치는 주요 기둥이 되었다.

오늘날 베네수엘라는 럼 제조의 오랜 전통, 최상의 원료, 기술적으로 진보된 양조장, 뛰어난 여과 및 숙련 과정을 갖추어 카리브 해 연안 지역 최고의 럼이다.

노예와 해적들이 마시면서 '화주'라는 표현처럼 거친 아구아르디엔떼로 소박하게 시작된 럼은 과일과 향신료 향을 가진 부드러운 증류주로 발전되어 단식 또는 연식 증류기로 증류되고 혼합을 위해 숙성을 거치지 않거나 최상의 코냑처럼 음미, 감상할 수 있도록 오크통에서 숙성시킨다.

2) 럼의 종류

① Light Rum

라이트 럼은 단기간 발효, 증류하여 생산되므로 풍미가 가볍고 무색투명하여 화이트 럼이라고도 한다. 또한, 헤비 럼보다 향취가 적고 단맛을 느끼지 않게 하므로 칵테일용으로 가장 많이 사용되며 Bar에서는 필수적으로 갖추어야 한다. 유명상표에는 바카디 라이트, 론리코 화이트 등이 있다.

② Heavy Rum

헤비 럼은 발효, 증류한 후 나무통 속에 숙성시킨 것으로 풍미가 높고 짙은 럼으로 다크 럼이러고도 한다. 이와 같은 헤비 럼은 자마이카산이 유명하여 품질도 우수하다. 유명상표에는 마이어즈, 바카니어 등이 있다.

③ Midium Rum

미디엄 럼은 헤비 럼과 같은 방법으로 발효, 증류하여 만들거나 또는 라이트 럼과 헤비 럼의 혼합 또는 캐러멜 착색 등의 다양한 방법으로 만들어지고 있다. 이와 같은 미디엄 럼은 중간형적인 것으로 골드 럼이라고도 한다. 유명상표에는 바카디 골드, 올드 오크 골드 등이 있다.

3) 럼의 유명상표

· Bacardi

바카디 럼은 세계적으로 가장 지명도가 높으며 모든 증류주 중에서도 뛰어난 제품의 하나로 꼽히고 있는 브랜드다. 미국에서는 보드카나 위스키를 앞지르고 바카디 럼이 증류주 중 가장 많이 팔리고 있다. 현재 본사를 영국령 버뮤다의 해밀턴 시에 두고, 푸에르토리코, 바하마, 멕시코, 브라질 등에 주력 공장을 가지고 있다. 화이트 럼은 샤프한 풍미, 골드 럼은 마일드한 풍미, 그리고 아네호는 6년 숙성의 디럭스 품으로 생상하고 있다. 여기에서 아네호란 스페인어로 올드를 뜻하며 감칠맛 있는 풍미가 그 특징이다.

그림 2-71 Bacardi White & Bacardi Selection

· Havana Club

스페인에서 쿠바로 이민 온 호세 아레차발라는 1878년 카르데나스에 양조장을 설립하고 사탕수수를 원료로 한 럼을 만들기 시작했다. 그는 1934년부터 이 럼에 아바나클럽(Havana Club)이란 이름을 붙여서 판매하기 시작했고 회사는 급속도로 성장했다. 그러나 1959년 쿠바 혁명 이후에 그의 양조장과 회사는 쿠바 정부에 몰수되었고 아레차발라 일가는 미국으로 망명했다.

쿠바의 국영기업인 쿠바 엑스포트는 아바나클럽 상표를 자사의 브랜드로 등록했으며, 1973년에 아레차발라가 소유한 아바나클럽 상표권은 무효가 되었다. 1993년에 쿠바의 국영기업과 프랑스의 주류업체인 '페르노리카'는 공동투자로 '아바나클럽 인터내셔널'을 설립했다. 쿠바의 산타크루즈 델 노르테에서 제조되는 아바나클럽의 종류로는 '아녜호 블랑코', '아녜호 에스페시알', '아녜호 레제르바'와 '아녜호 7 아노스' 등이 있다.

그림 2-72 Anejo Blanco, Anejo Especial, Anejo 7

· Zacapa

과테말라의 고지대 화산지역 농장에서 생산되는 자카파는 일반 럼과는 달리 한 번도 설탕이 추출되지 않은 진한 농축 상태의 사탕수수인 '버진 사탕수수 허니' 로 만들어진다.

자카파는 서로 다른 숙성기간의 원액을 함께 블렌딩한 후 다시 한 번 숙성 시키는 '시스테마 솔레라' 라는 독특한 숙성 방법을 거친다. 서로

그림 2-73 Zacapa

다른 숙성기간을 지닌 자카파 원액을 블렌딩 한 뒤 버번위스키, 쉐리 와인, 그리고 페드로 히메네즈 와인이 숙성되었던 오크통을 엄선해 담았다.

5. Vodka

1) 보드카의 개요

보드카는 러시아를 상징하는 술이니만큼 당연히 러시아에서만 만들어질 것으로 생각하기 쉽다. 하지만 현재 세계적으로 유명한 많은 보드카가 러시아 이외의 지역에서 많이 만들어지고 있다. 제2차 세계대전을 계기로 세계 여러 나라에 제조법이 널리 퍼졌기 때문인데, 특히 미국은 현재 러시아와 함께 보드카의 2대 소비국 중 하나다.

보드카에 대한 EU의 정의는 농산물에서 반드시 발효 증류과정을 거쳐 에틸알코올을 생산하고 이를 정류하거나 활성탄을 여과시켜서 활용된 원료의 감각적인 특성이 선택적으로 완화되어 생산된 주정음료로 백 년 전만 하더라도 보드카는 북유럽 외에는 잘 알려지지 않았지만, 지난 1세기 동안 특히 지난 50년 동안 이러한 상황은 급변하였고, 오늘날 보드카는 전 세계적으로 생산되고 있으며, 세계에서 가장 많이 팔리는 증류주이며 매주 새로운 브랜드가 갈수록 비싼 가격으로 출시되는 경향이 있다.

2) 보드카의 유명상표

· Grey Goose

그레이 구스는 코냑 지방의 오랜 전통에 따라 만들어지며 메트르 드 쉐[56]의 엄격한 감독 아래 프랑스산 최고급 밀과 샴페인 석회암에 여과된 물을 사용하여 5번의 엄격한 증류 과정을 거쳐 세계 최고의 보드카로 만들어진다.

그림 2-74 Grey Goose Plain

56) 양조 전문가

· Stolichnaya

스톨리치나야란 러시아 어로 '수도의'라는 뜻으로 모스크Bar 공장에서 알코올 도수 40도로 생산하고 있다. 매우 소프트하고 델리케이트한 맛으로 일본시장에서 가장 많이 팔리고 있다.

그림 2-75 Stolichnaya Plain & Stolichnaya Orange

· Absolut

탁월한 품질을 유지하기 위하여 앱솔루트는 모두 스웨덴 남부 아후스에서 생산된다. 여기에서 400년 이상 보드카를 만들어 온 전통은 최고의 원료를 바탕으로 예술로 승화되었고, 전 세계 모든 곳에서 판매되는 앱솔루트는 모두 동일한 생산 공장에서 생산되어 공급되고 있다. 앱솔루트 병모양은 광고 스토리의 중심인 핵심 매개체가 되면서 20년간 일관된 광고 캠페인의 주인공이 되고 있다.

그림 2-76 Absolut Plain & Absolut Citron

· Ciroc

포도를 재료로 하는 점이 시락의 가장 큰 특징이며 포도는 발효시 열이 필요하지 않아 신선한 과일의 향긋한 풍미를 섬세하게 유지할 수 있으므로, 곡류로 만든 보드카의 톡 쏘는 향, 강한 캐러멜 화된 당과 크게 차별화되는 맛을 선사한다.

재료는 2종의 특별한 포도로 부드러움과 무게감을 형성하는 코냑 지방의 위니 블랑 과 가이약 지방의 마우작 블랑이며 마우작은 달콤한 사과와 배의 풍미를 연상시키는 특별한 맛의 희귀 품종이다. 2000여 년 전 로마인들이 처음 포도를 심었던 유서 깊은 가이약 지역은 고지대에 위치하여 포도를 최대한 늦게 수확할 수 있어 보다 복합적인 향이 발달했고 이는 보드카의 핵심 풍미를 이루며 가이약 지방에서만 재배되는 마우작 품종을 통해 시락은 생산지의 토질과 문화를 반영한다.

그림 2-77 Ciroc

· Ketel One

수질을 중요시하는 브랜드들이 많지만 사실 물은 정화된 다음에는 품질에 미치는 영향은 미미하다. 그럼에도 불구하고 노렛 증류소의 마스터 양조자들은 케틀 원을 만드는데 공급하는 티 없이 맑은 물을 지속적으로 모니터링하고, 케틀 원을 포함한 대부분의 보드카 브랜드들은 자동화된 고용량 연속식 증류기를 사용해서 보드카를 대량 생산한다.

그림 2-78 Ketel One Plain & Citron

6. Tequila

1) 테킬라의 개요

테킬라는 용설란의 수액(樹液)을 발효시킨 풀케주를 증류해서 만든다. 풀케주는 발효주로서 멕시코인 들이 즐겨 마시는 우리의 탁주와 같은 술이다. 멕시코에서는 용설란을 아가베 또는 마케이라고 부르고 있는데, 테킬라에는 하리스코주 테킬라 마을 주변에서 나는 아가베 테킬라나 라는 품종을 사용하고 있다. 아가베 테킬라는 자라는 기간이 8~10년 걸리는데, 다 자라면 잎을 잘라내고 줄기를 수확한다. 이것을 짜서 단 즙액을 짠 다음 발효. 증류하면 테킬라가 만들어진다. 화이트 테킬라는 숙성하지 않은 것으로 샤프한 향미가 있다. 반면에 통숙성한 골드 테킬라는 수개월에서 많게는 1년 이상 숙성시킨 것으로 통의 향과 감칠맛이 특징이다. 이와 같은 테킬라를 마시는 현지의 풍습으로는 손등에 레몬즙을 바르고 소금을 빨면서 마신다. 이것은 멕시코가 열대지역인 관계로 염분과 신맛의 과즙을 섭취하기 위한 것이라고 한다.

2) 테킬라의 유명 상표

· Jose Cuervo

호세 쿠엘보는 사우자사와 함께 멕시코의 양대 테킬라 메이커이다. 현재 쿠엘보는 미국 수출에 힘을 기울여 미국에서는 매출액은 테킬라 중에서 단연 1위이다. 이에 반하여 사우자는 국내 판매에 주력하여 국민의 1위가 되었다. 호세 쿠엘보는 창업을 1800년으로 알고 있었는데, 최근 기록에서 1795년으로 판명되었다. 이 같은 호세 쿠엘보는 화이트 테킬라는 통숙성을 하지 않는 반면에, 골드는 2년간 통 숙성한 것으로 감칠맛이 있다. 센테나리오는 고급주이고, 1800은 장기 숙성한 디럭스 테킬라이다.

그림 2-79 Jose Cuervo & Jose Cuervo 1800

· Sauza

사우자는 테킬라 생상의 중심지 하리스코 주에 본사를 두고 있다. 1875년 창업하여 사우자가에서 오늘날까지 4대에 걸쳐서 그 전통을 지키면서 생산해오고 있다. 이 회사의 규모는 테킬라 메이커로서는 세계 제 1의 규모이다. 사우자 테킬라 중에 실버는 신선한 향미를 지닌 테킬라로서 멕시코 국내에서 팔리고 있는 브랜드 가운데서 세병 중 한

그림 2-80 Sauza

병을 이 술이라고 할 정도로 국내에 잘 알려져 있다. 엑스트라는 오크 향을 알맞게 배이게 한 것으로 플레이버는 미디엄 드라이 타입이다. 콘메모라티보는 '기념의'라는 뜻으로 1973년에 창사 100주년 기념으로 발매된 고급품이다. 그 이후부터 대통령 개선이 있는 6년째 마다 취임을 기념하여 판매되고 있다.

· Patron

오랜 세월 동안 많은 데킬라가 있어 왔지만 1989년 패트론이 출시되기 전까지 '울트라 프리미엄 데킬라' 라는 카테고리는 존재하지 않았다. 비교할 수 없는 최상의 퀄리티와 맛과 향을 자랑하는 패트론은 울트라 프리미엄 데킬라의 선구자이자 전 세계적으로 울트라 프리미엄 시장의 70%를 차지하고 있는 리더 브랜드이다.

그림 2-81 Patron Silver & Patron XO

제 3 절 Compounded Liquor

1. 혼성주의 개요

리큐르란 증류주에 식물성 향미 성분을 배합하고, 다시 감미료, 착색료 등을 첨가하여 만든 술의 총칭이다. 리큐르란 명칭은 라틴어의 Liquefacere[57]에서 유래한다. 중세 연금술사들은 연금술을 이용하여 증류주를 탄생시켰는데, 그 후 증류주에 약효 성분을 가진 여러 가지 식물을 담아서, 생명 유지의 비주를 만들게 되어 성분이 녹아든 곳으로 보고 리케파세레라 불렀다. 리큐르 중에서 많은 것은 식물성의 향미 성분을 이용한 것인데, 그것을 원료 및 식물의 타입에 따라서 분류에 의하면 다음 세 가지로 나눌 수 가있다.

표 2-7 Liquor의 원료 및 식물 타입에 의한 분류

원료 및 식물 타입	Liquor
약초 · 향초류	· Campari · Anisette · Peppermint · Benedict · Drambuie · Chartreause
과실류	· Curacao · Cherry Brandy · Apricot · Cassis · Maraschino
종자류	· Cacao · Kahlua · Amaretto

57) 리케파세레: 녹아들게 했다.

이와 같이 리큐르는 약주로서 출발하여, 서구의 식생활이 발달하면서 과일 향미의 리큐르가 출현하였고, 식후주로서 각광을 받게 되었다. 이후 19세기에는 고차원의 미각을 추구하는 근대적인 리큐르가 개발되었는데 커피, 코코아 등의 종자에 바닐라 향을 배합한 리큐르이다. 또한, 리큐르에는 'Creme de' 라는 것이 있는데, 이것은 프랑스의 리큐르 메이커 용어로서 알코올 함유량 15%이상, 당분이 40%이상 매우 단맛의 술을 가리키는 것이다. 이 같은 혼성주를 프랑스에서는 Liqueur[58], 영국과 미국에서는 Cordial[59]이라 한다.

2. 혼성주의 제법

혼성주의 제법은 증류법, 침출법, 향휴 혼합법등으로 분류할 수 있다. 그러나 한 가지 방법만으로 만들 수는 없고 두 가지 이상의 제법을 병행해서 만든다.

1) Distillation Process(증류법)

증류주에 허브나 향초, 나무뿌리, 껍질, 과일 등을 담가 충분히 우려낸 다음 다시 증류하는 방법이다. 고급 리큐어를 만드는 방법.

2) Infusion Process(침출법)

증류주에 향신료, 허브, 과일 등을 담가 열을 가하지 않고 두어 향취, 향미가 적당히 스며들었을 때 여과한다. 일부 숙성을 하는 것도 있다.

3) Essence Process(향유 혼합법)

에센스 기법이라고도 하며 방향유를 알코올에 혼합하는 방법으로 비교적 단순하며 품질은 별로 좋지 못하다.

58) 리큐르
59) 코디얼

3. 혼성주의 종류

1) 허브 리큐어

· Galliano

9세기 말 동아프리카 전쟁에서 승리한 영웅인 갈리아노 소령의 업적을 기리기 위해 만들어진 리큐어. 이탈리아 밀라노 지방에서 현지의 식물들과 아니스, 감초, 팔각, 바닐라 등 40여 종의 이국적인 재료로 만들며 알코올 30% 이상으로 향이 강해 다른 술과 섞어 마시기 어렵다.

그림 2-82 Galliano

· Anisette

프랑스산으로 1755년 마리 브리저드 회사에서 만든 것이 시초. 회향의 일종으로 지중해 연안의 특산 식물인 아니스열매와 껍질, 코리앤더 등의 향미를 첨가한 리큐어로 아니스 향이 나는 리큐어 중에서 가장 달고 알코올은 25%로 가장 낮다.

· Sambuca

이탈리아산으로 아니스 열매에 팔각 열매와 같은 여러 종류의 씨로 만들어 맛과 향이 강한 것이 특징이다.

그림 2-83 Sambuca

그림 2-84 Pernod

· Pernod

아니스를 기본으로 향초, 쑥, 회향풀, 멜리사 꿀풀 등 15종류의 향료를 사용하여 구리증류기에서 증류해 만든 알코올 41%의 리큐어다. 압생트 브랜드 중 1900년대 초 유럽 국가에서 가장 유명하고 인기 있었던 제품으로 물이 든 글라스에 한 방울씩 떨어뜨리면 아니스 기름이 살아나서 물이 차츰 유백색으로 변한다.

· Absinthe

아니스 열매와 감초 그리고 쑥등의 약초와 향료를 원료로 배합하여 만든 리큐어로 일명 '녹색의 마주'라고 한다. 감초 비슷한 맛으로 물을 가하면 오팔 색을 띠고, 태양광선을 쏘이면 7가지 색으로 빛난다.

· Advocaat

네덜란드에서 시작되었고 달걀술로 유명하다. 브랜디를 베이스로 하여 달걀 노른자에 여러 종의 허브와 설탕을 배합하여 만든 노란색의 리큐어로 굉장히 풍부하고 크리미하다.

· Campari

1860년 이탈리아의 Novara에서 시작된 쓴맛 타입의 식전주다. 60여 가지의 재료가 들어가는데 색을 내는 주재료는 Cochineal[60]을 사용하고 가장 중요한 재료는 바하마에서 자라는 Cascarilla[61]의 껍질, Quinine[62], 대황 뿌리, 인삼, 오렌지 껍질 등과 여러 가지 허브가 주로 사용된다.

그림 2-85 Campari

2) 과일류 리큐어

① 오렌지계 리큐어

· Curacao

네덜란드령인 큐라소 섬에서 자란 쓴맛이 강한 라라하스라는 오렌지의 껍질을 건조시켜 알코올에 담근 뒤 향신료를 추가한 리큐어. 화이트 큐라소를 기본으로 블루, 레드, 그린, 오렌지 등이 있다.

그림 2-86 Blue Curacao

60) 코치닐: 선인장에 기생하는 곤 충(cocus cucti)의 수 컷 및 그것에서 추출하는 적색 계의 염료

61) 카스카닐라: 맛이 쓰고, 향기롭고 약용으로 쓰인 아메리카 대륙의 대극과 나무의 껍질

62) 키니네: 남아메리카산 기나 나무 껍질에서 얻는 약물로서 과거에는 말라리아 약으로 쓰였음

· Cointreau

1849년 프랑스 앙주 지역에서 쿠앵트로 형제가 만든 화이트 큐라소 중의 최고급이다. 사탕수수로 만든 순수한 증류주에 달고 쓴 비터 오렌지와 오렌지 껍질을 넣고 블렌딩해서 제조한다.

그림 2-87 Cointreau

· Triple Sec

화이트 큐라소 리큐어에 오렌지 리큐어를 혼합해서 셉 번 증류한 것. 태양에 말린 아이티산 오렌지 껍질을 알코올에 24시간 동안 담가 우려낸 뒤 단식 증류기로 증류한 무색투명한 리큐어다.

그림 2-88 Triple Sec

· Grand Marnier

오렌지를 주원료로한 골드 브라운색의 프랑스 브랜디로 오렌지 추출물과 허브를 함께 증류해 코냑과 블렌딩한 트리플 섹의 일종이다.

그림 2-89 Grand Marnier

② 딸기계 리큐어

· Sloe Gin

유럽에서 많이 자라는 야생자두를 전통적 방식으로 스피리츠에 담가 주니퍼베리의 향을 첨가하여 만든 붉은색의 리큐어다.

· Chambord

프랑스의 루아르계곡에서 생산되며 1685년 루이 14세가 샤보르 성을 방문했을 때 코냑에 라즈베리와 블랙베리, 꿀, 바닐라 등을 넣고 만든 알코올 16.5%의 리큐어다.

그림 2-90 Chambord

③ 체리계 리큐어

· Cherry Brandy

Kirshwasser(칼슈와서) 또는 중성주정에 체리를 주원료로 하여 시나몬, 클로브 등의 향료를 침전시켜 만드는 짙은 빨간색의 알코올 25~39%의 리큐어다.

그림 2-91 Cherry Brandy

3) 종자류 리큐어

① 커피계 리큐어

· Kahlua

럼을 베이스로 하고 멕시코산 커피를 주원료로 사용한 커피 리큐어이며 제2차 세계대전 이전부터 생산되었다.

· Kamora

멕시코에서 생산되고 있는 칼루아보다 단맛이 적고 더 싼 커피 리큐어로 알코올 26.5%다. 미국에서 칼루아 다음으로 판매량 2위다.

· Tia Maria

자메이카산 블루 마운틴 커피 원두를 주재료로 사탕수수 증류주, 바닐라와 설탕으로 만드는 칼루아와 비슷한 리큐어다.

② 견과류계 리큐어

· Amaretto

이탈리아에서 복숭아, 살구, 체리 등의 씨와 아몬드로 만든 알코올 24~28%의 리큐어로 아몬드 향이 강한 것이 특징이다.

· Disaronno Original

제1차 세계대전 이후 출시되자마자 'The Lequeur of Love'라고 불릴 정도로 많은 인기를 얻은 리큐어로 아마레또 중에서도 가장 인기 있는 제품이다. 살구씨의 핵, 알코올, 탄 설탕 등 7가지 선택된 과일과 허브를 이용해 만든 알코올 28%의 리큐어로 달콤 쌉쌉한 맛이 특징이다.

그림 2-92 Disaronno Original

Hotel Food and Beverage Management

PART III

연회관리

Chapter 1.
연회의 의의

제 1 절 연회의 의미

1. 연회의 사전적 정의

호텔기업에 있어 Banquet Room(연회장)은 주로 식음료부서에 소속되어 있고 단독으로 운영되는 영업장이지만 객실이나 타 부서와의 연관된 부분을 생각하면 일반 식음료업장과는 성격이 다르다. 연회 서비스란 Banquet에서 이루어지는 각종 행사를 운영함에 따르는 모든 서비스를 말한다.

2001년 서울시내 특1급 호텔의 연회 매출은 1,050억 원 정도였으나 2010년에는 2,025억 원의 규모로 늘어났다. 전통적으로 가정에서 개최했던 연회는 근래에 와서 호텔이나 레스토랑을 이용하여 결혼식, 돌잔치, 환송회, 개업축하, 생일, 회갑 등을 위한 연회를 열게 되었고 기업의 경우도 각종 교육이나 Meeting 등을 위하여 호텔을 이용하는 사례가 늘어나게 됨에 따라 호텔연회가 발전하게 되었다. 또한 요즘은 연회장에서 파티로만 향연을 즐기는 것이 아니라 국제회의나 세미나 신제품발표회, 각종 전시나 이벤트, 콘서트나 디너쇼, 패션쇼 등으로 다양하게 이용하고 있다.

1) 한국관광공사의 관광용어사전의 정의

한국관광공사에서 발간된 관광용어사전에서는 연회장을 다음과 같이 정의하고 있다.

① Banquet Room

Often part of a hotel, providing a paying group with a private area, the necessary service personnel and prearranged amounts and varieties of food and beverage service.(연회장이란 별도의 공간에서, 필요한 서비스 인원과 예정된 양의 다양한 식음료 서비스를, 대금을 지불하는 그룹에게 제공하는 호텔서비스의 한 분야이다).

② Function Room

A room suitable for group use for meetings, exhibits, entertaining, etc. No sleeping facilities.(연회장이란 취침시설은 없지만 모임 · 전시 · 오락 등으로 사용하는 그룹에 적합한 방이다).

원래 Function이란 단어는 기능 · 구조 등의 의미를 내포하고 있는 용어이지만 행사 · 잔치 · 모임 · 축제 · 축연 등 다양한 행사를 의미하기도 한다. 따라서 최근에는 연회행사가 행사의 목적에 따라 매우 다양하기 때문에 연회를 나타내는 용어로 Function을 사용하는 호텔이 점점 늘고 있다.

2) 국어사전의 정의

한글학회의 국어대사전에서는 연회란 "축하 · 위로 · 석별 등의 뜻을 표시하기 위하여 여러 사람이 모여 주식(酒食)을 풀고 가창무도(歌唱舞蹈) 등을 하는 일"로 정의내리고 있다.

3) 웹스터 사전(Webster Dictionary)의 정의

An Elaborate and often ceremonious meal attended by numerous people and often honoring a person or making some incident(as an anniversary or reunion).

2. 연회의 어원과 유래

연회라는 의미는 여러 사람들이 모여서 서로 축하하고 환영하고 음식과 술을 나누며 즐기는 잔치라고 한다. 'Banquet'의 어원은 프랑스 고어인 'Banchetto'로 그 당시 '판사의 자리' 혹은 '연회'를 의미한다. 또한 에티켓과 의복의 격식을 갖추고 사람들이 많이 모이는 곳인 은행(Bank)과 벤치(Bench)에서 파생된 단어들이 오늘의 호텔 연회장, 즉 Banquet이라 부르게 되었다는 설이 있다. 과거의 일반적인 서민은 생존을 위한 것 이외에 먹고 마시고 즐기는 것에 대한 개념이 희박하였을 것으로 추측되고 왕이나 귀족을 중심으로 한 모임이나 파티가 주를 이루었을 것이다. 현대에 들어서는 호텔이나 식당 또는 야외의 공간, 제3의 장소 등을 사용하여 다수가 모여 연례적인 행사나 친목회 등과 같은 행사를 기념하기 위해 제공되는 식음료와 서비스 등의 개념으로 정의할 수 있다.

연회 행사의 범위는 호텔 내 · 외부에 마련된 대 · 소규모 연회장중심의 상품과 Hotel Site(호텔 지역)를 벗어나서 개최되는 Outside Catering(출장 연회 서비스) 등으로 구분할 수 있다.

제 2 절 호텔 연회의 조직

호텔 내에서 연회조직은 연회팀과 연회를 수주하는 판촉/세일즈팀으로 구분할 수 있다. 연회팀은 식음료팀에 소속되어 있고 판촉부서는 세일즈 부서에 소속되어 있으나 연회 예약의 경우에는 호텔에 따라서 식음료나 판촉부서 등 해당 호텔의 사정에 따라 소속이 다르다.

또한 연회의 규모에 따라서 연회과장 아래 부지배인의 수가 달라진다.

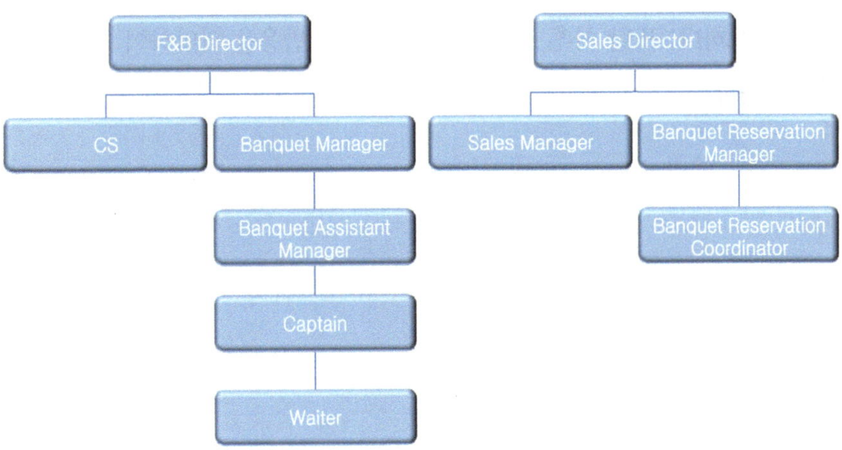

그림 3-1 호텔 연회부 조직도

1) Banquet Manager

연회지배인은 크게 예약된 행사가 잘 진행될 수 있도록 전체적인 조율과 감독을 하는 역할 및 연회부서의 원가와 판매를 예측 · 조율하는 작업과 직원의 운영과 증원에 대한 장기적인 목표를 계획하고 실행하는 역할을 한다.

▷ 각종 행사에 대한 준비 및 감독
▷ 새로운 직원의 고용 및 훈련
▷ 원가 관리 및 가격관리
▷ 서비스 관리

2) Sales Manager

판촉지배인은 호텔의 연회를 대중에게 홍보하는 역할과 해당 호텔로 행사를 유치하고 고객과 상담하는 역할을 한다. 특히 판촉지배인은 연회지배인과의 정기적인 회의를 통하여 해당 행사의 필요한 사항에 대한 사전 조율 등 상호 소통이 매우 중요하다. 또한 차후 행사에 대한 고객의 반응을 파악하여 연회지배인에게 알려준다.

Chapter 2.
연회의 특징

제 1 절 연회의 특성과 효과

연회는 호텔의 중추적인 수익성을 창출하는 영업장이다. 과거의 호텔수익은 대부분 객실과 식음료 영업장 몇 군데에서 발생되었으나 현재 호텔사업에는 객실과 식음료 영업장뿐만 연회장의 중요성은 점점 더 커지고 있다. 2009년 서울 시내 11개 특급호텔 전체 식음료 매출이 3,050억 2010년에는 3,447억이었으며 이 중 연회매출은 2009년 1,757억, 2010년에는 2,039억 원으로 절반 이상을 차지하여 호텔 매출에 매우 많은 영향을 미치는 것을 알 수 있다. 이와 더불어 연회는 연회장에서 발생하는 직접수익 뿐만 아니라 연회와 연관된 매출 역시 매우 크다고 할 수 있다.

예를 들면, 500명이 참가하는 국제회의를 3박4일간 호텔에서 개최할 경우 이들이 묵는 숙박료, 행사장 이용료, 식대와 더불어 자유 시간에 지출하는 Bar 등에서의 매출, 면세점이나 기념품점에서의 지출, 이와 더불어 직접적으로 보이지는 않지만 국제회의나 연예인이나 스포츠 스타 등의 결혼 등이 대중매체에 노출되면서 보이는 간접광고 등 연회는 다양한 형태로 직 · 간접적으로 영향을 미친다.

1. 연회의 특성

1) 비수기 극복

호텔기업의 서비스와 상품은 저장이 불가능하기 때문에 성수기와 비수기가 뚜렷하게 구분되는 계절성(Seasonality) 상품이라는 특성을 지니고 있다. 이와 같은 특성으로 인해 호텔기업의 연회행사는 마케팅과 판매에 따라서 비수기를 극복할 수 있는 계기를 마련할 수 있다. 비수기라 할지라도 대규모 또는 중첩된 소규모 행사를 통해 객실 및 부대시설에 대한 이용률을 높일 수 있다.

2) 출장연회의 기능

호텔의 특성은 비저장성과 계절성뿐만 아니라 장치산업으로서의 성격을 가진다. 식음료 영업장의 한정된 좌석수는 회전률에 따라 차이가 있을 수는 있으나 일정한 시간적 · 공간적 제약을 가진다. 하지만 출장연회는 호텔 내의 공간적 제약을 거의 받지 않는다. 또한 고객이 요청에 따라 일정한 수익이 보장된다면 24시간 중 언제라도 고객의 요청에 따라 어디서든 가능하므로 호텔의 수익성에 크게 도움이 된다.

3) 공간의 가변성

일반 식음료 영업장의 Layout은 특별한 이유가 없는 한 몇 년 동안 동일한 형태를 취하게 되지만 연회의 경우 고객의 필요와 요청에 의해 다양한 형태로 공간을 사용할 수 있다. 또한 자신이 원하는 분위기를 창출하기 위하여 조명이나 데코레이션을 통한 분위기 연출이 비교적 자유로운 특징이 있다. 또한 일반 영업장과는 달리 연회장을 자신들 만의 공간으로 사용할 수 있다는 장점이 있어 음향과 조명의 설치와 이용에 있어서 사용 목적에 따라 아이디어에 대한 가변성이 크다고 할 수 있다. 특히 결혼식과 돌잔치나 회갑의 경우 자신이 원하는 장식이 가능해지고 국제회의의 경우 등에도 행사장 내 · 외부에 회사의 로고나 장식의 연출이 자유롭다.

그림 3-2 동일한 공간의 다른 연출 예

4) 호텔 주변지역의 관광이미지 향상

특히 국제행사의 경우 각국의 참가자들로 하여금 주변의 관광지를 소개할 수 있는 기회가 주어지므로 호텔 주변의 지역 관광지에 대한 시설이나 서비스가 개선되어 관광지로서의 역할을 할 수 있어 관광지를 널리 알릴 수 있기도 하다.

행사의 규모와 중요도가 커질 경우 지자체나 호텔주위의 정부단체에서 외부 고객에게 긍정적인 이미지를 심어주기 위하여 주변 경관이나 도로 등의 인프라 정비에 관심을 기울인다.

5) 상품가격의 가변성

연회행사의 경우도 일반식음료 식당과 같이 표준 서비스를 제공하기는 하지만 연회의 목적이나 성격, 규모, 행사주최자의 예산수준에 따라 상품과 서비스의 내용이 가변적이다. 일반적인 연회상품의 구성은 크게 연회장 사용에 따른 연회장 사용료와 식음료 판매 등으로 구성이 되지만 예산의 수준에 따라서 그 비용의 배분에 차이가 많이 난다. 따라서 동일한 연회장의 사용에 있어 연회장 사용료가 다양하게 적용되고 식음료의 경우에도 동일한 서비스를 진행하고 동일한 식음료가 제공된다고 하여도 동일한 가격으로 책정되지 않는 경우가 많다.

6) 비정기적인 영업

대개 식음료업장은 고객의 유무에 상관없이 일정한 영업시간을 가진다. 점심의 경우 대개 12시에서 오후 3시까지 저녁의 경우 오후 6시에서 오후 10시나 11시까지의 영업시간을 가진다. 하지만 연회장의 경우에는 연회예약 상황에 따라 24시간 중 고객이 원하는 시간 언제든지 영업장을 개장한다. 이는 행사의 주최자가 원하는 시간에 따라서 예약이 있을 경우에만 이루어진다고 할 수도 있다. 따라서 연회장에서는 영업을 하지 않는 시간에는 직원의 교육이나 다음 행사를 위한 준비기간으로 사용되며, 이러한 특성이 있기 때문에 일부 호텔의 연회부서에서는 행사가 없는 경우 시설관리를 위한 최소인원만을 상주시키거나 타 식음료부서에 파견근무를 가기도 하고, 반대의 경우 즉 행사가 너무 많아서 상주인원으로 행사를 소화하기 못하는 경우 파트타이머나 타 부서로부터 지원을 받기도 한다. 따라서 연회행사장에 근무하는 직원의 스케줄의 변동은 매우 심한 편이며 근무시간대나 근무요일, 일일 근무시간 또한 유동성이 매우 크다.

연회의 경우 예약제로 이루어지므로 타 부서에 비하여 연회행사가 지속적으로 이루어져야 하므로 예약관리가 무엇보다도 중요하며 예약담당자와 판촉부서담당자의 경우 많은 경험과 상담 · 판매 · 관리 능력이 요구된다.

2. 연회의 효과

1) 경제적인 효과

국제회의와 함께 대규모 연회 개최 등의 대량객실판매, 식음료판매, 행사장판매, 직원의 고용효과 및 파트타이머 고용증대, 세수입 증가 등의 경제적 효과가 발생한다.

특히 기존 식음료 영업장의 고정된 좌석이 아니라 텅 빈 연회장 공간의 테이블 배치나 데코레이션에 따라 탄력적인 매출이 발생하게 된다. 또한 연회장의 회전율에 따라 매출을 극대화 할 수 있으며 출장연회의 경우 한정된 호텔 내 시설의 한계에서 벗어나 공간의 한계나 이로 인한 참석인원의 한계를 극복하면서 추가적인 매출을 늘릴 수 있다는 특징이 있다.

2) 호텔의 홍보와 대중화

대형연회의 경우 각계각층의 사람들이 참여하기 때문에 행사가 개최될 때마다 호텔시설이나 호텔이 제공하고 있는 다양한 서비스들이 자연스럽게 대중매체를 통하여 홍보될 수 있는 기회가 된다. 이러한 홍보는 호텔에 대한 이미지로 연결되어 차후 다양한 타 부분의 매출과 연계될 수 있다. 또한 호텔연회장에서 개최되는 다양한 문화행사 프로그램 등은 호텔의 이미지개선에 긍정적인 역할을 한다.

실제로 대형 국제행사가 특정 호텔에서 개최될 경우 행사자체가 뉴스화 되면서 대중매체를 통해 다국적 사람들에게 호텔의 편의시설 등이 자연스럽게 노출되면서 매출증진에 큰 역할을 한다.

3) 문화 · 관광의 효과

호텔 연회장에서 국제회의 참가자들에게 우리나라의 전통문화, 예술이 소개되면서 문화에 대한 파급효과가 크게 나타나고 있다. 실제 행사 마지막 날의 경우 호텔 연회장 내에서 태권도 체험이나 고궁방문 등의 프로그램이 진행되고 있는 경우가 많다. 정부의 문화관광부나 한국관광공사에서도 이러한 기회를 이용하여 한국의 문화와 전통을 알릴 수 있는 프로그램에 개발과 지원이 이루어지고 있다.

4) 식음료 원가절감 효과

일반적으로 각각의 개별적인 고객의 요청에 의한 메뉴결정이 아닌 사전에 조율된 참석자에 대한 대규모의 동일한 메뉴가 제공되는 연회의 특성에 따라 대규모 식자자의 구매와 대량소비에 의한 원가절감의 효과가 크다.

실제 국제회의 등 대규모 행사의 경우는 몇 달 전 소규모 가족행사의 경우라도 몇 주 전에 예약에 의해 이루어지므로 특별한 경우가 아니면 동일한 메뉴의 판매가 이루어지는데 이때 규모의 경제로서의 원가절감뿐만 아니라 악성제고에 대한 처리가 가능해지므로 효과적인 식자재 재고관리로 인한 식음료 원가가 절감되는 효과가 있다.

또한 동시에 서비스가 이루어지므로 레스토랑의 개별서비스에 비하여 직원의 생산성이 크게 향상되어 노동생산성도 극대화될 수 있다. 이를 위하여 연회생사의 주최자와 상담을 진행하는 영업담당자의 경우 식음료에 대한 기초지식이 있어야 하며 식음료를 저장하는 창고의 재고에도 관심을 가질 필요가 있다.

5) 타 영업 부문의 매출증진에 영향

연회행사를 유치하게 되면 연회장운영에 따른 직접적인 매출은 물론이거니와 이와 더불어 객실이나 타 식음료 업장뿐만 아니라 사우나, 수영장 등 다른 부대시설에 대한 매출증진에 영향을 준다.

국제행사라고 하더라도 오전과 오후의 연회행사가 종료되면 이 시간을 제외한 다른 시간에 대한 이용이 개인의 선택에 의해 이루어지므로 특히 Bar나 Cafe 등의 이용에 대한 판매 기회가 부여된다.

제 2 절 연회의 분류

1. 시간적인 분류

1) Breakfast(6:00am~10:00am)

조찬 행사를 갖는 목적은 하루일과에 영향을 주지 않는 시간에 일찍 모임을 갖는데 목적이 있다. 아침 이른 시간에 갖는 행사이므로 대개 아침식사가 포함되기도 하지만 9:00 이후에는 식사 없이 미팅 등이 진행되기도 한다. 영업적인 측면에서는 직원의 경우 대체적으로 행사가 시작되기 두 시간 전에 준비를 마치기도 하지만 주최자의 요구나 전날의 준비사항에 따라 달라진다.

아침 식사는 대게 American Breakfast나 유럽식 조식 형태로 커피와 빵 등으로 준비되는 경우도 있고 요청에 따라 한식의 형태를 갖기도 한다.

2) Brunch(10:00am~12:00pm)

조찬과는 달리 오찬에 가까운 형태의 식사가 준비된다. 기본적인 조식형태의 빵이나 계란 요리 커피, 주스 이외에도 여러 가지 정찬요리를 준비한다. 식사가 없는 경우에는 일반적으로 오전으로 간주하여 가벼운 Pastry나 Sandwich, 과일 등이나 커피를 포함한 음료만으로 진행되기도 하고 음료만 진행되거나 이마저 없는 경우도 있다. 이는 주최측의 요청에 따라 달라지기 때문이다.

3) Lunch(12:00pm~3:00pm)

점심을 곁들여 진행되는 행사를 말하는데 일반적으로 기업이나, 학교 등의 세미나, 학술연구 형식으로 많이 이루어지며 오전과 오후 연속으로 진행되는 행사의 점심 개념으로 제공되는 경우가 많고 가족 행사의 경우 돌잔치 등이 점심 때 이루어지는 경우이다. 식사의 형태는 코스 요리나 뷔페가 중심을 이루지만 회의의 경우 요청에 따라 도시락 형태로 준비되는 경우도 있다.

4) Dinner(6:00pm~10:00pm)

만찬 행사는 다소 시간적 여유가 있고 하루 업무를 마친 후의 행사이기 때문에 주류가 제공되는 경우가 많고 단순한 식사뿐만 아니라 여흥이나 이벤트가 함께 진행되기도 한다. 대체적으로 호텔의 입장에서는 가장 많은 매출을 올릴 수 있는 형태이다.

5) Supper(10:00pm~12:00am)

간단한 요깃거리와 함께 진행이 되거나 행사의 목적에 따라 식음료가 제공되지 않는 경우도 있다. 단독 행사의 경우보다는 다른 행사의 연장선에서 이루어지는 경우가 대부분이다.

2. 장소에 따른 분류

1) In-House(호텔 연회장 행사)

호텔 내의 시설에서 진행되는 경우를 말하며 장비나 편의시설 등을 갖추어 놓은 장소에서 개최된다. 가장 많은 형태를 가진다. 경우에 따라 실외에서 행사를 진행하기도 하지만 실내외의 구분보다는 호텔 사이트인가 그렇지 않은가로 구분된다.

2) Outside Catering(출장 연회)

외부에서 진행되어지는 행사로 실내외의 구분보다는 행사에 필요한 기자재를 차량으로 이용하여 호텔 사이트 이외의 장소로 이동하는지의 여부에 따라 구분된다. 공간적인 탄력성이 크고 수익성 측면에서 개발의 여지가 많아 최근에 관심도가 높아지고 있다. 출장연회의 경우 필요한 기자재의 파악이 확실하지 않으면 수급이 원활하지 않아 준비하는 과정에서의 목록 작성에 많은 노력을 기울여야 하고 행사 이전에 Site Inspection을 통하여 Lay Out이나 각 장비의 필요 여부와 수량파악이 중요한 사항이므로 이를 위하여 많은 경험과 노하우를 가진 경력자를 중심으로 사전준비가 이루어진다.

그림 3-3 출장연회의 예

3. 행사목적에 의한 분류

1) 가족 연회

가족 연회라 함은 과거에 가정에서 이루어지던 돌이나 회갑 등을 의미하였으나 현대에서는 결혼식이나 피로연뿐만 아니라 가족과 더불어 지인들과 함께하는 행사로 의미가 확대되었고, 집들이 등을 위한 출장 연회까지도 범주에 포함하고 있다.

특히 가정에서 잔치에 필요한 음식의 준비와 장소의 제약에 따라서 가족 연회는 매년 그 규모가 확대되고 있다.

그림 3-4 가족연회 세팅 (쉐라톤 그랜드 워커힐: Vista Hall)

그림 3-5 돌상차림의 예

① 돌잔치

돌잔치 풍습에는 아기의 건강과 안녕을 비는 전통에 따라 실걸이와 미역국, 쌀밥, 국수, 백설기, 송편 등 지역에 따라 차이가 있으나 돌상차림에 주안을 둔다. 또한 아기의 미래를 점치는 돌잡이가 가장 큰 이벤트로 진행된다.

요즘에는 대행사를 통하여 일정한 대금만 지불하면 돌상에 필요한 음식과 행사장의 장식, 행사 진행을 위한 진행자까지 패키지로 판매되는 경우가 많다. 호텔의 경우는 하객에 대한 음식과 음료의 준비와 행사장 판매에 대한 수익을 얻는다.

② 회갑 · 칠순 · 팔순

육갑의 간지가 60년 만에 돌아온다는 뜻으로 회갑, 환갑이라고 하며 자녀들이 부모에 대한 은혜를 기리고 노고에 감사드리는 의미에서 가까운 친지를 모시고 잔치를 베푼다. 회갑의 특징은 헌수라고 하는 큰상을 마련하여 자녀들의 순서에 따라 절을 올리고 축수하는 순서가 있고 하객들도 축하의 의미에서 잔을 권한다. 그러나 현대에 들어 평균 수명이 늘어남에 따라서 회갑의 경우는 가까운 친지들만을 모시고 간략하게 진행하며 칠순이나 팔순을 크게 하는 경우도 많아지고 있다.

그림 3-6 고희/팔순연 상차림

2) 약혼식 · 결혼식 · 피로연

호텔 연회에서 단기간에 가장 많은 수익을 올릴 수 있는 행사 중의 하나로서 1999년 8월부로 특급호텔 결혼식이 전면 허용된 이후 각 호텔에서 가장 많은 심혈을 기울이고 있는 부문이기도 하다. 2010년을 기준으로 보면, 신라 호텔의 경우 결혼식이 160억 원이 넘는 매출을 기록하여 전체 연회매출에서 50%가 넘는 비중을 차지하고 있으며 리츠칼튼 호텔의 경우에는 64.6%, 르네상스 호텔도 50.6%를 차지하고 있다. 특히 단 하루 행사로 1억 원이 넘는 수익을 올릴 수 있는 부분이므로 각 호텔 연회팀에서는 결혼식을 전문적으로 진행하기 위하여 웨딩플래너나 푸드코디네이터 등을 두고 결혼식 유치에 많은 노력을 기울이고 있다.

표 3-1 서울시내 특급호텔 결혼식 매출(2010년)

단위: 백만원 / %

호텔	매출액	매출 점유율
그랜드 인터컨티넨탈 서울	10,235	37.1
그랜드 힐튼 서울	5,927	37.7
롯데호텔 소공동	7,120	24.7
르네상스 서울	6,241	50.6
리츠칼튼 서울	10,180	64.6
쉐라톤 그랜드 워커힐	5,243	21.8
신라호텔	16,516	50.6
임피리얼 팰리스	6,241	50.6

그림 3-7 결혼식 세팅

과거의 피로연은 결혼식에 참석하기 위하여 먼 길을 오신 하객을 위하여 음식을 대접하고 감사를 표하는 자리였다. 하지만 최근에는 결혼식장에서 식사를 동반한 피로연 오찬을 하거나 신랑, 신부의 친구를 위한 다른 장소를 섭외하여 진행하기도 한다.

3) 각종 이벤트

① Theme Party

Theme party를 할 때 선결정이 이루어져야 하는 것은 행사 주최자가 누가 되느냐이다. 외부에서 행사를 전문으로 하는 파티업체가 와서 티켓 판매 등을 전담을 하거나, 일반기업체에서 자신이 초청한 인원들로 행사를 진행할 경우 일반적으로 호텔은 장소에 대한 대여료, 즉 대관료와 식음료 비용 등을 수익으로 얻는다. 하지만 계약과 기여도에 따라 업체와 반반으로 나누거나 호텔 측에서 행사전반을 기획하고 모객을 하는 등 주체가 되어 행사를 진행하고 전체 수익을 가져가는 경우 등 여러 가지 형태가 존재한다. 가장 대표적인 Them Party로 할로윈이나 DJ Party 등을 들 수 있다.

또한 Theme Party의 경우 주제에 맞는 전체적인 분위기를 연출이 필요하다. Table의 Lay Out과 Table Cloth의 색상, 조명, 서비스 직원의 유니폼 등에 따라 색다른 분위기를 연출할 수 있다.

그림 3-8 Fashion Show와 Halloween Flyer

② Dinner Show

디너쇼에서 가장 중요한 점은 모객이다. 예를 들어 어떤 가수를 초청하는지에 따라 타겟 마켓이 달라지며 가수의 인지도에 따라 고객 동원 능력이 달라진다. 또한 마케팅과 세일즈에서 어떤 전략으로 티켓을 판매하는지도 중요한 문제이다. 음향과 조명 및 무대는 어떠한 경우든 호텔의 장비로는 부족하기 때문에 외부에서 전문 장비를 반입하게 되는데 이때 호텔측 음향 및 조명 팀과의 조화 및 시설팀과 협력하여 전력용량 등을 고려한 배선등도 중요한 시설적 고려사항이 된다.

그림 3-9 Dinner Show
(쉐라톤 그랜드 워커힐)

그림 3-10 Concert (W 서울 워커힐)

③ Concert

콘서트는 대개 젊은 층에서 이루어지는 이벤트인 만큼 출입문은 컨벤션 외각을 이용하게 된다. 이는 기존의 고객과의 동선상의 혼잡을 피하여 서비스 수준을 유지하려는데 그 목적이 있다. 행사장 주위에는 COD Bar[1]를 운영하게 된다. 음료판매에 대한 수익의 배분은 사전계약에 따라 달라진다. 일정한 장소에 많은 인원이 몰리게 되므로 안전사고에 대한 주최측과의 논의가 필요하고 coat check 등 보관물품의 분실에 대비한 시스템도 충분히 구축하여야 한다. 장비를 대여할 때에는 이에 대한 사전 협의가 충분히 이루어져야 한다. 또한 행사에 필요한 무대 설치 등에 대한 스케줄에 대한 조율과 무거운 장비의 이동으로 인한 호텔 기물 및 시설 등의 파손에 대한 부분도 계약 시 명기하여야 한다.

④ 각종 전시회

기업, 학회 등에서 전시를 곁들이는 경우에는 일반적으로 임대료와 더불어 Coffee Break 등을 운영하여 수익을 극대화한다.

전시의 경우 전시물품의 설치 및 보관, 파손 등에 대한 책임부분에 대해 사전에 정확히 계약서에 명기되어야 한다. 또한 설치물 이동에 대한 사전 조율과 작업 시간의 배정도 중요하다. 전시를 위하여 시설물을 설치할 때 나는 소음 등에

1) Cash of Deliverly Bar: POS를 설치하지 않고 현금만을 받고 음료를 내어주는 간이바, 칵테일 등 손이 많이 가는 음료보다는 병맥주, Shot 등을 주로 판매함

대해서도 기존 호텔 고객에게 피해가 가지 않도록 세심하게 배려되어야 하기 때문이다.

Tip

호텔 시설물 사용에 관한 안전 동의서(일부 내용 생략)

이 동의서는 ㈜워커힐 쉐라톤 그랜드 워커힐 호텔(이하 "A" 라 칭함)과 ____________ Tel:____________(이하 "B" 라 칭함)상호간에 아래사항을 이행할 것을 합의함을 의미한다.

동의서의 목적

이 동의서는 호텔의 안전한 경영과 "A"의 시설물을 손상으로부터 보호함과 동시에 외부작업자의 안전을 도모함은 물론, 주어진 시간 안에 준비, 설치, 철거를 함에 있어 최대한의 경제적 효과를 얻기 위함이다.

이 동의서는 모든 행사에 적용된다.

"A"를 위한 실행목록

l. 판매직원은 행사 주관자에게 위의 내용을 계약서와 함께 책임지고 전달, 양해되도록 하여야 한다.

l. 연회지배인/부지배인은 물건을 들여오는 계약된 회사 또는 계약된 회사의 작업자들에게 이 사실이 주지되었음을 확인한다.

l. 볼룸의 절반을 커버할 수 있는 보호재를 공급해야 한다.

l. 그리고 이 보호재는 어떤 경우의 설치물(테마파티, 자동차쇼, 패션쇼, 전시회, 기타공연 등이 있는 행사 등)이든 들여오기 전 "A"측 연회 서비스 직원의 설명에 의해 외부 작업자에 의해 놓여진다.

"B"를 위한 실행 목록

l. "B"는 설치 시설물이 들어오고, 나가는 시간의 스케줄과 운송되는 날짜를 정확하게 "A(연회코디사무실: 02-450-6533, 또는 연회사무실: 02-450-4587)"에게 알려주어 "A"로부터 보호재를 공급 받을 수 있도록 한다.

Tip Menu Planning 사례

1. "B"의 소속된 준비 요원은 보호재를 바닥에 깔거나 준비과정이 끝난 후 시설물을 설치하고 반드시 행사 후에도 같은 방식으로 보호재를 설치하고 철수하여야 한다.

아래 사항은 "B"의 준비 요원들에게 필히 금지되는 항목이다.

1. 보호재가 없는 카펫이나 스테이지 위에서 망치질, 톱질, 카펫/벽/천정/대리석 등에 못질 등
1. 준비 과정 중에 흡연
1. 자동차 반입 시 카펫 위에 보호재(합판류)를 준비함은 물론 엔진을 켜고 급회전을 하지 못하도록 한다.
1. 작업 공간에는 어떠한 인화/폭발물질 및 화기/불을 취급하는 물품은 격리되어야 한다.

"A"의 시설물에 손상이 발생되었을 시의 보상관계

1. "B"의 준비, 설치, 철수 과정에서 발생된 "A"의 자산상의 손상은 외부 보수 회사의 공정한 견적에 의하여 "B"에게 손실 비용을 청구한다.
1. 만약 "B"가 "A"와 이전 거래 관계가 없었다면, "A"는 "B"에게 예측할 수 있는 잠정적 손실을 보상할 수 있는 보험 가입을 요구할 수 있다.

"B" 측 확인: 성명: "A" 측 확인: 성명:

Chapter 3.

연회용 장비 및 테이블 배치

제 1 절 연회용 장비 및 집기

1. Folding Screen

병풍은 행사 시 매우 유용하게 사용된다. 서양에서는 병풍이 없지만 Partition[2)]이라 불리는 유사한 형태의 것으로 대체하고 있다.

병풍은 중국 주나라의 천자가 높이 8자의 판에 자루가 없는 여러 개의 도끼를 도안 형태로 그려 뒷벽에 장식한 것에서 유래하였다. 주목적은 바람이나 공간을 막는 가리개, 돌상이나 칠순 등 가족행사시 벽면을 장식하는 기능도 겸한다. 과거에는 아기를 못 낳는 부인들이 일종의 주술로서 기원하고 펴고 잤다는 백동자병 등 다양한 주술적 목적의 병풍이 있었으나 현대 호텔에서는 장생병과 신선도병풍, 화조병풍 등을 가장 많이 사용한다. 특히 장생병은 십장생을 주제로 한 병풍으로 부모의 장수를 기원하는 의미로 사용하므로, 환갑 및 칠순, 팔순 등 행사에 자주 사용되고 신선도 병풍은 왕세자나 왕자의 탄생, 돌 때 사용되었다고 하여 돌잔치 등에 주로 사용된다.

병풍은 2인 1조로 눕혀서 운반한다. 운반 시 손때가 묻지 않도록 장갑을 끼고

2) 파티션: 일종의 칸막이를 의미하며 상황에 따라 특정 장소를 다른 곳과 나누어 구별 지을 수 있다.

엘리베이터나 모서리 등에 부딪혀서 손상이 되지 않도록 한다. 병풍을 접을 때에는 항상 중앙 부분부터 기준을 잡는다. 한쪽만 잡아당기면 접속 부분이 파손되기 쉽다. 먼지와 때를 방지하기 위하여 보관 시 커버에 넣도록 하고 45도로 기대지 말고 직각으로 세워서 보관한다. 먼지, 습기 등을 주의하여 보관 시 휘지 않도록 한다.

그림 3-11 병풍

2. Portable Platform/Stage

조립식 무대장치는 연회 행사를 치르는데 가장 사용빈도가 높은 장비이다. 특히 조립식 무대는 높이 조절이 가능하여 각 행사의 목적에 맞게 다양하게 사용할 수 있으나 조립하거나 이동할 경우 또한 행사 중에 조립된 부분이 이탈하는 등 안전사고에 대한 예방에 유의하여야 한다.

1) 제원

- 넓이: 240cm(가로)×120cm(세로)
- 높이: 20cm, 40cm, 60cm, 80cm, 100cm 등 조절 가능(제품에 따라 차이가 있음)

2) 사용용도

- 각종 행사시 헤드테이블 무대용
- 각종 연단
- 세미나 등에서 좌장의 좌석용
- 패션쇼에서 워킹용

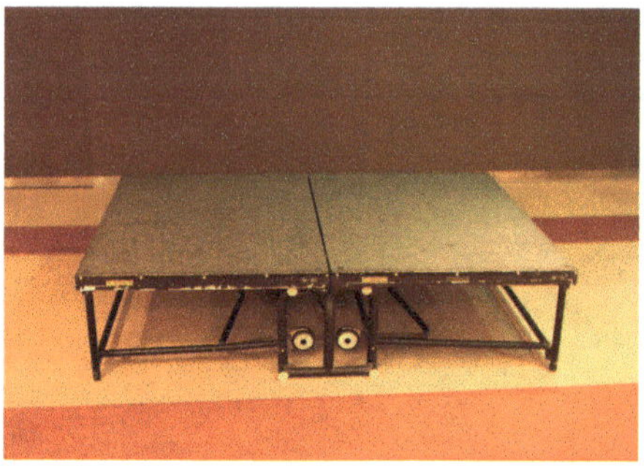

그림 3-12 무대

3. Table

표 3-2 연회용 테이블의 종류

Table 이름	그림	용도 크기
Round Table		가로:182cm 세로:182cm 높이:74cm 좌석:8-10인용
		가로:152cm 세로:152cm 높이:74cm 좌석:6-8인용
		가로:122cm 세로:122cm 높이:74cm 좌석:4-6인용
Square Table		세미나용 가로: 244cm 세로: 46cm 높이: 74cm 좌석: 3-4인용
		연회용 가로: 182cm 세로: 76cm(30") 높이: 74cm 좌석: 2-3인용
		여러 가지 모양을 만들어 내는 부속 테이블 가로: 76cm 세로: 76cm(30") 높이: 74cm

Table 이름	그림	용도 크기
Half Round Table	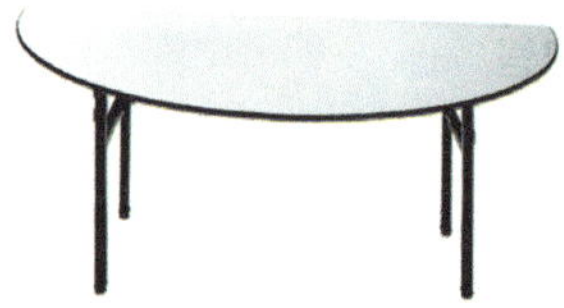	Lay Out을 만들 때 좌우측에 붙여서 사용. 가로: 152cm 세로: 76cm 높이: 74cm
		Lay Out 부품으로 사용 가로: 76cm 세로: 76cm 높이: 74cm
Croissant Table		링 테이블이라고도 불리며 큰 라운드 테이블 외곽으로 설치하여 큰 원형 테이블을 만들거나 곡선을 처리할 때 사용 6개의 테이블을 사용하여 가로/세로 334cm의 원형 테이블을 만든다. 높이: 74cm 인원: 16인용

4. Chair

표 3-3 연회용 의자의 종류

그림	용도
Stacking Chair 	일반적으로 행사에 널리 사용되는 의자로서 의자를 창고에 보관할 때 포갤 수 있기 때문에 보관이 용이하고 포개진 상태로 캐리어로 10개씩 운반하므로 운반도 편리하다.
Arm Chair 	의자의 양쪽에 팔걸이가 있는 의자로서 고급 연회행사나 일반 연회행사의 head table에 사용된다. 하지만 포갤 수 없어서 이동에 불편하고 보관할 때 장소를 많이 차지하는 단점이 있다.

5. Carpet

카펫은 귀빈의 입장에 필요한 Red Carpet이나 신부의 Virgin Road[3]를 만드는 등 행사장의 분위기를 만드는데 주요한 장비 중 하나이다.

규격은 행사장의 성격에 따라 다양하며 4.6m에서 36m까지 호텔에 따라 다르게 사용한다.

카펫은 보관상 곰팡이 등이 생기기 쉬우므로 행사 종료 후 청소를 잘하고 말아서 통기 잘되는 곳에 보관하여야 하며 카펫 일부라도 파손이 되면 전체를 사용하지 못하므로 운반이나 보관 시 조심하여야 한다.

그림 3-13 카펫

6. 음향과 조명

연회에 있어서 각종 음향과 조명은 매우 중요한 문제이며 그러한 중요성 때문에 호텔에서는 좋은 설비와 더불어 이를 운영할 수 있는 전문 인력을 보유하고 있다. 특히 파티나 공연 등 전문 설비를 사용하여야 하는 행사가 늘어남에 따라 이를 위한 시설은 필수적이다.

3) 버진 로드: 순결을 의미하며 신부와 신부의 부친이 손을 잡고 걸어가는 중앙 통로의 길을 일컫는다.

그림 3-14 음향장비

제 2 절 테이블 배치

연회 행사에 있어서 의자 및 테이블의 배열은 장소와 분위기, 행사의 목적에 알맞게 해야 하며, 특히 연회장의 공간을 최대한 활용해야 한다. 따라서 이러한 테이블 배치는 경력이 충분한 직원들이 결정하도록 하여야만 문제를 최소화할 수 있다. 이는 공간에 대한 디자인적인 측면, 공간의 활용, 행사목적에 따른 적절한 배치 즉 테이블에서 화면이 보이는지, 연회 시 VIP에 대한 좌석의 안배, 서비스 시 필요한 동선의 확보 등 다양한 부분이 맞물려 있기 때문에 매우 중요한 문제이다. 테이블 배치는 아이디어에 따라 수 십 가지 형태가 나올 수 있으나 여기에서는 가장 대표적인 몇 가지만 살펴보고자 한다.

1. U-Shape

그림 3-15 U-Shape

이형태는 Meeting에서 가장 많이 사용하는데 참가자들이 서로 상대방과 스크린 등을 볼 수 있는 장점이 있으나 공간을 가장 많이 차지하는 형태이다.

2. Hollow Square

그림 3-16 Hollow Square

U형 테이블 모형과 비슷하게 배열하나 테이블 사강이 밀폐되기 때문에 좌석은 외부 쪽에만 배열해야 한다. 테이블 가운데 공간은 Table Cloth를 길게 내리거나 Skirt나 Drape(커튼)를 쳐서 다리가 보이지 않도록 한다. 이형태는 모든 사람들에게 같은 의자에 앉았다는 기분은 주지만 스크린 등의 시설은 활용하지 못한다.

3. I-Shape/Oblong Shape

수많은 학교교재에서 I-Shape나 Oblong-Shape 등이라고 설명하고 있지만 실제로 현장에서는 Board Type이라 칭한다. 일반적으로 상석이 필요한 경우에 많이 사용하는데 조금 더 가까운 거리에서 마주 앉을 수 있어 집중력이 높아지는 장점이 있으나 공간을 길게 많이 차지하는 단점이 있다.

그림 3-17 Board Shape

4. Round Table

식사를 포함하고 있는 각종 행사시 사용한다. 테이블 세팅 시 최소 테이블간의 거리가 1.8m이상 되지 않으면 서비스하는 동선이 확보되지 않으므로 유의하여야 하며 행사장의 크기와 인원에 따라 다양한 연출이 가능하다. 원형테이블은 2인용에서 14인용 등으로 다양하게 있으나 일반적으로 8인용과 10인용 테이블 등을 가장 많이 사용한다.

그림 3-18 Round Table

5. School Style

세미나, 발표, 기자 회견 등 매우 많이 사용되는 형태로 보통 하나의 테이블에 3-4개의 의자를 배치한다. Table 없이 진행되는 극장식 형태를 제외하고는 가장 공간의 활용도가 높다. 이를 기본으로 V자 형태나 역V자 형태 등 다른 응용 형태도 충분히 연출할 수 있다.

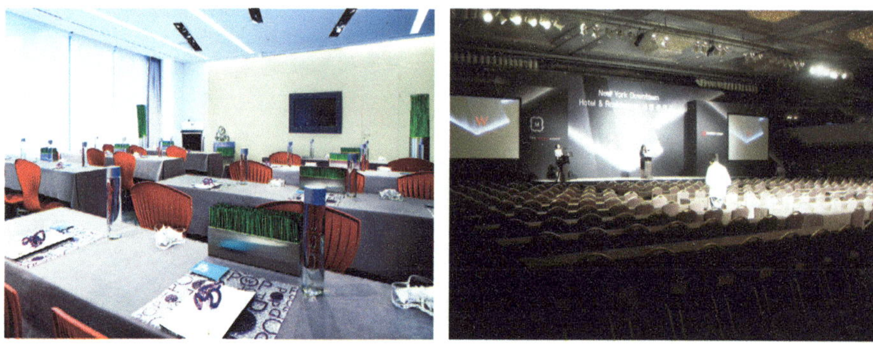

그림 3-19 Class Room/School Type

Chapter 4.

연회의 흐름

연회 예약은 연회의 내용, 예약을 수주하는 입장, 연회의 Volume, 예약을 수주하는 과정 등에 따라서 내용이 많이 달라진다.

다음은 연회를 예약해서 진행시키는 과정을 도식화한 Flow Chart이다.

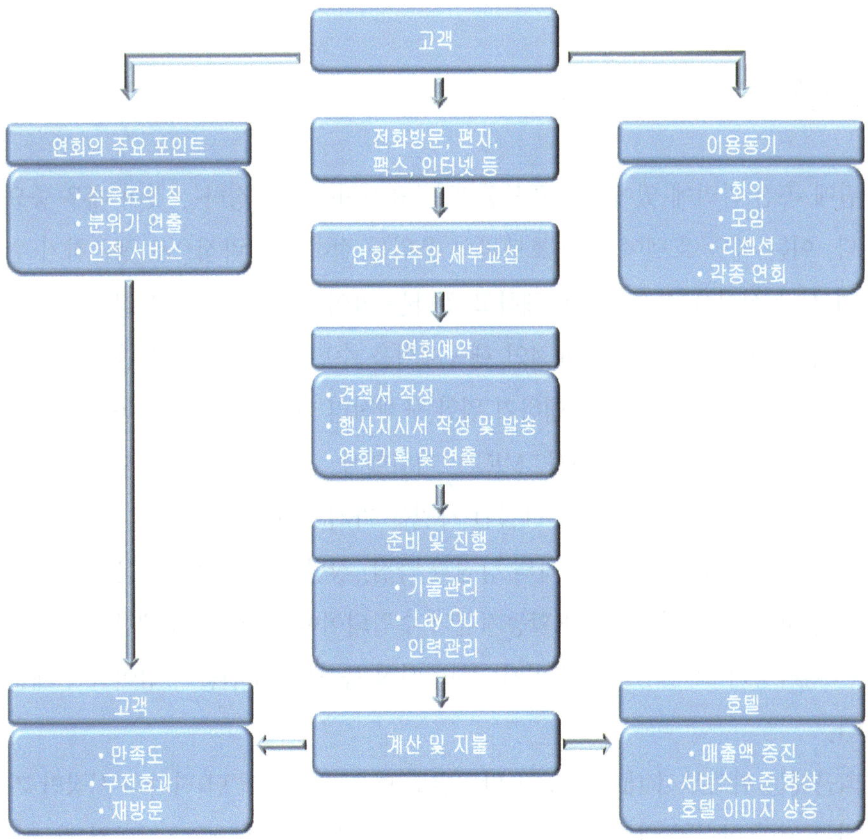

그림 3-20 연회 예약 Flow Chart

제 1 절 연회수주

연회 행사는 규모가 클수록 각 호텔에서의 경쟁이 치열해진다. 해마다 새로운 호텔들이 들어서면서 연회 시장에 대한 경쟁도 심화되어 가고 있다. 이는 곧 적극적인 판매 촉진만이 살아남을 수 있는 현실을 대변해 준다. 아무리 좋은 시설과 훌륭한 직원들을 보유하고 있더라도 행사를 의뢰할 고객이 없다면 아무런 의미가 없다. 즉 모객이 모든 행사의 시작이고 이를 위한 판매촉진활동의 중요성은 재차 강조하더라도 지나치지 않다.

1. 판매촉진 관리

판매 촉진 관리에 있어서 목표시장 또는 표적시장을 확정하는 것이 매우 중요하다. 이는 해당 호텔이 경쟁 호텔과의 우위를 점하고 전략적으로 생존하기 위하여 시장 상황을 분석하고 이해하고 있다는 말이기 때문이다. 그 결과에 따라 전략적 대책을 마련하고 구체적인 행동계획을 수립하는데 필요한 단계이기 때문이다. 이는 판매 촉진을 수행하기 위한 구체적인 단계로서 판촉활동의 방향이 정확히 설정된다. 즉 가족행사, MICE, 기업행사, 전시회 등 전체 시장을 대상으로 판매 촉진을 실시한다면 한정된 자원을 가지고 모두를 커버할 수 없는 즉 효율성이 떨어지게 되므로 자사의 강점과 약점, 장단점을 파악한 다음 목표시장을 선점하기 위한 세부목표와 활동지침이 수립되어야 한다. 각 호텔마다 가지고 있는 행사장의 크기나 호텔의 입지, 주변 시설 등 모든 조건들이 상이하기 때문이다.

최근에는 판촉부서 내에서도 각 단위별로 팀으로 나누어 단 하나의 시장만 가져가는 것이 아니라 단위 시장별 팀 활동으로써 전체시장에 대한 전략적 접근이 이루어지고 있다.

2. Sales Call

1) Sales Call의 필요성

판촉부서의 기본업무는 거래처를 관리하여 경쟁사로 이탈되는 비즈니스를 방지하고 경쟁사의 거래처를 자호텔로 유인하여 비즈니스로 연결하고 새로운 시장을 개척하는 역할이 주를 이루고 있기 때문에 거래처를 관리하는 것은 판촉부서의 모든 것이나 다름없다. 이와 같이 거래처를 방문하면서 수립된 여러 가지 정보나 의견은 영업 전략을 수립하는 데 참고자료로 활용되기도 한다.

① 거래처 관리

- 제공받은 서비스에 대한 의견 수렴
- 거래처의 내부조직 숙지
- 거래처의 영업현황 파악
- 새로운 상품의 소개
- 경쟁사의 정보 획득
- 시장 정보획득

② 새로운 시장 개발

- 시장 정보의 수집
- 경쟁사의 정보수집
- 호텔 상품 및 서비스의 소개
- 새로운 거래처확보
- 호텔의 이미지 개선

2) Sales Call의 계획

Sales Call은 고객이나 잠재고객을 방문하여 서비스 상품의 판매를 촉진하는 과정이기 때문에 방문활동을 실시하기 위해서는 반드시 사전에 구체적이고 명확한 방문계획을 수립해야 한다. Sales Call의 계획단계에서는 거래처일 경우

방문횟수를 상품의 구매량에 따라 정하지만 반드시 그럴 필요는 없다.

거래처의 방문계획을 수립할 때 고려해야 할 사항은 일반적으로 다음과 같다.

① 방문횟수의 결정

호텔마다 규정이 다르겠지만 일반적으로 상품의 구매량이나 구매액에 따라 등급을 결정하고 연간계획을 수립한다. 즉 각 등급에 따른 방문횟수가 달라진다. 그러나 상황에 따라 매출실적에 관계없이 고객의 구매 잠재력을 고려하여 방문의 빈도를 높일 수도 있다. 이는 해당 담당자의 재량과 전략에 따라 효과를 극대화시킬 수 있는 방향으로 결정된다.

② 방문의 우선순위 결정

거래처의 영업상황을 분석하여 그 결과에 따라 방문의 우선순위를 결정하고 본래의 방문계획을 유동적으로 운영한다.

방문의 우선순위는 대개 다음과 같다.

▷ 고객 행사 후 서비스에 대한 불평을 접수하였다.

▷ 거래처로부터 새로운 비즈니스의 발생으로 인하여 방문 요구가 있다.

▷ 정상적으로 계획된 방문

▷ 시장 상황에 현저한 변화의 징후가 발견되었을 경우

③ 방문 목적의 명확화

Sales Call을 효율적으로 실시하기 위해서는 방문 전에 방문의 목적을 정확히 설정할 필요가 있다. 그러므로 대부분의 호텔에서는 판촉부 직원이 거래처를 방문하기 전에 반드시 방문계획을 작성하도록 권유하고 있으며, 방문계획이 결정되면 사전약속의 정차와 방문에 필요한 것들을 준비할 것을 권고한다.

④ 방문 시 준비사항

- ▷ 방문자의 명함
- ▷ 거래처 영업성과 숙지
- ▷ 거래처 기업조직의 파악
- ▷ 최근 연회행사 등의 내용파악
- ▷ 필기도구
- ▷ 판촉물
- ▷ 새로운 정보
- ▷ 호텔 이벤트의 정보

3) Sales Call의 종류

Sales Call은 판촉부의 기본 업무이면서 가장 중요한 활동으로서 성공적인 방문활동은 기업의 매출향상에 많은 영향을 미칠 수 있다.

판매촉진 부서의 Sales Call 활동에는 여러 가지 종류가 있으나 방문목적과 거래관계에 따라 다음과 같이 구분할 수 있다. 물론 Sales Call을 지원하는 도구로서 텔레마케팅이나 직접 우편 등을 이용하여 Sales Lead를 획득하여 그 정보를 분석한 후 방문하는 거래처 개발을 위한 방문도 있다.

▷ 정기방문

호텔판촉부서의 거래처 방문계획에 따라 정기적으로 방문활동을 실시하는 것으로 거래처의 거래실정이나 잠재력을 고려하여 계획을 수립하고, 특별한 경우가 없는 한 계획대로 진행한다. 고객을 방문 할 경우에는 반드시 방문시간과 날짜를 거래처의 관련자와 사전약속을 해야 하며, 상대방의 업무상황을 고려해야 한다.

▷ 의뢰방문

거래처에서 연회행사에 대한 서비스의 이용에 관하여 문의하거나 잠재고객이 연회 상품 및 서비스를 구매하기 위하여 방문을 의뢰하는 것으로 의뢰를 받으면 상황을 판단하여 예상되는 자료를 준비하고, 치밀한 계획 하에 신속하게 방문이 이루어지도록 해야 한다. 왜냐하면 거래처는 경쟁사와도 거래를 하고 있다는 사실을 염두에 두어야 하기 때문이다.

▷ 촉진방문

부정기적인 판촉활동이면서 호텔의 판매촉진의 수단으로 기존에 약정된 거래조건 이외의 촉진활동이다. 새로운 상품이나 서비스를 거래처에 소개하기 위하여 방문을 하거나 경쟁사 거래처의 유인을 목적으로 하는 특별한 활동이다.

거래처의 관리를 소홀히 하면 고객을 경쟁사와 거래를 할 수 있는 기회를 제공하는 것이기 때문에 거래처의 담당이 되면 정기적인 방문과 특별한 목적을 위한 비정기적인 방문을 실시하여 현재 제공되는 서비스에 대한 의견을 수렴하여 지속적으로 향상된 서비스를 제공하도록 노력해야 한다.

판촉부의 거래처 담당자는 거래처의 모든 것을 관리하고 있기 때문에 거래처 방문객의 이동 상황을 수시로 확인하여 경쟁사로 빼앗기지 않도록 최선의 노력을 다해야 한다.

새로운 시장의 개발을 위하여 입수한 정보를 분석하고, 그 결과에 따라 방문(Sales Call for New Customer)을 하는 경우와 Sales Blitz와 같이 무차별적으로 특정한 지역을 동시다발적인 방문을 하는 경우가 있다. 거래처가 아닌 잠재 고객을 방문하여 단시일 내에 비즈니스를 기대할 수 없다.

여러 차례 방문을 하고 의사 결정자를 초청하여 제공 가능한 서비스와 시설을 소개함으로써 신뢰를 구축할 수 있는 상황이 되어야 비로소 비즈니스가 연결되기 때문에 너무 서두르는 것은 금물이다.

4) 상담

고객의 사무실로 안내되어 인사를 나누고 착석을 한 다음에는 분위기에 알맞은 화제와 함께 상담이 시작되는데 방문 목적에 따라 상담 내용이 달라지겠지만 고객의 의중을 살펴가면서 상담을 실시해야 한다.

이 때 대화를 원만하게 이어가기 위해서는 단답형 질문이나 폐쇄형 질문

(Closed Question) 등은 대화를 단절할 수 있으므로 가능하면 개방형 질문 (Open Question)을 유도하면서 상대의 정보를 획득한다.

5) 보고서 작성 및 사후 관리

Sales Call을 실시하고 난 다음에는 반드시 주요한 상담 내용을 기록으로 남겨두어 필요할 경우 후속조치(follow-up)를 취해야 한다.

과거에는 수작업으로 기록하여 관리했지만 최근에는 대부분의 호텔들이 자체 컴퓨터 시스템을 이용하여 방문 내용을 입력하고 관리한다. 컴퓨터 시스템을 이용하여 고객 관리를 하면 데이터의 조작에 의하여 방문 계획을 출력할 수 있고, 사후 관리 사항도 자동적으로 출력되어 효율적인 관리를 할 수 있다.

고객 방문을 마친 후의 사후 관리는 고객과의 지속적인 관계를 유지하는데 매우 중요한 역할을 하기 때문에 신중히 처리해야 한다.

유능한 판매 직원은 Sales Call을 마치고 고객으로부터 청취한 내용을 철저히 분석하여 사소한 내용이라도 빠뜨리지 않고 처리하여 고객과의 관계를 더욱 강화한다.

3. 연회수주

연회의 수주는 앞서 설명된 것처럼 첫째 Sales Call과 같이 판촉사원에 의한 것과, 둘째 고객의 내방에 의한 것, 셋째 메일이나 전화, Fax 등에 의한 것이 있다.

효과적인 고객관리와 고객에 대한 새로운 정보를 확보하기 위한 방안으로 서비스 조직에서는 정기적으로 뉴스레터나 이벤트 등에 대한 내용을 고객에게 발송하는 활동을 통해 고객과의 긴밀한 관계를 유지하기도 한다. 기업의 뉴스레터나 직접우편은 특정 고객에게 발송되기 때문에 고객에 대한 정보를 최신화하는 데에 도움이 될 수 있다.

예를 들면 발송된 내용물이 반송되었다면 주소의 변경 유무를 확인할 수 있을 것이다.

이러한 과정을 거친 후 일시, 인원수, 행사 내용에 일치하는 연회장인가 아닌가를 예약원장(Control Chart)에 기입하는 일에서 연회예약의 첫걸음이 시작된다.

연회수주 업무에 필요한 각종 서식류에는 다음과 같은 것들이 있다.

- Control Chart(연회예약 현황장부)
- Quotation(견적서)
- Agreement(연회예약 접수 명세서)
- Even Order(연회행사통보서)
- Daily/Weekly/Monthly Event Order(일간/주간/월간행사 통보서/계획서)
- Price Information(가격 안내표)
- VIP Report
- Menu(메뉴)
- Floor/function Layout(각층/연회장 도면)

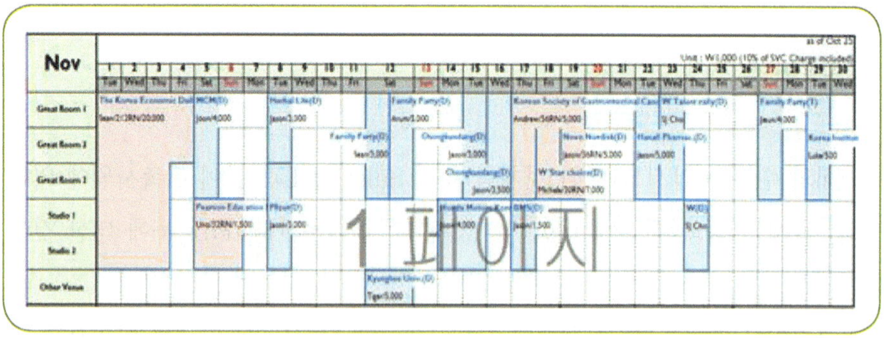

그림 3-21 Control Chart

Control Chart를 확인하여 예약이 가능한 날에 고객이 행사를 진행하기를 원하면 Control Chart에 예약을 한 후 견적서를 작성한다.

WALKERHILL

000 ...

000...

011-000-0000

2009. 4. 30 (...) 12:00-15:00

100...

110...

Sub Total (A)

Sub Total (B)

Grand Total (A+B)

그림 3-22 견적서 샘플

제 2 절 세부교섭과 연회의 구성

세일즈에 의해 수주된 행사는 CS(Convention Service)[4]에 의해서 세부적인 사항이 결정된다. 각각의 연회는 수없이 많은 구서요소로 이루어져 있다. 그 모든 요소에 따라 교섭하는 것이므로 요리, 음료, 좌석배치, 장식, 무대 등에 관한 전문적인 지식을 가지고 있어야 한다. 이 단계에서는 BEO(Banquet Event Order; 행사계획서)를 작성하고 관계부서에 배포하여 준비하는 과정이다. 관계부서는 외주업무와 사내업무로 나눌 수 있다.

1) 외주업무 발주

외주업무는 호텔 내에서 소화하지 못하는 작업에 한한다. 현판이나 현수막, 밴드, 무대제작, 사회자나 연예인 등이 이에 포함된다.

2) 사내 협조 업무 발주

대부분의 호텔에서는 사내에 꽃집이나 사진관 등을 직접 또는 임대를 통하여 건물 내에 가지고 있는 것이 일반적이나 경우에 따라 호텔 외부에 계약을 통하여 거래하기도 한다. 사내 협조 업무는 예를 들어 주차나 Ice Carving 등의 사내부서 뿐만 아니라 상기의 경우도 포함한다.

3) 행사지시서/행사계획서의 작성

세일즈 팀에 의하여 계약된 행사는 CS팀에 의하여 행사의 주최자와 충분한 협의를 거친 다음 행사에 대한 구체적인 계획서를 작성한다. 이를 토대로 연회팀은 필요한 인력과 행사장에 대한 Lay Out을 짜고 주방에서는 행사에 필요한 음식을 준비하며 유관부서에 협조를 요청한다. 행사계획서 또는 행사지시서는 BEO(Banquet Event Order)라고 한다. 다음은 W 서울 워커힐의 BEO이다.

4) 세일즈팀이 호텔의 행사를 판매하는 역할을 한다면 CS팀은 세일즈 직원이 판매한 행사를 구매자(고객)의 요구에 맞게 행사의 세부사항을 상품화 및 관리하는 역할을 한다.

W
SEOUL
WALKERHILL

W Seoul - Walkerhill
21 gwangjang dong gwangjin gu
seoul, 143 708, KR
+82 2 465 2222
+82 2 450 4989

Account Name:	Standard & Poor's	Contract Number:	417962.01
Contact Name:		Catering Mgr.:	Rick Kim
Address:		Sales Manager:	Kyle Lim
		Booking Type:	
		Booking Name:	Standard & Poor's
		Represented by:	
Telephone:			
Fax:			
E-mail:	@standardandpoors.com		

Tuesday, September 27, 2011

Time	Room	Function	Set-up	Exp/Gtd	Rental
09:00 - 18:00 Event ID : 408963	Great 23	* Meeting & Lunch(set) : Kyle Lim	As is	18 / 16	At KRW 700,000

Studio & General
<27th>
09:00~ Coffee Break
09:30~12:00 Meeting @Great 3
12:00~13:30 Lunch @Great 2
13:30~18:00 Meeting @Great 3
18:00~ Dinner @명월관

* S&P(Standard & Poor's) regional director 참석하는 미팅

Food	Audio Visual Equipment
Great 23 09:00 To 12:30 COFFEE BREAK B KRW 18,000 Per Person Exp 16 / Gtd 16 / Set Coffee, Espresso, Classic Teas Mineral water & Juices Wonderful Moments Cookies Assorted Sliced Fruits * To BQT Mgr.: 모두 소비후에 철수요망	Great 23 09:00 To 18:00 * To A/V Team : <Meeting @Great 3> - LCD projector & Laptop computer(on the podium) by the host. (will be set up on 26th Sep) - Podium 1EA - Wireless Mic. 1EA <Lunch @Great 2> - BGM

그림 3-23 BEO Sample I (W 서울 워커힐)

좌측 상단을 보면 Account Name 즉 주최하는 회사, 담당자의 이름, 주소, 전화번호, 등 주최측에 대한 정보를 입력하는 공간이 있다. 우측으로는 행사의 고유번호, Sale 및 CS 담당자 등이 있어 다른 부서에서 궁금한 사항이 있을 때 쉽게 파악할 수 있게 하였다.

행사 내용을 살펴보면 먼저 날짜 및 행사 시간과 장소 인원, 행사의 종류 등이 나타나 있다. 상기의 행사는 아침 9시에 시작하여 오후 6시에 마치는 16-18명이 참여하는 미팅과 점심식사가 포함된 행사임을 알 수 있다. 행사장은 EXP는 Expect(예상인원), GTD는 Guarantee를 나타낸다. Guarantee의 의미는 행사에 약속된 인원이 참가하지 않더라도 호텔에 지불하는 가격을 말하는데, 이는 식사의 경우 호텔에서 이미 필요 수량에 대한 식자재를 이미 준비하였기 때문이

다. 다음은 Time Shift로 이를 통하여 시간별로 행사의 진행에 대하여 알 수 있다. 좌측 하단의 경우는 미팅을 하는 과정에서 준비되는 다과에 대해 설명하고 있다. 커피와 티, 쿠키, 과일 등이 준비됨을 알 수 있다. 우측하단에는 음향팀에서 준비되어야 하는 부분으로 영상이나 프레젠테이션 등을 볼 수 있는 컴퓨터와 스크린, 마이크 등이 설명되어 있고 점심식사에는 BGM을 요청한다고 설명되어 있다.

Tuesday, September 27, 2011	
Food	**Internal Preparation**
Great 23 12:00 To 13:30 SET 4 - WISH KRW 80,000 Per Person Exp 18 / Gtd 18 / Set - 3 POWER SHOTS YOGHURT / KIWI / TOMATO 3종류의 건강 식 드링크 SEARED AKAMI TUNA / KIMCHI RELISH / MISO EMULSION 구운 아까미 참치/ 김치 렐리쉬/ 미소 에멀전 GOCHUJANG GRILLED FRESH WATER EEL / WATER CELERY RISOTTO 고추장 장어 구이 / 미나리 리조또 ORGANIC TOMATO GAZPACHO/ BASIL RICOTTA SORBET 유기농 토마토 가스파쵸 / 바질 리코타 서벗 ROAST MERO FILLET/ ENDIVE & APPLE SALAD/ MANGO SALSA 망고 살사 / 메로 구이 / 꽃상추 사과 샐러드 PUMPKIN TART/ GINSENG SORBET 단호박 파이 / 인삼 서벗 COFFEE OR TEA 커피 또는 차	Great 23 09:00 To 18:00 Layout Attached - <Meeting @Great 3> - Boardtype table set up (7:4:7) - Full sensory set up - memopad & ball pen - Podium 1EA - Water pitcher & glass <Lunch @Great 2> - 6seats x 3tables * To BQT Mgr. - - 27일 미팅 종료 후 conference phone 설치 확인요망 **Signage** Great 23 09:00 To 18:00 Signage - S&P Indices Conference 09:00 Great room 23 (27~28일 2일간 사용) **IT & Engineering** Great 23 09:00 To 18:00 LAN Line - <Great 3> - KRW 55,000+ x 2 lines (7명씩 앉은 자리에 설치요망) Electric Power Supply - <Great 3> - 참석자 전원 Laptop(총 18명) 가지고 옴. BQT에서 테이블 셋업 후 연락예정
Billing Instruction	
Billing Instruction	- All bill will be paid to PM no.: 9051
General Notes	

그림 3-24 BEO Sample II (W 서울 워커힐)

상기의 경우는 동일행사의 2번째 장으로 점심식사가 언제, 무엇이 준비되어야 하는지 나타나 있다. 18명에 대한 인당 80,000원의 7가지 코스요리가 제공된다고 설명되어 있다. 우측으로는 미팅 시에는 Board Type으로 구성하고 점심시간에는 6명씩 3개의 Table에 나누어 앉을 수 있게 요청한다고 나타나 있다. 그 외 Lan line과 행사장내의 배선 등이 나타나 있다. 마지막에는 모든 행사에 대한 비용의 정산은 PM으로 정산하라고 지시하고 있다. PM은 행사에 참여하는 고객이 행사가 여러 군데에서 진행되거나 여러 날에 걸쳐 진행될 경우 각각의 개정항목에 대한 개별 정산의 번거로움을 피하기 위하여 고객이 실제 호텔에 투숙하지 않더라도 재무적인 이유로 가상의 방을 만들어 마치 투숙객이 비용을 Room Sign 하듯이 만들어진 가상의 방에 모아둔 다음 차후에 한 번에 정산할 수 있도록 하는 System을 말한다. 물론 정산은 행사의 성격에 따라 현금이나 신용카드, 후불 등 사전의 협의에 따라 여러 형태로 가능하다.

결국 BEO의 이해는 행사진에 필수적인 요소이며 이를 통하여 각 부서에서는 필요한 모든 준비물들을 파악할 수 있는 일종의 Communication Tool로서 활용된다.

4) 메뉴

식음료가 동반되는 행사인 경우에는 식음료 메뉴가 중요한 역할을 한다. 연회행사의 메뉴는 이미 행사 주최자와 구체적으로 협의를 한 상태이기 때문에 협의된 내용대로 준비하면 큰 무리가 없겠으나 참석자의 수가 유동적이거나 행사 도중에 추가, 또는 변경의 요구가 있을 수 있기 때문에 이에 대한 적절한 대처가 필요하다.

따라서 협의된 메뉴를 중심으로 식자재의 소요량을 사전에 정확히 파악해야 하며, 메뉴의 특성을 고려하여 세팅을 어떤 형태로 할 것인가에 대한 계획도 수립해야 한다.

① 식음료의 소요량 파악

식음료의 소요량은 행사 주최자와 협의된 메뉴를 중심으로 계산되어야 하나 중요한 것은 행사과정에서의 추가분이 발생할 수 있다는 것을 염두에 주어야 한다.

특히 출장 행사의 경우 호텔에서 거리가 먼 경우 미리 일정량 이상 더 준비되지 않으면 고객의 요구에 부응할 수 없으므로 이에 대한 대비가 필요하다.

식자재의 소요량 파악은 식음료의 원가와 직결되기 때문에 비용절감과 고객만족의 과정에서 적절히 조합시켜 파악되어야 한다.

② 메뉴별 세팅계획

메뉴가 결정되고 나면 특히 뷔페의 경우 음식을 세팅할 테이블이 필요하며 미적 감각을 발휘하여 음식의 순서 및 위치에 대한 계획이 필요하다. 일반적으로 뷔페라고 하더라도 호텔에서는 판매기법의 이유 때문이라도 일반적으로 최소 2~3가지 이상의 뷔페메뉴가 있으며 각 음식에 따른 배치가 달라질 수 있다. 또한 인원에 따라서 원 라인으로 할지 투 라인으로 할지도 결정되어야 한다. 이는 식사를 하시는 분들이 줄을 길게 늘어서서 기다리게 되는 현상이 생기므로 일반적으로 40인 이상만 되면 공간이 허락하는 한 투 라인으로 배치한다. 이와 더불어 행사장의 크기와 참가인원 이에 따른 동선 및 배치를 고려하여 음식이 세팅되어야 하고 테마파티 등의 경우에는 전체적인 컨셉도 고려되어야 한다.

5) 장비 및 기물

행사는 각 성격에 따라 그에 따른 장비나 기물이 달라진다. 식사가 포함되어 있는가 아닌가, 회의의 경우에는 형태가 어떠한가 등에 따라 달라진다. 특수효과나 연출을 위한 장비나 기물이 필요한 경우에는 임재, 운송, 세팅에 관한 세부적인 계획을 수립하여야 한다.

식사에 필요한 기물의 준비는 사전에 테이블위에 세팅이 되므로 세팅 후 약 5~10%정도를 여분으로 가지고 있는다. 각 형태의 테이블의 경우도 BEO를 보고 사전에 준비되어야 하는데 필요수량과 각 보유량의 파악이 중요하다. 특히 연말의 경우 각종 행사가 몰리게 되면 각종 기물이 모자라게 되어 행사에 영향을 줄 수 있으므로 주의하여야 한다.

린넨의 경우는 최대 필요수량의 3배수가 일반적인 보유량으로 추천된다.

6) 서비스 인원 확보 및 교육

서비스 인원의 확보는 해당 연회행사의 서비스를 제공하기 위하여 얼마만큼의 인원이 필요하느냐는 것으로서 행사의 규모나 공간의 형태, 서비스의 성격에 따라 판이하게 달라진다. 적정인원이라고 하는 것은 직원의 교육, 훈련의 수준과 경력을 가지고 있는 정규직과 계약직 직원을 말한다. 연회부서의 특성상 연회행사의 유무와 관계없이 상시 근무자는 인건비의 낭비를 방지하기 위하여 최소인원을 배치하기 때문에 대규모 행사나 동일한날에 여러 행사가 동시에 개최될 경우 연회장 직원만으로는 행사를 진행할 수 없다. 따라서 필요한 인원의 확보를 위해서 타 식음료 업장으로부터 지원을 받거나 인사부서를 통하여 외부 인력을 사용하기도 한다. 최근에는 연회행사의 인력지원 회사가 점점 늘어나고 있어 과거에 비하여 서비스 요원의 확보가 용이해지고 있으나 여전히 서비스 수준과 비용 사이의 갈등은 지속되고 있다.

연회장의 경우 직원과 아르바이트의 비율이 중요한 문제이다. 직원의 숫자가 많을 경우 서비스의 수준이 높아지지만 인건비의 비중이 높아지고 비수기에 대한 리스크가 크다. 아르바이트 직원의 비중이 높아지면 반대로 인건비의 부담감이 줄어들고 성수기와 비수기에 인원의 운용에 용이하지만 서비스 수준이 낮아진다. 특히 숙련되지 않은 인원의 서비스로 인해 벌어지는 고객 불평도 많이 발생되므로 연회장 매니저는 연간 인력운영에 대한 계획이 세밀하게 운영되어야 한다.

제 3 절 연회장 준비 및 연회서비스

연회 당일이 되면 연회서비스 담당 지배인 또는 캡틴은 연회예약부서에서 인계받은 내용에 의거하여 연회장을 준비하고 음식을 서비스하며 주최자와 긴밀한 연락을 취하면서 연회를 진행시킨다. 연회 1은 노력과 시간의 50%이상이 행사장을 배열하고 준비하는데 소비하게 된다. 연회지배인 및 캡틴은 BEO에 기재된 자세한 사항 전부가 연회시간 전까지 완료되도록 지휘/감독하고 고객이 입장하기 전에 직원들에게 충분히 설명하여 행사가 원만히 진행될 수 있도록 한다. 지배인과 캡틴은 연회가 시작되면 요리, 음료가 틀림없이 제공되고 있는지 진행은 예정된 시간대로 진행되고 있는지, 실내온도는 적당한지, 조명은 너무 밝은지 어두운지 등등 세부적인 모든 사항 중 단 한 가지라도 놓치지 않도록 철저히 체크하여야 한다.

NO	항목	시간	내 용
01	도착	12:00	- 전원 해당 테이블 스탠바이 후 착석 서비스 실시 => 고객 입장 전 모든 테이블 물 / 버터&올리브 오일 셋업 완료
02	장내정리	12:20-12:30	- 헤드 테이블은 권oo,오oo,김oo,김oo 4명 만 스탠바이.. 나머지는 퇴장
	VIP 입장	12:22-12:24	-G20 정상 및 지경부 장관 입장 => 담당직원 안내 및 착석 서비스(무대 위 환담테이블)
03	G20위원장 소개	12:24-26	- Mr. M이 조직위원장 소개 => 담당직원 의자 서비스
04	지경부장관 연설	12:26-12:31	- 무대 위 연설
05	G20 정상 소개 및 연설	12:31-12:43	- 무대 위 G20 정상(독일총리) 연설 => 전 직원 와인 서비스 준비 및 스탠바이
06	오찬석으로 이동	12:43-12:46	-무대위에서 헤드테이블로 이동 => 헤드테이블 제외 직원 와인서비스 실시 - 헤드테이블은 총리 및 장관 착석 즉시 와인서비스 실시(와인테스팅 미정)

그림 3-25 서비스 계획의 예

실시간으로 서비스 계획표와 대조해 보면서 행사가 진행되는 사항을 체크하면서 사전에 기획된 대로 잘 진행되는지, 늦어지거나 문제가 되는 부분은 없는지 이중 삼중으로 확인한다.

제 4 절 고객 환송과 사후관리

1) 계산 및 환송

연회가 종료되면 연회서비스 담당 지배인 또는 캡틴은 Bill을 작성한다. 특히 연회장의 경우 BEO에 의해 움직이므로 Up-Selling이 쉽지는 않으나 와인 등을 통하여 추가적인 판매가 이루어질 수 있도록 적극적으로 노력하여야 한다. 사전에 협의된 지불조건에 의거하여 주최측이 정산을 마치게 되면 행사는 종료되지만 실제적으로 행사가 공식적으로 종료되었다고 하더라도 주최자의 경우 행사 종료 후 준비해왔던 소품이나 물건들을 정리하여야 하는 경우가 많다. 비록 공식적인 행사가 끝났다 하더라도 뒷정리를 위하여 관계자가 남아 있는 경우에는 직원들이 관점에서는 행사가 종료되지 않았다고 인식하고 긴장을 풀지 않아야 한다. 진정한 행사의 종료는 참석자뿐만 아니라 주최자까지 모두 퇴장하였을 경우를 제외하고는 없으므로 마지막 까지 최선을 다하여 유종의 미를 거둘 수 있도록 한다. 아무리 잘 진행하더라도 마지막에 고객에게 좋지 않은 모습을 보인다면 고객은 마지막 모습만을 기억하기 때문이다.

2) 사후관리

연회업무 가운데 중요한 것이 지속적인 고객의 창조와 유지이다. 비록 연회장에서의 행사는 종료되었지만 판매팀에게는 다음 행사의 시작이다. 그 고객을 다음에도 유인할 수 있도록 해야 하기 때문에 행사종료 후 감사의 전화 또는 감사의 편지를 통해 연회에 만족하였는지 그렇지 않았다면 어떠한 부분에서 문제가 있었는지 등을 파악하여야 한다. 또한 고객의 취향은 어떠하였는지 등에 대한 고객관리카드 등을 작성한다. 이를 토대로 연회수주를 위한 활동은 Circle을 그리며 반복된다.

Chapter 5.

MICE 산업의 이해

MICE 산업은 Meeting(기업회의), Incentive Travel(포상관광), Convention(컨벤션), Exhibition(전시회) 등을 통칭하는 용어로 최근 싱가포르를 중심으로 사용빈도가 크게 늘고 있다. 수출 중심 성장전략을 견지해온 우리나라에서 역시 전시회와 국제회의에 대한 관심이 갈수록 높아지고 있는 가운데 G20 정상회의의 서울 개최를 계기로 국제회의가 더욱 활성화 되어 MICE 산업이 새로운 도약기를 맞이할 것으로 기대되고 있다.

MICE 산업은 연관 산업간 상호 의존성이 매우 강하고 대규모 장치시설을 필요로 하며 호텔, 쇼핑, 인쇄, 통신, 문화, 운송, 광고, 이벤트, 오락 등의 산업과 밀접하게 연계되어 있어 파급효과가 지대하다. 또한 지식 집약적이고 환경 친화적인 녹색산업일 뿐만 아니라 동 산업이 발전하면 무역업체의 국제마케팅이 국내에서 가능해져 비용 및 시간이 대폭 줄어드는 장점을 수반한다. 그러나 아쉽게도 현재 한국에는 세계 100대 전시회가 한 건도 개최된 적이 없으며 해외 참관객 비중도 유럽의 1/6 수준인 2%대에 그치고 있어 육성의 필요성이 긴요하다. MICE산업을 육성하기 위해서는 클러스터 차원에서 비전을 세우고 경제자유구역에 준하는 특구 지정을 통해 세제 및 재정 등을 통합적으로 지원하는 체제를 구축해야 한다. 또한 벨기에의 브뤼셀은 좁은 국토에도 불구하고 4개의 컨벤션 단지를 차별화하여 세계 3위의 국제회의 개최도시로 부상하고 있음에 착안하여 우리나라도 전시컨벤션 단지별로 특화전략을 세워야 한다.

MICE 산업의 경쟁력 제고에 도시이미지가 중요함을 감안할 때 도시마케팅 조직 및 인력 등에 대한 대규모 투자도 필요하며, 정부의 지원기관과 관련 법을 일원화하고 소위 'Korea 마케팅 펀드'를 조성하여 국가 마케팅을 추진해야 한다. 한국경제의 녹색성장 전략을 대외에 부각시키고 MICE 산업의 차별화를 위해 모든 전시컨벤션 시설에 친환경 녹색 컨셉을 도입하고 모든 행사에 3R(Recycle, Reuse, Reduce)을 의무화해야 한다. 끝으로 G20 개최를 MICE 산업 육성, 나아가 서비스무역 활성화의 계기로 활용하기 위해서는 상품무역에 준하는 관심과 그 중요성에 대한 새로운 인식이 필요하다.

그림 3-26 G20 국제회의

제 1 절 MICE 산업의 개념과 분류

1. MICE 산업의 개념

MICE 산업은 Meeting, Incentive Travel, Convention, Exhibition 등을 유치하여 서비스를 제공하는 과정과 관련 시설을 통칭하는 신조어로 싱가포르에서 본격적으로 사용하여 아시아권에서 일반화되고 있는 용어이다. 국가별로 MICE 산업 개념을 다르게 지칭하기도 하는데 캐나다는 MC&IT(Meeting,

Convention and Incentive Travel)로, 호주는 Business Events로 규정하고 있다.

2. 회의 목적에 따른 분류

1) 친목회의

회의 목적이 전문적인 문제나 현안을 해결하기 위한 것이 아니라 회원 구성원 간의 친목이나 사교, 또는 동호인들의 모임이므로 특정한 조직의 특성에 따라 회의의 규모나 형태가 매우 다양하며, 본래 회의 목적과 다른 이벤트 프로그램이 동반되기도 한다. 또한 친목회의는 개인이나 조직이 추구하는 바가 유사하고, 사교적인 측면이 강하기 때문에 가족을 동반하는 경우가 대부분이다.

따라서 이와 같은 친목행사는 개최지나 회의 시기의 결정이 상당히 중요하다.

2) 토의회의

특정한 주제나 현안에 대하여 토론하고 의결하기 위해 소집되는 회의로서 전문 분야의 의제에 대하여 서로의 의견을 교환하면서 결론을 도출한다.

토의회의는 토의된 내용을 최종적으로 표결에 의해 결정하기도 한다.

3) 정보전달 회의

전문 분야의 정보를 참가자에게 전달하기 위해 개최되는 회의로서 교육적 목적이 강한 회의이다. 특히 정보전달 회의는 참가자에게 일방적으로 특정 분야의 정보를 전달하는 경우가 대부분이기 때문에 참가자와 정보 전달자 간의 효과적인 커뮤니케이션이 매우 중요하다.

즉, 정보 전달자와 참가자가 추구하는 목적이 동일하지 않으면 정보전달을 위한 효과가 떨어질 수 있기 때문이다.

3. 회의 형태에 의한 분류

1) Convention

대규모 회의장에서 개최되는 일반적인 회의를 의미하는 것으로 분과위원회의 토의, 심의를 위한 회의가 진행된다. 조직 및 기구의 보고서, 소개 등의 정보전달을 주목적으로 하는 정기회의에 많이 사용되며 전시회를 수반하는 경우가 대부분이다. 특히 미국에서는 사교 행사의 다양한 테마 이벤트가 개최되는 축제적인 분위기의 회의로 기획된다.

과거에 컨벤션이라는 용어가 국제적, 국가적 기구와 단체에서 개최하는 연차총회로 그 의미가 제한되어 사용되었으나, 최근에는 각종 회의의 총회, 휴회기간 중에 개최되는 소규모 회의와 위원회 회의 등까지 포괄되는 의미로 사용되고 있다.

관련법(국제회의산업 육성에 관한 법률)에 의하면 주관단체에 따라 다음 2가지로 구분되어 획일적인 기준을 찾기 힘들다.

법적정의: 국제기구가 주최하되 ①참가국(최저 5개국) ②참가인원(300명 이상, 외국인 100명 포함) ③개최일수(3일 이상)를 동시에 충족해야 한다. 국제기구에 가입하지 않은 단체가 주최하면 앞의 기준이 150명 이상의 외국인이 참가하여 2일 이상 회의를 진행하는 것으로 완화되었다.

국제기준: 컨벤션 업계 단체인 ICCA5)는 정기적인 개최에 무게를 두어 일회성 행사를 배제하는 반면 UIA6)는 5개국에서 300명(외국인 40%)이 참가하는 것을 최저선으로 설정하여 행사규모에 보다 큰 의미를 두고 있다.

2) Conference

컨벤션과 거의 동일한 의미를 가진 용어로서, 일반적으로 컨벤션과 비교하여 진행상 토론회가 많이 개최되고 참가자들에게 많은 참여 기회가 주어지는 회의이다. 특히 컨벤션은 불특정다수의 주제를 다루는 조직 및 관련기구의 정기회의인 반면에 컨퍼런스는 대개 과학, 기술, 학문 분야의 새로운 지식 습득 및 특정문제점 연구를 위한 회의 등에 사용된다.

3) Congress

콩그레스는 컨벤션과 같은 의미로 사용되는 용어로서 회의가 대규모로 이루어지며 주로 유럽 지역에서 많이 사용된다. 대개 국제회의 규모의 회의를 지칭한다. 컨벤션과 같이 본회의와 사교 행사, 그리고 특별 이벤트 등의 다양한 프로그램으로 구성되는 경우가 대부분이다. 대체적으로 연차적으로 개최되며 주로 상설 국제기구가 주최한다.

또한 대표자들에 의한 회합 · 집회 · 회담 등을 의미하며, 자연과학 · 사회과학 분야의 각종 학회에서 개최하는 회의를 일컫는 경우도 있다.

4) Forum

제출된 특정 주제에 대한 서로 상반된 견해를 가진 동일 분야의 전문가들로 구성되어 사회자의 주도하에 진행되는 공개토론회를 일컫는다.

포럼은 대개 사회자의 역할이 매우 중요한 회의로서 참여자가 자유롭게 질의할 수 있는 기회가 주어지며, 사회자가 이를 종합하여 결론에 도달할 수 있도록 참여자의 의견을 존중하며 진행하는 회의 형식이다.

그림 3-27 2011년 Global HR Forum (쉐라톤 그랜드 워커힐)

5) Symposium

심포지엄은 제시된 주제에 대해 동일 분야의 전문가들이 다수의 청중 앞에서 벌이는 공개토론회를 의미한다. 포럼에 비하여 형식을 갖춘 회의이며, 청중의 질의는 제한된 범위에서 주어진다.

회의를 마감하기 전에 관련 주제에 대한 건의사항과 여러 가지 문제점을 정리하여 회의 결과를 작성 · 보고한다.

6) Seminar

세미나는 대개 교육 및 연구를 목적으로 개최되는 회의로서 참가자 규모는 30명 이하로 참가자 중 1인의 주도하에 특정 분야의 단일 주제에 대한 지식이나 견해 · 경험 등의 강연, 또는 주제를 발표하면서 토의가 진행된다.

보통 발표자와 참가자 간에는 교육자와 피교육자의 관계가 되기 때문에 공개적으로 토론하는 형태이지만 발표자가 보다 우월한 위치에서 지식을 전달하는 형식의 회의이다.

7) Panel Meeting

패널 회의는 특정 전문 분야의 지식과 견해에 대해 2명 이상의 연사가 초청되어 진행되는 회의이다. 회의는 사회자에 의해서 진행되며 패널리스트 및 청중 상호 간의 토의는 자유롭고, 특정 분야에 대해 사회자가 토론을 이끌어간다.

패널 회의도 포럼과 심포지엄과 마찬가지로 청중도 자신의 의견을 발표할 수 있다.

8) Lecture

특정 주제에 대해 1명의 전문가가 청중들을 대상으로 일정한 형식에 따라 진행되는 것으로 모든 지식이나 견해가 일방적으로 청중에게 전달되기 때문에 청중의 의견 제시 기회가 매우 제한적인 것이 특정이다. 그러나 경우에 따라 강연 말미에 청중에게 강의 내용에 대해 질의 및 응답 시간이 주어지기도 한다.

9) Workshop

컨벤션이나 컨퍼런스 등과 같은 회의의 일부분으로 개최되는 단기의 교육 프로그램으로 보통 30명 내외 정도의 인원이 특정 주제에 관한 지식 기술 · 아이디어 등을 서로 교환하며, 토의 형식으로 진행되는 회의이다.

워크숍은 경우에 따라 특정 분야의 전문 지식을 중심으로 실습을 동반하기도 한다.

10) Clinic

클리닉은 특별한 기술 분야에 대한 교육 · 훈련을 목적으로 하는 소그룹의 모임이다. 이 모임에서는 기술과 전문적인 지식을 제공하기 위해 소규모 집단이 참여한다.

11) Institution

강습회는 비교적 폭넓은 교육의 기회를 제공하고, 동일한 주제에 대해 보다 심층적으로 교육하고자 할 경우에 실시한다. 일반적으로 컨퍼런스나 세미나 워크숍 등을 강연회에서 주관하기도 한다.

12) Exhibition

제품 생산 및 판매업자들이 제품을 팔거나 홍보하기 위해 특정한 장소에 상품을 배치하여 관람할 수 있도록 기획한 마케팅 촉진활동의 한 방법이다.

그림 3-28 2011년 Seoul Auto Salon (COEX)

제 2 절 MICE산업의 특징과 현황

1. MICE 산업의 기본 특징

- MICE 산업은 기본적으로 연관 산업 간에 상호 의존성이 강하고 대규모 장치시설을 필요로 한다.

- 상호 시너지 효과가 크다. MICE의 각 분야가 개별적으로 독립된 산업이지만 상호 의존적인 측면이 강해 특정 지역에 집중되어 설치 · 운영되고 있다.

- 대규모 장치시설을 필요로 한다. 전시회와 컨벤션을 개최하기 위해서는 대규모 장치시설을 보유하고 있어야 가능하다. 야외 전시도 제한적으로 가능하지만 실내 전시 및 회의가 일반적이다.

- 참가자 개개인의 평균 소비액이 크다. 국제회의(한국 개최) 참가자의 경우 1인당 평균 소비액이 2,488달러로, 892달러인 일반 관광객보다 2.7배 이상의 비용을 지출하고 유럽과 호주의 경우 MICE 참가자의 소비액이 일반관광객보다 5배 높은 것으로 조사되었다.

- 연관 산업이 다양하다. 전시 컨벤션 시설 외에 숙박, 인쇄, 통신, 문화, 운송, 광고, 이벤트, 오락 등과 밀접하게 연관되어 있고 S/W 측면의 행사기획, 시설 장치, 서비스 그 외 MICE도 연회 산업이므로 연회의 특징을 가지고 있다.

2. MICE산업의 현황

1) 국내 MICE 산업의 현주소

한국의 전시 및 컨벤션 인프라는 무역규모를 감안할 때 2011년 현재를 기준으로 크게 미흡한 실정이지만 개최건수는 두 자릿수의 비교적 높은 증가 추세를 보이고 있다.

2006년 기준 한국의 전시장 면적은 15만 9,898㎡(전 세계의 0.6%)에 불과하여 세계 25위에 랭크되어 있었으며 무역규모 대비 전시장 면적비율(전시장 ㎡/무역액 십만 달러) 역시 2.6(2008년 기준)으로 전시 선진국이나 아시아 주요국에 크게 못 미쳤다. 전시장 면적비율이 미국(21.5), 중국(14.8), 독일(11.6)은 두 자릿수이고 일본(3.5)과 싱가포르(3.2)는 한 자릿수이기는 하지만 국내보다는 높은 실정이다.

행사 건수는 2009년과 비교하여 2010년에는 11,804건이 상승한 20,516건이며 참가자수는 1,000.7만 명, 그 중 외국인은 약 592만 명이다. 하지만 대부분의 MICE 산업이 서울에 집중되어 있다. 사업체 수도 전체 286개 가운데 73.21%가 서울에 위치하고 있으며, 부산이 5%, 대전이 4.29%로 그 뒤를 잇고 있다. 이는 주최자의 대부분이 서울에 있기 때문인데 주최자의 69.21%가 서울에, 대전 및 경기가 5.71%, 부산이 4.13% 순으로 나타났다.

2) 세계 MICE 산업의 현주소

UIA가 발표한 개최현황을 살펴보면 2010년에 개최된 국제회의는 총 11,519건으로 전년도(11,508건)와 비슷한 수준으로 집계되었다. 다만 UIA가 발표한 국제회의 기준은 국제기구가 주최 또는 후원하는 회의로 참가사수 50명 이상, 국제기구와 국내지부 또는 국내 단체가 주최하는 회의로 참가국수 5개국 이상, 참가자수 300명 이상, 외국인 참가비율 40%이상, 회의 기간 3일 이상인 조건을 모두 충족하는 회의이기 때문에 국내의 기준과는 차이가 있을 수 있다.

표 3-4 연도별 세계 국제회의 개최건수 및 증감률

단위: 건 / %

구분	2010년	2009년	2008년	2007년	2006년
개최건수	11,519	11,503	11,085	10,318	8,871
증감률	0.13	3.78	7.43	16.31	0.92

이 중 한국에서 개최된 국제회의는 UIA기준으로 464건으로 집계되어 33.7%의 성장률을 보였으며, 또한 2009년 세계11위에서 2010년 세계 순위 8위를 차지하여(2008년 12위, 2007년 15위) 다른 나라에 비해 빠른 속도로 성장하고 있음을 보여준다. 특히 2011년 일본의 지진 이후 일본에서 개최되는 많은 국제회의가 취소되었지만 일부는 대안으로 국내에서 개최되어 올해의 성장은 다른 해에 비하여 훨씬 클 것으로 예상하고 있다.

Hotel
Food
and
Beverage
Management

PART IV

호텔서비스

제 1 장 서비스 개요와 특성

제 2 장 서비스 품질관리

제 3 장 호텔 고객만족관리

제 4 장 호텔서비스 컴플레인 응대 방법

Chapter 1.
서비스 개요와 특성

제 1 절 서비스의 개요

옥스퍼드 영어사전에 의하면 Hospitality Service(환대서비스)는 '관대함과 좋은 뜻을 가지고 낯선 사람, 손님 또는 방문객을 대접하고 응접하는 것'을 의미한다. 환대란 단어는 'Hospital'과 관련이 있으나, 이 용어는 광범위한 의미를 포함하고 있다.

Hospital은 현시대의 병원의 개념이나 과거에는 심신이 피로한 사람에게 쉼의 장소와 음식물을 제공하여 회복시키는 개념으로서, 사람을 다루는 사업으로 발전하였다.

현시대의 Hospitality는 서비스 산업체로서의 호텔과 레스토랑 등을 들 수 있는데 이것은 집으로부터 나온 사람들이 숙박과 음식을 제공받기 위한 기관으로서 발전되었다.

게다가 이 기관들은 일반적인 것보다 더 오랜 역사적인 전통이 있다. 그들은 또한 음식과 휴식처를 제공하는 문제들을 공유하는데 그것은 건물을 세우는 것, 열과 전기에너지를 제공하는 것, 건물을 깨끗이 청소하고 관리하는 것, 그리고 손님을 즐겁게 하는 방법으로 음식을 준비하고 쉼의 장소를 제공하는 것을 의미한다.

물론 우리는 호텔에 머무르거나 레스토랑에서의 식사 등 모든 것이 좋은 뜻을 가지고 행해지기를 기대할 수 있다. 이처럼 서비스 직업은 인간의 직업 중에서 가장 오래된 것이며, 그들은 고객들을 환영하며 편안하게 만드는 데 노력하는 것이다

1. 서비스의 의미

Service의 어원은 Serious라는 노예의 의미에서 생성되었다. 즉 노예가 주는 의미로서 주인에게 맹목적인 충성과 봉사하는 의미로 볼 수 있다. 우리는 서비스를 생각하면 우선 봉사를 떠올린다. 이것은 나의 이익을 생각하기 이전에 남을 도와준다는 정신인 것이다.

또한 서비스업의 사전적인 의미는 산업의 한 분야로서 하숙, 호텔, 숙박, 설비대여업, 광고업, 자동차 수리, 용역, 접대, 시중, 조력, 공공편익 등 다양한 개념으로 사용되고 있다.

그러나 현대적인 서비스 의미는 서비스의 본질을 영리 목적으로 소비자에게 고객만족을 확보하는 것이다. 이는 서비스기업이 모든 소비자의 다양한 욕구를 충족시켜 서비스 지향적인 경영 사고를 가지고, 보다 효과적인 차별화 전략을 수행하는 것이다.

서비스는 단순히 봉사하는 것이라고 생각하는 것은 올바른 가치인식이 아니며, 궁극적으로 자기 실현욕구를 통해 존재가치를 분명히 하여 만족을 얻는 과정이다.

따라서 현 기업의 서비스는 고객지향적인 개념에 중심을 둠으로써 Customized Service(맞춤방식의 서비스), Mass Customized Service(대량맞춤방식의 서비스), Mass Produced Service(대량생산방식의 서비스) 및 Mass Service(대량서비스) 등으로 나타나고 있다.

위의 4가지의 개념을 살펴보면 서비스의미를 이해하는 데 도움이 된다.

맞춤방식의 서비스는 고객 개개인에 제공되는 서비스를 의미하며, 대량맞춤

방식의 서비스는 고객의 요구나 필요성을 예측하여 가능한 다양성이 있는 서비스 형태를 수반하고 있다.

대량생산방식의 서비스는 표준화 되어있고 유형 특성이 지배적인 제조업에 맞는 서비스 형태를 의미하며, 대량서비스는 서비스가 표준화 되어 있지만 만족의 근원은 좀 더 무형 특성에 의존적인 서비스를 의미한다. 이와 같이 현대의 서비스 의미는 상대방에 근간을 두고 경제활동과 상대방에게 만족을 주는 유무형의 활동으로 볼 수 있다.

각국의 사전적 의미의 서비스는 약간의 차이를 가지고 있다. 이를 요약하면 다음 〈표 4-1〉과 같다.

표 4-1 각국의 서비스 의미

국가	의 미
영국	• 어떤 행동에 따른 봉사 • 사람에 의해서 행해지는 봉사와 관련된 일 • 종교적 신앙 숭배 의식 • 무형의 이로운 노동 • 국가의 군대조직 • 공공수요를 위한 시설 • 동물의 교미행위 • 특별한 재무를 담당하는 의료진
미국	• 호텔이나 레스토랑, 가게 등에서 고객에게 쏟는 정성 • 필요한 수요를 제공하거나 어떤 필요한 일을 하는 조직이나 사업 • 타인을 위해서 하는 일이나 근무 또는 직업 • 대중을 상대로 한 종교의식의 정형화된 형태(교회의 예배, 사찰의 법회 등) • 정부의 조직 • 기계의 정상 작동을 위한 시험 • 음식을 담는 접시, 연장, 기구 • 법원의 출두명령 전달 • 옛날의 하인 • 기계의 수리나 실험 • 특정한 곳에서 일하는 사람의 직업
한국	• 봉사, 접대, 근무 • 이바지, 시중 • 제화를 생산하지 않으나 그것을 운반 , 배급하거나 생산, 소비에 필요한 노동을 제공하는 일 • 개인적으로 남을 위하여 여러 가지로 봉사 하는 것(장사에서 손님을 접대하고 편의를 제공 하는 것) • 장사에서 값을 감해 주든지, 덤을 붙여 주든지 하여 고객에게 이익을 베푸는 것 • 고객에게 편의를 주고 상품매입에 만족을 주는 것

2. 서비스의 정의

서비스의 상호간의 이질성 및 기술 발달에 따른 새로운 정보서비스의 등장으로 정확한 정의를 찾아내기란 매우 어렵다.

서비스의 정의를 살펴보면, 농업을 중시한 시대에는 서비스를 유형의 제품 생산을 목적으로 하지 않는 모든 활동을 서비스로 보았다. 즉 재화의 형태적인 측면 외에 모든 것을 서비스라고 정의하였다. 이와 같이 서비스의 정의에 대한 관점은 학자의 견해에 따라 내용이 다양하게 나타나고 있다.

우선 미국마케팅협회(American Marketing Association)에서는 '서비스란 판매를 위하여 제공되는 또는 상품의 판매 관계에서 준비되는 제 활동, 편익, 만족'이라고 정의하였으며, 그 예로는 오락서비스, 호텔서비스, 전력서비스, 수송서비스, 이발 및 미용 서비스, 수리 및 보수 서비스와 신용서비스 등이 있다.

Stanton(1984)은 "서비스란 욕구 만족의 대상이 되고 본질적으로 확인 가능한 무형적인 행위이며 제품 또는 다른 서비스와 반드시 결부될 필요가 없으며, 이를 생산하기 위해 유형재의 사용이 필수적이지 않지만 유형재가 사용되더라도 그 유형재의 소유권 이전은 수반하지 않는다."고 했다.

Kotler(1984)는 "서비스는 한쪽편이 상대편에게 제공되는 성과나 활동으로서, 그것은 기본적으로 무형적이며, 어떤 것의 소유로 귀결되지 않는 것이다. 서비스의 생산은 물질적인 제품과 연결될 수도 있고 그렇지 않을 수도 있다"고 하였으며 Blois(1974)는 "서비스란 물재의 형태에 물리적인 변화를 일으키지 않고 편익과 만족을 가져오는 프로세스로 파악되고 있다."라고 하였다. 또한 이순용(1994)은 "고객이 자신의 편익(Benefit)과 만족(Satisfaction)을 위해 자신 혹은 제 3자의 자원(장비, 시설, 물품, 노동, 지식, 기술, 아이디어) 등을 이용하여 유용한 기능을 다하는 작용인 바, 그 과정, 노력, 행위의 수행이다."라고 하였다.

이러한 학자들의 서비스 정의의 개념을 살펴보면 서비스는 무형적인 특징에서 생산되는 행위로써 다른 형태의 서비스, 표준화의 정도, 공급되는 서비스 자체 내에서도 다양성이 존재하며, 서비스를 받는 자는 시간이나 장소 또는 형태의 효용과 같은 무형의 편익이나 만족을 제공 받는 경제활동이라고 할 수 있다. 따라서 서비스 정의에 있어서 대 고객서비스는 좀 더 개별화되어 있고 예측하기 어렵다. 서비스 내에서 순수한 무형의 상호작용은 정도의 차이는 있겠지만, 개별화될 것이고 따라서 이질성을 가질 수밖에 없다. 그러므로 성공적인 서비스는 고객의 요구조건을 충분히 이해할 수 있는 우수한 서비스 제공자에게 달려있다.

이에 따라 서비스기업은 서비스 전달자의 인적자원 관리에 많은 관심을 가져야 한다.

다음 아래의 〈표 4-2〉는 학자들의 서비스 정의의 개념을 나타낸 것이다.

표 4-2 서비스 정의의 개념

연구자	정 의	비 교
AMA(1960)	판매를 목적으로 제공하거나 혹은 제품판매에 수반하여 제공하는 행위, 편익 만족	對고객 서비스라고 함
Judd, R. C. (1964)	재화의 소유권 이전 이외의 시장거래	서비스 자체의 특성에 대한 언급이 없음. 불법적 서비스 포함 여부 불명. 소비자 측면에서의 정의, 부분적 정의
Besson, R. M. (1973)	판매를 목적으로 제공되는 가치 있는 편익이나 만족을 주는 모든 행위임. 즉 소비자는 스스로 수행하지 않기로 선택한 행위임.	
Blois, K. J. (1974)	제품의 형태에 물리적 변화를 초해 하지 않으며 판매를 목적으로 제공되는 편익과 만족을 산출하는 행위	
Rathmcll, M. (1974)	시장에서 구매 및 판매되는 모든 무형적 제품	
Weinrauch, J. D. & Piland, W .E. (1979)	물리수행(제공)되는 유형적 상품이 포함되지 않은 판매	
Uhl, K. P. & Upah, G. D. (1983)	교환거래에 수반하여 다른 경제주체에 의해 행위 혹은 다른 경제주체의 소유권 이전 없이 설비, 제품, 행위 등의 사용을 제공하는 행위이며, 그것은 무형적이고 저장 및 수송이 불가능한 것	불법적 對고객 서비스의 포함 여부 불명

연구자	정 의	비 교
Kotler, P. (1984)	상대자에게 무형적이고 소유권 이전이 없는 행위나 효력의 제공. 유형재와 결부될 수도, 안 될 수도 있음	공공적 對고객 서비스 포함
Stanton, W. J. (1984)	욕구만족을 제공하는 독립적으로 확인 가능하고 본질적인 행위이며 그것은 제품이나 다른 서비스의 판매와 꼭 결부될 필요가 없고 서비스를 생산하기 위해 유형재의 사용을 반드시 요구하지 않음. 유형재의 사용이 요구될 때라도 그 유형의 소유권의 이전은 없음	

출처: 김준호(1987).『한국 서비스 마케팅 시스템의 발전모형에 관한 연구』

3. 서비스의 유형

Kotler와 손대현은 서비스 유형을 다음과 같이 분류하였다.

첫째, 사람 중심형 서비스와 설비 및 시설 중심형 서비스로 분류하는 것이다.

이를 더욱 세분화하면 사람 중심형 서비스는 다시 비숙련 노동에 의한 서비스, 숙련노동에 의한 서비스, 전문직에 의한 서비스로 분류될 수 있다.

설비 및 시설 중심형 서비스는 자동 서비스(예: 전화), 반숙련 노동을 필요로 하는 서비스(예: 택시 운전), 숙련노동을 필요로 하는 서비스 (예: 비행기 조종)로 분류될 수 있다.

둘째, 서비스 제공 대상자가 서비스 제공 시점과 현장에 있어야 하는 경우(예: 수술)와 그럴 필요가 없는 경우(예: 자동차 수리)로 구분할 수 있다.

셋째, 서비스 제공 대상자가 개인(개인서비스)일 수도 있고, 기업체(기업 서비스)일 수도 있다.

넷째, 서비스 제공자의 목적에 따라 영리와 비영리로, 그리고 소유형태에 따라 Private(민간)과 Public(공공) 등으로 구분할 수 있다.

다섯째, 시간대별로 Before Service(사전 서비스), In/On Service(서비스 제공), Afrer Service(애프터서비스) 등으로 구분할 수 있다. 자동차 수리를 하고자 하는 고객의 시간낭비를 방지하기 위해 예약으로 받는 것은 사전 서비스이며, 직접 수리를 하는 행위는 서비스 제공이며, 수리 후 결함이 있을 때 무료로 재 수리를 해주는 것은 애프터서비스에 해당한다.

흔히 서비스라 하면 고장 났을 때 고쳐 주는 애프터서비스를 생각한다. 그러나 서비스는 A, B, C, D 네 가지를 입체적으로 제공함으로써 고객을 감동시킬 수 있다.

A는 After Service(사후 서비스), B는 Before Service(사전 서비스), C는 Communication Service(커뮤니케이션 서비스), D는 Delight Service(기쁨을 주는 서비스) 등을 의미한다.

이들 A, B, C, D 서비스는 고객만족에 상호 보완적이며, 결합할수록 상승효과를 갖는다. 따라서 기업은 회사 전반적인 서비스 시스템에 반영하여 각 서비스맨들이 각자의 행동에서 이 개념을 실시할 수 있는 방안을 연구할 수 있는 것이다.

또 다른 예로서 호텔서비스 유형적 접근은 호텔서비스 분류에 따른 내용으로서 ①유형별 서비스 ②등급별 서비스 ③시간별 서비스 ④ 규모별 서비스 ⑤ 제공 서비스 ⑥기능별 서비스 등으로 일반적으로 나누고 있는데 호텔서비스 제공 시 가장 많이 사용하는 물적 서비스, 시스템적 서비스, 인적 서비스로 호텔서비스를 제공하고 있다.

표 4-3 호텔서비스의 유형

유형	하위 서비스			
인적 서비스	· 접객서비스 · 도어맨서비스 · 환전서비스	· 주차서비스 · 안내서비스 · 모닝콜서비스	· 포터서비스 · 유니폼서비스 · 페이징서비스 등	· 벨맨서비스 · 주문배달서비스
시설 서비스	· 객실 · 분위기	· 레스토랑 · 전망	· 부대시설 · 냉난방서비스 등	· 차량서비스
시스템 서비스	· 후불제도 · 요금할인제도	· VIP카드제도 · 영업시간 등	· 회원제도	· 예약제도

출처: Teare. R&M. Olsen(1993).『International Hospitality Management : Corporate Strategy in Practice』.

호텔서비스는 기반시설과 식음료, 도구, 소모품 등의 물적인 것과 체계화된 업무 조정과 조직적인 협동 등과 같은시스템적인 것과 종업원이 고객과의 대인관계에서 나타나는 효용가치를 지니는 인적인 것 등의 3대 기능의 복합체라고 할 수 있다.

이에 따라 호텔에서의 고객접점에 따른 서비스 접근은 서비스 프로세스의 설계의 개념으로서 서비스전달 제공의 흐름으로 이루어져 있다. 이는 대 고객 준비과정인 판매전, 서비스 접점인 인카운터 서비스인 판매 중, 사후관리 차원인 판매 후 등으로 분류를 할 수 있다.

예를 들어 Front Desk의 직원의 대 고객 준비과정인 판매 전(Before Services), 현장에서 고객과 접점에 이루어지는(In/On Service), 고객이 호텔을 떠난 후에 이루어지는 사후서비스(After Service)의 단계 구성은 다음과 같다.

사전서비스(Before Services)는 소비자가 경험하기 이전에 불만을 느끼지 않도록 조치하는 행위로서 신뢰성과 관계가 있다. 호텔에서의 체크인 전(예약) 상황에서 예약확인, 고객 도착 준비에 따른 수하물 운반 준비 등 예약 시 고객의 요구사항 준비 및 지원대기를 말한다. 이는 호텔 고객에게 사전정보제공이나 예약에 대한 신뢰성을 통하여 호텔의 고객의 욕구 파악 및 판매 정보 수립에 기여할 수 있다.

제공 시점 서비스(In/On Service)의 단계는 호텔에서의 체크인 단계로서 고객 투숙객실 확인, 호텔이용 설명 및 안내, 고객의 메시지 및 환전 등 정보제공 등과 같이 서비스의 실제 현장에서 이루어지는 내용으로서 호텔과 고객 상호 관계에서 발생하는 경험 가치를 만드는 과정이다. 또한 호텔의 물적 환경 측면에서 발생되는 호텔시설 및 인테리어 등도 포함된다.

사후서비스(After Service)는 호텔고객이 체크인 후에 발생되는 과정으로서 고객의 계산을 위한 신용카드 오픈, 요금계산 등으로 이루어지고 호텔 이용 후 고객의 불평. 불만을 해결하여 주는 행위로써 고객에게 만족감을 주어 충성심을 높이고 재구매 동기를 부여할 수 있는 과정이다.

제 2 절 호텔서비스

1. 호텔서비스의 정의

호텔서비스의 정의를 한마디로 한정하기는 어려우나, 편의상 3가지 측면에서 고찰해 보면 다음과 같다.

첫째, 기능적 정의는 '호텔기업의 수입증대에 기여하기 위한 직원의 헌신, 봉사하는 자세와 업무에 대한 최선을 다하는 태도, 즉 세심한 봉사정신'이다.

둘째, 비즈니스적 정의는 '호텔기업활동을 통하여 고객인 관광객이 호감과 만족감을 느끼게 함으로써 비로소 가치를 낳는 지식과 행위의 총체'이다.

셋째, 구조적 정의는 '호텔기업이 기업활동을 함에 있어서 관광객의 요구에 맞추어 소유권의 이전이 없이 제공하는 상품적 의미 즉 무형의 행위 또는 편익의 일체'를 말한다.

이와 같은 호텔서비스는 호텔의 상품 및 서비스, 호텔의 분위기, 고객 자신의 사전 이미지 등과 불가분의 관계 하에서 인적, 물적 서비스가 혼합되어 존재하는 개념이다. 호텔산업과 같은 환대산업에 있어서 서비스란 영업효과의 극대화를 위하여 고객에게 제공되는 고급 용역을 지칭한다고 할 수 있다. 결국 전문 서비스의 하나인 호텔서비스는 호텔산업의 영업효과에 직접관련 되는 촉매요소로써 작용하는 정신적 배려행위인 것이다. 이처럼 호텔산업에 있어서 호텔서비스라고 하면 호텔 직원의 업무상의 서비스를 일컫는 것이 일반적인 예이다.

이상을 토대로 호텔서비스의 개념을 정리하면 '호텔기업의 상품 및 서비스를 구매 또는 이용하는 고객을 위해 제공되거나 부수되는 욕구충족의 구체적이고 핵심적인 것으로 소득에 의해 소비자효용이 일어나기 보다는 행위나 성과에 의해 효용이 나타나는 소유권의 이전이 수반되지 않은 무형 행위 또는 편익의 총체이다.'

2. 고객만족 서비스 실무

1) 응시 서비스

고객만족을 위한 서비스는 눈맞춤(Eye Contact)에서 시작해서 끝이 난다고 해도 과언이 아니다. 사소한 눈길에서 친절함이 전달된다. 고객과의 눈맞춤은 그냥 쳐다보는 것이 아니다. 고객과 눈을 마주치고 느낌을 주고받아야 하는 것이다. 고객과 눈을 마주치고 느낌을 주고받아야 하는 것이다. 그러한 눈길이 고객에게는 친절함으로 전달된다.

눈을 마주치지 않는 것은 상대에게 오해를 불러일으킨다. 그리고 누군가를 무시할 때 혹은 자신감이 없을 때 눈을 마주치지 못하고 외면하게 된다. 그리고 어느 누구도 외면당하는 것을 반가워하지는 않는다. 따라서 '응시(Eye Contact)는 고객만족 서비스의 기본이다.'

고객과의 부드러운 눈맞춤에서 친절하겠다는 의지가 담겨 나온다. 또한 매우 짧은 시간에 이루어지는 눈맞춤으로 친절과 관심을 표현하고 고객의 욕구를 알아낼 수도 있다.

Tip

응시 서비스 방법

- 예절을 표현할 때는 고객의 눈을 바라본다.
- 얼굴과 몸은 고객을 향하고 바라본다.
- 눈동자를 살짝 크게 뜨고 입 꼬리에 살짝 힘을 주어 올리며 눈을 바라본다. 하지만 눈에 힘을 주어 주시하지는 마라.
- 감사와 관심의 마음과 도와드리겠다는 마음가짐으로 고객을 바라본다.

2) 눈높이 서비스

우리의 느낌이나 감정은 너무나 섬세하다. 어제의 나와 오늘의 내가 다르듯이 어제의 느낌과 오늘의 느낌이 달라진다. 고객의 친절에 대한 느낌은 신체의 위치에 좌우된다.

진정한 서비스를 제공하는 직원은 고객과의 신체 높이에 많은 신경을 쓰고 있다. 몸과 얼굴이 함께 고객을 향할 때 정중함과 친절함을 느끼게 된다.

반대로 뒷모습은 거부의 느낌을 전달하게 된다. 따라서 서비스 제공시, 고객 앞에서 뒷모습을 보이지 말아야 한다. 몸과 얼굴이 고객을 향하고 있다는 것은 고객의 욕구를 수용하겠다는 의미의 전달이다.

고객의 주문을 받을 때, 상사의 지시를 받을 때 등의 상황에서 자신의 몸을 청하는 사람의 위치로 하여 응시하며 조금 낮추어서 정중함을 표현한다. 그러면 고객의 마음은 일순간 좋은 대접을 받고 있다는 느낌을 받게 된다. 어린이나 몸이 불편한 고객일 경우, 눈높이를 맞추어 접대해야 한다. 고객을 안내할 때는 앞서 가면서도 당신의 몸이 약간 고객 쪽으로 향하게 하면서 안내해야 한다. 사소한 차이로 고객은 당신의 친절을 느끼게 된다.

이처럼 서비스를 제공하는 직원은 그들의 앞모습은 고객의 것임을 명심해야 한다.

Tip

눈높이 서비스 방법

- 당신은 서 있고 고객은 앉아 있는 경우, 상체를 절제된 동작으로 숙인다.
- 당신은 계단 위에 있고 고객은 아래에 있는 경우, 밝고 가벼운 걸음으로 내려가 고객의 요구를 듣는다.
- 고객이나 연장자 혹은 상사를 배웅할 경우, 고객의 차나 모습이 모퉁이를 돌 때까지 직원의 시선은 그 쪽을 향하게 한다. 혹시 바라볼지 모르는 고객에게 오랜 여운으로 당신의 친절함이 남을 것이다.

3) 반복 서비스

어떤 일이든 처음부터 능숙하게 처리하는 경우는 드물다. 배우고, 보고, 연습하여 경험이 쌓이면 자연스럽고 상황에 적절히 대응하는 전문가가 되어가는 것이다. 때문에 일류 서비스를 자랑하는 환대산업의 서비스는 먼저 배우는 자세에서 시작해야 한다.

항공승무원의 경우에는 인사와 스마일 연습이 힘들지만 기억에 많이 남아 있는 과정이다. 항공사의 예비 스튜어디스 교육생은 어디서 누굴 만나든 예절 바른 깍듯한 인사와 웃는 얼굴을 해야 한다. 하루에도 수십 번을 반복하여 인사하고 누구와 마주쳐도 밝게 웃는 것을 두어 달 반복하다 보면 어느 듯 자연스럽게 몸에 익숙해진다. 이러한 적극적인 자세로 웃으며 인사를 나누다 보면 마음도 밝아진다.

자신의 모습을 바꾸는 길은 반복된 연습에서 시작되어 습관적으로 그리고 결국은 자신의 긍정적인 모습으로 변화된다. 이처럼 변화하는 자신을 돌아보고 부족한 부분을 바꿔 나가는 적극적이고 긍정적인 자세로 고객을 맞이해야 한다.

Tip

쉐라톤 그랜드 워커힐 서비스 스탠다드 I

용모복장

단정하고 세련된 용모 & 느낌이 좋은 차림새로 회사의 이미지를 대표합니다.

표 4-4 Service Standard (쉐라톤 그랜드 워커힐)

구분	여직원	남직원
얼굴	· 화장은 반드시 하며, 규정된 색상 으로 깔끔하게 마무리 (펄이 지나친 화장품 금지)	· 얼굴 각질, 수염, 콧털, 귓 속을 청결히 관리 · 지나친 썬탠은 하지 않음 · 향이 강한 로션 사용 금지
복장 복장	· 유니폼 착용 시 반드시 커피색 스타킹을 신으며, 줄이 나가지 않았는지 수시 체크	· 회사에서 지급된 넥타이 착용 · 셔츠 단추를 모두 잠그고 적당한 길이로 매기 셔츠 안에는 반드시 흰색 내의 착용 · 양말은 검정색, 짙은 곤색의 긴목 양말 착용
	· 단추, 바느질, 깃/소매 얼룩, 다림질에 유의 · 보우 타이를 할 경우 바르게 착용 · 주머니에는 꼭 필요한 소지품만 넣음 · 명찰은 좌측 포켓 위에 바르게 패용하며 깃에 가려지지 않도록 함	
손	· 손을 자주 닦고 향이 강한 로션 사용 금지 · 손톱은 흰 부분이 너무 길지 않도록 함 · 여사원의 경우 매니큐어는 투명색만 가능, 깔끔하게 유지	
위생	· 식사 후 반드시 양치(남 사원의 경우 흡연 반드시 양치) · 여름철 고객 앞에 서기 전에는 반드시 샤워를 한다.	
구두	· 지급품이나 지급품 기준에 맞는 구두 착용(굽이 너무 높거나 낮으면 안됨) · 앞뒤가 모두 막힌 검정색의 장식이 없는 구두 착용	
액세서리	· 팔찌, 발찌 등 착용 금지 · 반지는 돌출되지 않은 것으로 한 손에 한 개만 착용 · 귀걸이는 한귀에 한 개만 착용 가능(지름 5mm이내) · 팔찌형 시계만 착용 가능(고가의 시계 착용 금지)	· 벨트는 검정색의 가죽으로 통일하며 화려한 버클이나 장식은 피한다.

Tip

쉐라톤 그랜드 워커힐 서비스 스탠다드 II

자세 안내

준비된 자세로 고객에게 먼저 다가가며, 기쁜 마음으로 안내하여 고객에게 편안함을 제공 합니다

▷ 손
- 주먹을 가볍게 쥐고 재봉선에 대기
  오른손 위 공수하여 단전에 대기

▷ 발
- 뒷굽치는 붙이고 앞굽치 30~45도
  턱을 당기고, 시선은 정면 등은 곧게,
  미소

그림 4-1 대기 자세

① Eye Contact / 미소/ 고객 질문 복창
"네, 고객님. 000 찾으십니까?"
② 엄지 손가락을 세우고 다른 손가락은
가지런히 모으고 방향을 지시하며 나머지
다른 한 손은 단전 위에 올린다.
③ 고객의 눈-방향-고객의 눈으로 시선처리하며
방향을 안내한다.
"000는 오른쪽에 있습니다."
④ 적극적으로 안내한다.
"제가 안내해 드리겠습니다

그림 4-2 안내 자세 및 순서

Tip

쉐라톤 그랜드 워커힐 서비스 스탠다드 III

언어사용

고객의 말을 경청하며, 고객의 입장에서 공감하며 대화를 합니다

1. 대화의 3요소
   ▷ 태도 : 바른 자세, 상황에 맞는 표정
   ▷ 음성 : 밝고 적극적인 음성
   자신감 있는 크기
   내용에 맞고 전달력이 좋은 속도와 발음
   정확한 강조와 음의 장단
   ▷ 내용 : 전하고자 하는 메시지는 정확하게
   전달하는 표현에 주의
   마무리는 확실하게

2. 쿠션언어
   ▷ 커뮤니케이션에서 부드러운 완충역할을 해주는 언어
   ▷ 사용할수록 인간관계를 좋게 만든다 하여 Magic Word라고 함
   예) 죄송합니다만, 불편하시겠지만, 실례합니다만, 괜찮으시다면

표 4-5 쿠션언어와 올바른 응대 사용

쿠션언어	올바른 응대 사용
죄송합니다만	고객님, 죄송합니다만, 잠시 기다려 주시겠습니까?
불편하시겠지만	고객님, 불편하시겠지만 저쪽을 이용해주시겠습니까?
실례합니다만	고객님, 실례합니다만 홍길동님 맞으십니까?
괜찮으시다면	선배님, 괜찮으시다면 한 번만 더 설명해 주시겠습니까?

3. 맞장구 언어
   ▷ 가벼운 맞장구
   · "저런! 그렇습니까?", "잘됐습니다."
   ▷ 동의하는 맞장구
   · "과연! 정말 그렇겠군요.", "알겠습니다."
   ▷ 정리하는 맞장구
   · "그 말씀은 이것과 이것을 말하고 싶다는 것이지요?"
   ▷ 재촉하는 맞장구
   · "말씀하시는 것은 알겠습니다만"

제 3 절 서비스의 특성

서비스의 범위는 넓고 다양하다. 현재까지 광범위한 합의가 이루어져 있는 공통적 특성을 보면 다음과 같다.

1) 무형성

첫 번째의 특성으로 서비스는 볼 수 없으며 만질 수도 없다는 것이다. 서비스는 소비자들이 구매 이전에 그 효용을 알고 싶어 하지만 서비스의 경우는 물적 제품에 비해 이를 사전에 알기 어렵다. 의류나 가전제품 등은 입어 보거나 시험해 보고 만져볼 수가 있으나 서비스 제품은 이에 비해 사전에 알기 어렵다. 예를 들어, 여행사의 관광상품을 파기 위해서 고객이 관광지를 경험하지 못한 채 서비스를 평가하기가 매우 어려우므로 관광 브로셔나 카탈로그 등은 매우 화려하게 제작되는 것이다. 이는 고객이 눈으로 확인하는 가시화 되고 구체적인 내용을 제시하는 것이다. 또한 관광 전문가나 가이드들은 경험적인 내용설명을 통하여 더욱 더 구체화시킨다.

서비스의 무형성을 극복하기 위한 대응 방법은 다음과 같다.

서비스는 물체가 아니라 성과이기 때문에 이중적 무형성을 가진다. 무형성을 극복하기 위한 대응방법은 보이지 않는 서비스를 유형화시키는 일이다. 이는 서비스를 대표할 수 있는 물질적인 대상을 개발하는 것으로 호텔기업의 예를 들면 고객의 마음속에 호텔의 서비스와 연관되는 집 같은 안락감이나 가족과 같은 직원의 호의를 창출시키는 유형적인 대상을 만들기 위해 노력하여야 한다. 더 나아가 무형성을 극복하는 또 다른 대안은 서비스제공자는 서비스 자체보다는 유형적인 것이다. 따라서 서비스제공자는 항상 서비스를 대표하는 숙련과 기술이 어떠한 수준을 가지고 있음으로 숙련된 기술이 어떠한 수준을 가지고 있음으로 숙련된 기술적인 능력에 초점을 둠으로써 서비스를 보다 유형화할 수 있다.

2) 생산과 소비의 비분리

서비스는 생산과 서비스가 분리될 수 없는 특징을 가지고 있다. 서비스는 생산과 소비가 동시에 이루어진 다는 의미이다. 일반 상품의 경우 일단 생산된 후 판매되고 소비되는데 반해 서비스의 경우 생산과 소비가 동시에 이루어지므로 고객이 반드시 그 생산 과정에 참여하기 때문이다. 이것은 곧 질 높은 서비스가 이루어지는데 있어서는 고객의 자발적 행동인 협조와 관심이 필수적이다. 예를 들어 은행의 현금지급기 설치가 대표적이다. 은행의 창구업무 중 현금인출은 단순 반복 업무이면서 직접적인 인력이 필요한 곳이다. 이는 고객의 기다림이나 복잡한 동선 등을 감안하면 은행의 자동현금지급기의 설치는 고객의 만족을 높이고 빠른 서비스를 할 수 있는 것이다. 따라서 서비스의 생산성 향상과 효율화는 반드시 고객의 도움이 필요하다. 이로 인하여 서비스 관리자는 서비스의 생산 및 소비과정에서 고객의 참여문제를 인식해야 한다. 그러므로 서비스 마케팅에서는 인적 요소의 질적 수준을 매우 중요시 하며 호텔산업에서는 종업원의 교육훈련이 매우 중요한 요소인 것이다. 예를 들어 호텔에서 고객이 체류하는 동안 종업원의 친절, 지식에 크게 도움을 받는다. 이러한 이유로 인적자원 경영의 정책과 실행은 높은 질의 서비스가 전달되기 위해서는 경영의 지도력과 업무추진이 필요하다.

서비스의 동시성을 극복하는 방안은 다음과 같다.

서비스의 생산과 소비의 비분리성을 극복하는 방안은 서비스 유통을 단순화와 서비스 입지를 분사시키는 것이다. 서비스는 생산과 소비가 거의 동시적으로 이뤄지기 때문에, 저장하거나 수송하거나 보관할 수 없다. 따라서 서비스의 유통은 제공자로부터 소비자로서 서비스의 단순한 이전 개선에 노력하여야 한다.

또한 서비스의 수요자는 여러 곳에 분산되어 있기 때문에 서비스는 여러 곳에서 제공되어지면 서비스의 동시성을 극복할 수 있으나 여러 곳에서 제공되는 서비스시설의 이중성으로 인하여 비용을 상승시키는 요인이 되기도 한다.

3) 서비스의 다양성 및 이질성

서비스의 세 번째 특징은 서비스의 질은 일정하지 않다는 것이다.

서비스의 제공자나 서비스를 받는 사람에 따라 품질이 다르다. 즉 호텔의 직원의 태도에 따라 호텔서비스의 품질이 달라질 수 있다. 또 고객의 태도에 따라 호텔 직원의 서비스가 달라질 수 있다. 또 고객의 태도에 따라 호텔 직원의 서비스가 달라질 수 있다. 고객들은 이런 속성을 알기 때문에 구입 전에 많은 탐색과 정보를 얻기 위해 노력하며 이에 따라 구전(Word of Mouth)이 구매에 큰 영향을 미치게 된다. 결국 서비스 제공자는 높은 수준의 질적 수준을 균등히 유지하기 위해서는 부단한 노력을 행하여야 한다. 더 나아가 서비스의 이질성은 서비스가 수행되기 전이나 혹은 수행되어지는 동안 개별고객의 욕구가 다양하기 때문에 서비스의 산출물을 표준화하는 것이 어려우므로 서비스품질은 생산자에 따라 변동될 수 있다.

서비스의 특징인 이질성을 극복하기 위한 방법은 서비스의 자동화가 가능한 부분은 자동화를 시도하고 유능한 서비스요원을 선발하여 서비스품질을 표준화시키는 것이다. 더 나아가 고객과의 사전 정보전달을 위한 커뮤니케이션으로 고객이 느끼는 기대서비스와 인지되니 서비스간의 간격을 최소화시키는 방법도 있다.

4) 소멸성

일반적으로 제조기업의 제품은 미리 만들어 놓고 고객의 수요에 맞추어 대응이 가능하지만 서비스 수요는 발생할 때마다 대처해야만 한다. 따라서 서비스의 수요공급을 정확한 예측 하에서 이루어져야 한다. 예를 들어 팔리지 않는 호텔객실, 항공기 좌석, 극장표 등은 빈곳에 저장하였다가 다시 팔수는 없는 것이다. 이와 같이 서비스는 순간적인 존재가 가능하나 지나고 나면 소멸되어 반복사용이 불가능하다.

따라서 호텔 사업의 특성상 갑작스러운 수요의 증가에 대한 객실수급능력의 신축적인 조절이 거의 불가능하므로 수요의 변동을 융통성 있게 성수기와 비수기 사이의 변동 폭을 최소화시키는 경영정책이 필요하다.

이와 같이 서비스의 소멸성을 극복하는 방안은 사용되지 않는 서비스를 줄이는 것으로 가능한 한 수요와 공급이 시간적 분포를 균등히 하여 비수기의 가격

할인, 성수기의 가격할증, 비수기의 특별서비스, 예약자 우대, 전화서비스의 시간별 가격전략 등을 이용하는 것이다.

따라서 수요와 공급을 조절하는 방법으로써 공급자 측면에서의 임시적 활용이나 셀프서비스시스템 도입, 서비스시설의 공동이용 등을 통한 공급조정방법을 채택할 수 있다. 예를 들어 호텔의 펍 레스토랑에서의 한가한 시간대인 5시에서 6시까지 시행하는 해피아우어나 심야시간에 장거리 전화요금을 할인하거나 전력요금을 할인하는 경우 등이다. 또한 비즈니스 호텔에서 비수기 시즌에 수요를 자극하는 방법으로서 주말 패키지 상품을 개발하는 것도 소멸성을 줄이는 방법이다.

서비스 특성을 구분하는 방법은 많은 학자들에 따라 그 견해가 다양할 수 있으나 Parasurman, Zeithaml과 Barry의 견해인 무형성, 이질성, 비분리성, 소멸성 등이 대표적이다.

Chapter 2.

서비스 품질관리

제 1 절 서비스 품질관리 개념

세계의 서비스기업이 국내시장에 밀려옴에 따라 국내의 서비스기업에도 새로운 산업현상이 진행되고 있다. 이에 따라 국내 서비스산업의 변화는 국제화 · 정보화 · 서비스화 등이 확대되고 있으며, 서비스에 대한 수요가 커져 서비스 활동이 경제의 주류를 형성하고 있다. 이러한 현상은 서비스기업은 경쟁우위를 점하기 위하여 서비스능력 향상만이 세계경쟁시장에 살아남을 수 있는 경영전략으로 나타나고 있다.

이렇게 기업경쟁이 날로 치열해지고 있는 때에 서비스기업 뿐만 아니라 제조기업도 서비스 향상을 위한 끊임없는 품질향상 추구를 경주하고 있다. 이와 같은 노력의 일환으로 고객만족, 즉 품질우위를 기업경영전략의 중심개념으로 도입함과 동시에 그 활용의 폭이 매우 중요하게 인식되고 있다.

서비스기업에서 제공한 서비스가 경쟁사에 비해 고객을 만족시킬 수 없다면 그 서비스기업은 살아남을 수 없게 된다. 고객의 만족은 서비스품질수준에 따라 결정된다고 할 수 있는데, 결국 이 수준은 고객이 평가하는 서비스품질에 따라 달려 있다고 볼 수 있다. 따라서 환대서비스기업은 서비스품질에 대한 평가를 생활화함과 아울러, 고객이 서비스품질이 불량하다고 지각하게 만드는 서비스

품질상의 문제점과 원인들을 확인해야만 한다. 날로 경쟁이 치열해지는 현실 속에서 고객의 구미에 맞는 서비스품질을 제공해야만 생존할 수 있기 때문이다.

미국에서는 1987년 8월 '말콤 발드리지상(The Malcolm Balddrige National Quality Award)'을 제정하여 고객만족상을 제도화하고 있으며, 1992년 10월 리츠칼튼호텔이 서비스품질경영에 대한 인정을 받아 호텔기업 중에서는 첫 번째로 이 상을 수상하였다. 최근 우리나라의 한국능률협회, 생산성본부 등의 유관기관과 정부기관에서도 품질관리활동이 주요 이슈로서 서비스 부문에서 품질관리의 적극적 도입을 제시하고 있다. 또한 한국공업표준협회와 공업진흥청의 주관으로 금융 · 호텔 및 건설부문의 품질관리연구회가 운영되고 있다. 그리고 국내에서 이러한 움직임은 일부 관광서비스기업에 국한된 현상일 뿐, 대개의 서비스기업에서는 서비스품질경영에 대한 인식부족으로 좀 더 체계적인 품질경영의 도입이 절실한 실정이다.

오늘날 무형의 서비스에 대한 고객의 욕구는 점차 고조되고 있다. 그 이유는 소득수준의 증가로 물질 자체보다는 서비스 질에 더 관심을 가지게 되었기 때문이다.

서비스업은 당연할지 모르나, 일반 제조기업에 있어서도 물질보다는 그 물체의 동질화 현상에 일어나는 물류, 기술지원, 애프터서비스 등의 차이에 더욱 큰 관심을 가지게 되었다. 여기에서 말하는 서비스품질이란 고객의 만족을 넘어선 고객감동을 말하는 것으로 고객의 기대에 얼마나 부응하며 고객의 감동을 유발시키는가의 문제이다.

고객만족 및 고객감동은 제품 및 상품의 기능적인 면과 부가적인 서비스에 의해 평가 받는다. 제품의 차별화는 불과 몇개월 안에 경쟁사와 비슷해지기 때문에 경쟁력을 가질 수가 없다.

따라서 제품과 부가적인 서비스를 포함하여 고객의 만족을 이룰 때 비로소 성공할 수가 있다.

최근의 연구결과를 살펴보면, 서비스산업의 성공관련 주요전략은 고품질 서비스를 제공하는 것임을 입증하고 있다. 따라서 서비스상품을 판매하는 기업들에게 있어서 제품계획과 상품화 단계에서부터 탁월한 서비스의 품질을 일관성 있게 제공해 주는 것이 필수적이다. 소비자들이 보다 나은 서비스품질을 요구하면서 품질추구가 가장 중요한 소비자행동으로 나타남에 따라 서비스상품에 있어서의 서비스품질에 관한 연구가 매우 활발하게 진행되고 있다. 이는 서비스상품의 특성인 무형성, 이질성, 비분리성, 비저장성 등으로 인하여 개념구성의 한계가 있으며, 이를 측정하는데 어려움이 많기 때문이다. 또한 서비스 상품은 판매이전에 측정, 보관, 검증 등이 불가능하므로 품질을 이해하고 통제하는데 매우 많은 어려움이 따른다. 따라서 본 장에서는 서비스산업에서의 서비스 품질을 파악하고자 한다.

제 2 절 서비스 품질관리의 의의

고객의 입장에서 서비스를 어떻게 받아들이느냐에 따라 평가는 다를 수 있으나, 서비스품질은 환대서비스기업의 이미지를 형성하며, 이 이미지는 고객이 서비스기업을 선정하는 데 중요한 역할을 한다.

이처럼 서비스품질은 고객에 의해 정의 되며, 이를 통하여 진정한 고객만족을 창출할 수 있다는 것을 알 수 있다.

한마디로 고객이 서비스기업을 이용하기 전에 기대한 서비스와 이용한 후에 인식한 서비스 수준과의 차이인 '만족도'라고 할 수 있다.

표 4-6 여러 학자들의 정의

학자 또는 기구	정 의
Pittle(1984)	값이 비싸거나 높은 수준의 혜택을 의미하는 것은 결코 아니며, 고객 자신에게 맞는 수준의 서비스를 제공하고, 적시적기에 고객의 요구조건을 갖추는 것
Parasuraman(1998)	서비스기업이 제공해야 한다고 느끼는 고객들의 기대와 서비스를 제공한 기업의 성과에 대한 고객들의 인식을 비교하는 데서 나오는 것
Lewis & Booms(1983)	제공된 서비스 수준이 고객의 기대를 얼마나 잘 만족시키는지를 측정하는 것으로 고객의 기대를 일치시키는 것

제 3 절 서비스품질 결정요인

서비스품질의 결정요인을 갭 이론(Gap Theory)에 근거하여 제시하고 있다. 갭 이론이란 서비스품질이 소비자가 기대하는 서비스와 지각되는 서비스 간에 차이의 크기와 방향에 따라 다르다는 이론이다. 이러한 갭 이론에 입각해 소매점, 금융은행, 신용카드, 증권 중재자 그리고 제품수선 관리 업에 관한 지각된 서비스 질을 실무자와 FGI(Focus Group Interview)를 통해 측정하였다. 이 조사결과 소비자들이 서비스 질을 평가할 때 서비스 유형에 상관없이 기본적으로 유사한 기준을 인정하고 있음을 밝혀내고 이들을 5가지 범주로 묶어 서비스 질 결정요인과 서비스 질의 지각을 나타내고 있다

PZB(Parasuraman, Zeithamal & Berry)의 서비스품질 결정요인은 서비스 부류체계상 한쪽에 치우치지 않게 4개의 서비스유형을 선택한 후, 4개의 공통적으로 소비자가 이용하는 기준을 골라 내어 선택된 것이다. 따라서 모든 서비

스산업에 일반화될 수 있는 장점이 있다. 그리고 SERVQUAL(서비스품질 측정)에 대한 적절한 조작적 정의와 측정방법을 개발하여 여러 서비스업의 서비스 질을 측정하는데 사용될 수 있으며 그 내용은 다음 〈표 4-7〉과 같다.

표 4-7 서비스품질 결정 요인

서비스 품질의 결정 요인	내 용
신뢰성	약속된 서비스를 정확하게 수행할 수 있는 능력 (서비스 수행, 시간엄수 등)
대응성	신속한 서비스를 제공하고자 하는 의지와 준비성 (직원의 의지, 즉각적인 조치 및 반응 등)
확신성	서비스 수행을 위해 필요한 기술과 지식의 보유 (직원의 기능과 지식, 친절 등)
공감성	고객에 대한 개인적인 관심을 보여줄 준비성 (특별고객의 요구사항에 대한 이해 정도)
유형성	서비스의 외형적인 증거 (물리적 시설, 직원 외모, 장비 등)

제 4 절 서비스 품질관리의 필요성과 특성

1. 서비스품질관리의 필요성

호텔기업의 서비스품질경영에 대한 필요성은 대개 세 가지로 제안할 수 있다.

첫째, 호텔기업이 무한경쟁의 치열한 국제경쟁에서 살아남고 서비스 수준이 세계적으로 일류급이 되기 위해서는 이와 관련된 서비스품질경영수준도 뛰어난 경지에 올라야 하며, 이러한 최고의 고객만족을 목표로 고객이 요구하는 서비스를 제공하는 경영시스템으로서의 전사적 품질경영(TQM: Total Quality Management)에 관한 개념화의 작업이 필요하다.

둘째, 호텔기업에서 제공하는 서비스의 품질은 고객의 만족 및 불만족과 직결되므로 호텔기업의 경쟁력 대응이나 시장점유율, 다른 경영전략변수와 상호 보완관계에서 매우 중요한 전략적 요소로 인식되고 있다.

셋째, 호텔기업의 물적 · 인적 시스템은 서비스상품을 구성하는 중요한 요인인데, 그 중에서 서비스요원의 사기와 태도는 호텔기업을 이용하는 고객만족도에 결정적인 역할을 하고 있으므로, 고객만족을 위해서는 서비스요원의 만족이 필수 불가결한 조건이 될 수 있다.

2. 서비스품질의 특성

1) 서비스품질은 제품의 품질보다 평가가 더 어렵다

고객들이 제품을 구입할 때는 품질을 평가할 수 있는 많은 유형적 단서인 스타일, 견고성, 색상 및 포장 등을 가지게 되나, 서비스를 구입하는 경우에는 품질을 평가할 수 있는 유형적 단서가 거의 없으므로 구매하는 소비자들은 어떤 다른 단서에 의존해야만 한다. 대부분의 서비스는 무형적이고, 실체라기보다는 수행이므로 품질을 획일화 또는 표준화할 수 있는 정밀한 제조 명세서의 작성이 거의 불가능하며, 테스트하거나 저장 또는 측정을 할 수 없다. 이러한 서비스의 무형성 때문에 서비스 관리자는 고객들이 어떻게 서비스를 지각하고 서비스품질을 평가 및 인식하는지 이해하기가 힘들게 된다.

2) 서비스품질의 수준은 기대와 실제와의 비교를 통해 얻어 진다

지각된 서비스품질의 수준은 고객의 기대와 실제서비스의 수행과의 비교를 통해서 얻어질 수 있다. 즉 서비스품질은 전달되는 서비스수준이 고객의 기대와 얼마나 일치하는지에 대한 평가 및 측정치가 된다는 것이다.

3) 서비스품질은 서비스 제공과정도 중요하다

서비스품질의 평가는 단지 서비스의 산출 결과만으로 이루어진 것이 아니라 서비스의 전달과정에 대한 평가와도 연관되어 있다. 서비스품질은 서비스 자체의 결과와 관련된 품질과 서비스가 어떻게 전달되느냐에 관한 질로 양분된다는 것이다. 서비스의 직접적인 수행자에 대해 대상자가 느끼는 차이의 발생 이전에 관리적 측면에서 발생하는 전달체계의 인식차이 등이 서비스품질에 대한 고객의 지각에 영향을 미친다고 한다.

3. 서비스품질 평가

고객들에게 만족된 서비스를 제공하기 위해서는 계속적으로 고객의 서비스품질지각을 평가함과 아울러 서비스품질개선을 위해 서비스품질상의 문제점과 원인들을 찾아내야만 한다.

서비스품질의 문제점과 원인들은 흔히 서비스 제공자 측에서 발견할 수 있는데, 이들의 결함은 고객이 서비스품질을 낮게 지각하게 만드는 원인이 된다.

만약 서비스를 제공하는 기업이 서비스품질의 문제점을 정확히 확인할 수 있다면 이를 개선 및 보완하여 고품질의 서비스를 고객에게 제공할 수 있는 기회가 될 것이다.

1) 서비스품질 평가과정

고객들이 서비스품질을 평가할 때, 그들이 기대한 서비스와 그들이 받고 있는 서비스를 그들 나름대로의 서비스의 속성을 통해 비교한다. 즉 서비스품질은 고객이 기대한 서비스와 실제 수행된 서비스간의 불일치 정도의 크기에 달려있는 것이다.

따라서 고객들이 서비스기업으로부터 실제로 제공받는 서비스에 대해 주관적으로 느끼는 정도가 서비스를 제공받기 전에 기대했던 정도에 미치지 못한다면 고객에게 있어서 서비스의 품질은 낮게 인식되어 품질이 좋지 않은 것으로 평가될 것이다.

2) 선행연구

서비스품질을 평가하는 객관적 측정치가 존재하지 않는 상황에서, 기업의 서비스품질을 평가하는 적절한 접근은 품질에 대한 서비스의 지각을 측정하는 것일 수 있다. 이러한 인식은 서비스품질을 연구해 온 모든 연구자들에게 있어 일관된 주장이었다.

지금까지 서비스품질 측정에 관한 대부분의 연구들은 고객지향적인 관점에서 고객에 의해 기대된 서비스와 지각된 서비스를 고객이 평가하는 과정에서 서비스품질을 결정하는 것이 바람직하다고 하였다.

또한 고객이 특정거래에 만족하고 있다 할지라도 서비스기업이 높은 품질을 소유하고 있다고 느끼지 않을 수 있으며, 시간의 흐름에 따른 만족은 서비스품질의 지각에 영향을 미친다고 하였다. 이와 같이 서비스품질을 측정을 위해서 고객만족도를 지속적으로 조사가 수행되어야 한다. 고객만족도(CSI: Customer Satisfaction Index)조사란 고객만족과 성과를 측정하는 기준으로 고객들의 객관적인 평가를 통해 고객들의 기대와 욕구 및 자사와 경쟁사간 위치를 정확히 조사할 수 있는 조사이다.

3) 호텔서비스 품질의 개념

호텔서비스는 호텔고객에게 제공되는 유 · 무형의 인적 · 물적 · 시스템적 활동의 총체로서 가시적으로 나타나는 기존시설과 환경, 식음료, 기자재, 비품, 소모품 등을 포함하는 원천적인 물리적 서비스, 종업원과 고객의 대인관계인 인적 서비스, 접근성과 편리성 등의 입지, 호텔에 대한 고객의 이미지와 가격 등을 포함한다. 이는 하나의 대상, 혹은 제품이라기보다는 무형성, 활동 혹은 수행과정으로서 고객의 참여와 상호작용관계이며, 재고가 불가능할 뿐만 아니라 수요에 따라 생산되거나 수행되어진다. 따라서 호텔서비스는 서비스창조과정에서 고객과의 접촉이 크며, 호텔서비스 직원의 개입의 정도의 낮으나 고객특성에 따라 요구되는 정도에 따라 성격을 가지고 있다.

또한 호텔서비스는 추상성이 대체로 낮은 특징을 가지고 있으며, 특히 호텔고객의 평가가 용이하며, 고객이 서비스 이용 시 느끼게 되는 욕구충족에 대한 불안감으로서 지각위험의 정도가 크다고 할 수 있다. 이는 특히 스펜스외 2인(Spence, Engel & Blackwell) 이 지적한 바와 같이 호텔서비스의 경우, 호텔 이용 전에는 서비스에 관한 정보의 질과 양이 적을 수밖에 없기 때문이다.

이와 같이 호텔서비스는 일반적인 서비스 개념이 무형적인 것과는 달리 유형과 무형의 복합적 기능을 가진 것으로 호텔의 입지조건, 제반 시설과 식음료, 도구, 소모품 등의 물리적 서비스와 체계화된 업무조정과 조직적인 협동 등의 시스템적 서비스, 그리고 직원과 고객간의 접촉관계에서 나타나는 인적 서비스의 종합적 서비스이다.

4) 호텔서비스 품질 평가

호텔서비스는 인적 · 물적 · 시스템적 서비스로 결정되어 있기 때문에 실제로 서비스의 질을 결정짓는 요인은 수없이 많다고 할 수 있다. 또한 이러한 서비스 요인은 객실과 레스토랑 서비스에 따라 다르다고 할 수 있다.

서비스 품질을 평가하는 모니터링은 보통 Mystery Call(전화모니터링)과 Mystery Shopper(미스테리쇼퍼) 등으로 나눠 실시하고 있다

Mystery Call은 상담사원이 고객과의 전화 응대 과정에서 콜 센터에서 정한 통화의 기본 서비스 기준사항을 정확히 준수하는지를 확인 및 평가하고, 향후 인적 서비스 개선을 위한 직원 교육의 방향 및 방법을 지시하고자 하는 것으로 모니터링 이후 작업과의 연계가 매우 중요하다

Mystery Shopper는 일반 고객으로 가장하여 매장을 방문하여 물건을 사면서 점원의 친절도, 외모, 판매 기술, 사업장의 분위기 등을 평가하여 개선점을 제안하기 위해 실시한다. 이들은 상품의 질과 더불어 서비스의 질에 대한 소비자의 평가에 따라 기업의 매출이 큰 영향을 받게 되면서 생겨난 새로운 직업 가운데 하나로 직접적으로 소비자의 평가를 파악하기가 어려운 기업을 대신하여 소비자의 반응을 평가한다.

방문하기 전에 해당 매장의 위치, 환경, 직원 수, 판매제품 등에 대한 정보를 파악한 후 직접 매장을 방문하여 상품에 대하여 물어보고, 구매를 하고, 환불을 요구하는 등 실제 고객이 하는 행동을 한다.

그러면서 매장 직원들의 반응과 서비스, 상품에 대한 지식, 청결상태, 발생한 상황의 전말이나 개인적으로 느낀 점들에 대하여 평가표를 토대로 보고서를 작성한다.

모니터링의 목적으로는 전반적인 품질 향상과 품질의 정확성을 측정하며 응대 프로세스의 일관성과 효과성에 기여한다

그 결과를 토대로 구체적인 피드백과 코칭을 하여 고객이 필요로 하는 기대를 찾아내는 것에 중점을 둔다.

피드백을 줄 때는 구체적이고 관찰 가능한 사실에 집중해야 한다.

"당신은 매번 00한 경향이 있어" 또는 "당신은 항상 불평이 많아"처럼 추측에 입각해서 사람의 부정적인 특성을 지적하는 것은 금기이다.

좋은 피드백은 신뢰와 협조를 가져오고 성취된 개선에 집중하며 잠재력에 대한 확신을 향상시키며 상대로부터 판단 받았다는 느낌을 주기보다는 도움을 받았다는 느낌을 준다.

나쁜 피드백은 공격과 방어의 대결구도를 조성하고 상대에 대한 비난에 집중하며 자존심을 손상시킨다.

표 4-8 Mystery Call Check List (쉐라톤 그랜드 워커힐)

구분	평가 항목	평가 기준
최초 수신	수신의 신속성	· 전화를 받기까지 울린 횟수(3회이내)
	최초인사	· 3단계 인사를 실시하는가?(인사말+소속+이름)
	최초인사 명료성	· 인사말 속도는 적절하며 이름이 정확히 전달되는가?
업무 처리	충실성	· 긍정형, 청유형으로 대화하는가? · 고객의 질문에 막힘 없이 대답하는가? (불확실한 대답 혹은 머뭇거림은 없는가?) · 고객 문의내용을 재확인 하는가? "네 예약 말씀이십니까?"
	적극성	· 고객과 대화 시 적절한 맞장구 표현하는가? · 상품에 대해 적극적으로 안내 하는가? · 고객이 질문하기 전, 필요한 정보를 미리 안내하는가? · 종료 전, 고객의 추가 질문사항여부를 확인하는가?
	친절성	· 고객의 말을 끊지 않고 끝까지 경청하는가? · 목소리가 밝고 미소가 담겨져 있는가?
	명료성	· 말의 속도가 빠르거나 느리지 않고 적절한가? · 목소리 볼륨은 너무 작거나 크지 않고 듣기 적절한가? · 고객의 질문에 조리 있게 설명 하는가?
종료	종료인사 여부	· 대화 종료 시, 고객에게 감사표현을 하는가?
	종료인사태도	· 종료를 서두르지 않는가?
	종료 시점	· 고객이 먼저 끊은 것을 확인하고 끊는가?

표 4-9 Mystery Shopper Check List (쉐라톤 그랜드 워커힐)

구분	평가 기준
영접	· 고객을 인지하고 먼저 인사를 실시하는가? · 인사시, 미소와 눈맞춤이 실시되는가? · 예약사항을 확인 후 좌석으로 안내하는가? · 좌석 안내 시 착석 보조를 실시하는가?
주문	· 식전주 또는 음료를 제안하는가? · 메뉴판을 제공하며 추천 또는 프로모션 메뉴를 소개하는가? · 고객이 메뉴를 선택할 시간을 여유 있게 제공하는가? · 주문 완료후, 주문 내용을 재확인 하는가?
서비스	· 주문한 음식은 15분 내에 제공되었는가?(지연 시, 사전 안내를 하는가?) · (주문한 고객에게 재 문 없이 음료/음식을 해당 고객에게 정확히 제공하는가? · (음식 제공 시) 고객에게 음식에 대한 소개를 하는가? · 음식 제공 후, "맛있게 드십시오"라는 인사를 하는가? · 물 리필은 고객이 요청하기 전 미리 서비스 하는가? · 직원은 음료가 떨어질 경우 2차 판매 시도를 하는가? · 직원은 고객 요청에 신속하게 응대하는가? · 지배인은 테이블을 순회하며 고객 Interaction을 하는가? · 식사의 간격은 편안하고 적절한가? · 직원은 공손하게 말하는가? · 직원은 밝게 미소 짓는가? · 직원은 고객과 눈을 맞추는가? · 대기 및 서비스 태도와 자세가 정중한가?
계산	· 고객만족도를 확인하는가? · 고객에게 빌을 드리면서 아이템과 금액, 할인액 등을 확인하는가? · 계산이 진행되는 동안 회원 가입 제안을 하는가? · 계산이 진행 후 재방문 유도를 하는가? · 계산은 5분 이내 진행되었는가? · 두 손으로 현금, 카드, 영수증 등을 주고 받는가?
환송	· 직원은 고객에게 환송인사를 실시하였는가?
용모	· 직원은 명찰을 바르게 달았는가? · 용모(헤어, 손톱, 악세서리 등)가 단정한가?

구분	평가 기준
기물/관리	· 기물은 닳거나 흠이 나지 않고 깨끗한가? · 실내는 청결한가? · 메뉴판은 흠이 나지 않고 깨끗한가? · 주방 혹은 서비스 공간으로부터 심각한 소음이나 냄새가 나오지는 않은가? · 레스토랑의 온도는 쾌적한가? · 선곡된 음악이 영업장 분위기와 잘 어울리는가?
상품	· 음식의 양은 적당한가? · 음식의 맛은 좋은가? · 음식의 프리젠테이션(색깔, 구성 등)이 좋은가? · 음식의 온도는 적당한가?
고객경험	· 직원으로부터 환영 받았다고 느끼는가? · 직원은 나를 진심으로 이해하고 Care 하려고 노력했는가? · 직원이 컴플레인 또는 요청에 대해 적절한 조치를 취하였는가? · 지인에게 이곳을 추천할 수 있는가? · 직원의 서비스 스킬은 전문가다운가?

Tip

전화 응대 Process

수신

· 벨이 3번 이내 울린 후 받았을 경우

"안녕하십니까, 고객만족센터 000입니다"

· 벨이 3번 이상 울린 후 받았을 경우

"늦게 받아 죄송합니다. 고객만족센터 000입니다"

통화(부재중)

· 찾는 사람이 부재중일 경우

"000씨(님)께서 지금 부재중이십니다. 메모 남기시겠습니까?"

· 잘못 걸려온 전화를 받았을 경우

"고객님 죄송합니다만, 이곳은 로비 라운지입니다. 일식당으로 바로 연결해 드릴까요? 연결 중 전화가 끊어지면 123-1234로 다시 걸어 주시겠습니까? 지금은 제가 연결해 드리겠습니다."

적극적인 응대

"더 필요하시거나 도와 드릴 일이 있으십니까?"

종료

"감사합니다."(고객이 끊은 것을 확인 후 수화기를 내려놓는다.)

4. 호텔서비스 VOC 관리

1) VOC관리의 필요성

VOC(Voice of Customers)란 제품가치와 서비스 등에 대하여 고객이 요구하는 모든 사항과 고객이 원하는 제품과 서비스 등을 제공하기 위한 원천 데이터이다

이에, VOC 관리는 고객만족경영체제로 전환하기 위하여 경영자와 직원 모두가 고객만족이 실제 기업의 수익성 향상으로 연결되는 것을 구체적인 수치로 분명하게 확인을 하기 위하여 필요하다. 한 예로, 고객만족지수가 매년 1점씩 증가할 때마다 미국의 상위 1,000대 기업의 경우 9,400만 달러의 수익증가 또는 투자 수익율이 11.4%증가하는 결과와 같게 된다는 것을 보여주는 연구결과가 있다.

이처럼 기업이 고객만족을 위하여 들이는 노력은 결국 기업의 수익성 향상으로 이익이 늘어나게 된다는 점을 경영자와 직원 모두 인식해야 한다.

또한 어느 조사에 의하면 서비스에 대해 불만족을 가진 고객 중 고충을 말하는 고객은 4%에 불과하며, 나머지 96%는 불만을 이야기하지 않고 두번 다시 방문하지 않는 것으로 나타났다. 그러므로 고객만족경영을 추구하는 기업은 단순히 불만족한 고객이 자발적으로 불평, 불만을 이야기할 때까지 기다려서는 안된다. 기업은 고객이 불평을 토로할 기회를 극대화하기 위한 고객제안제도를 마련하거나 고객만족도 조사를 정기적으로 실행해야 한다. 이와 같은 제도를 마련함으로써 기업은 자사가 얼마나 잘하고 있으며 또한 어떻게 하면 보다 잘할 수 있는지를 일깨우게 한다. 결국 고객만족은 기업의 장래 이익수준을 나타내는 가장 좋은 시표인 것 이다

Tip

불만족 고객의 고충실태

· 불만족을 가진 고객 중 고충을 말하는 사람은 4%에 불과하다. 나머지 96%는 다만 화를 내고 두 번 다시 오지 않을 뿐이다.
· 고충이 한건 있으면 같은 불만족을 가진 사람은 평균 26명이 있다. 그 중 6명은 대단히 심각한 문제를 안고 있을 것으로 예상된다.
· 고충을 말한 사람 중 56~70%는 고충이 해결될 경우 그 경우 그 기업과 또다시 거래하고 싶어 한다. 그 비율은 해결이 신속하게 처리된 경우 96%까지 상승한다.
· 불만족을 가진 사람은 그것을 평균 9~10명에게 말한다. 그 중 13%는 20명 이상에게 말하기도 한다.
· 고충이 해결된 고객은 그것을 5~6명에게 말한다.

2) VOC 조사 방법

고객만족도를 조사하는 방법은 다음과 같이 여러 가지 방법이 있을 수 있다.

첫째, 고객 불평 및 제안시스템을 구축한다.

고객의 소리함을 비치하여 고객의 의견을 듣는 것으로 수집된 고객의 불만 및 불평과 같은 정보는 기업에서 많은 새로운 아이디어를 제공해 주는 동시에 기업으로 하여금 고객의 불만사항에 대해 신속하게 반응할 수 있도록 한다.

따라서 VOC의 수집 채널을 확대하여 데이터의 양적, 질적 확대를 해야 하다.

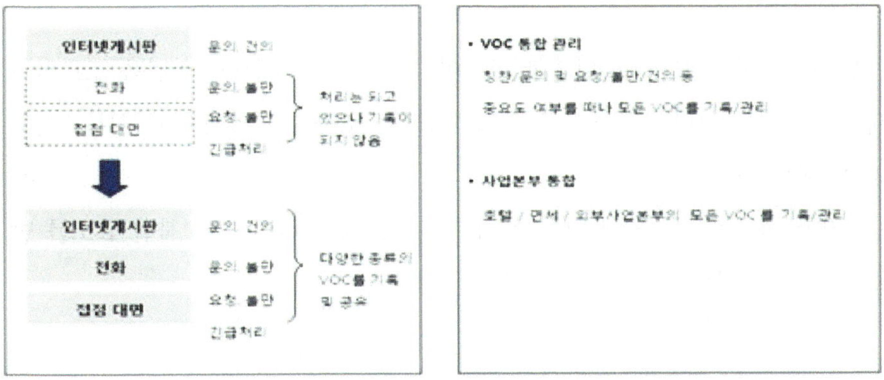

그림 4-3 VOC 채널 확대, VOC 관리 대상 확대

둘째, 해피콜(Happy Call) 설문 조사를 통해 고객만족 수준을 측정한다.

쉐라톤 그랜드 워커힐에서는 이용고객을 대상으로 해피콜을 실시하여, 상품 및 서비스에 대한 고객들의 피드백을 능동적으로 청취함으로써 현장 서비스 개선을 가속화하고, 상시적으로 서비스 품질을 관리하고 있다.

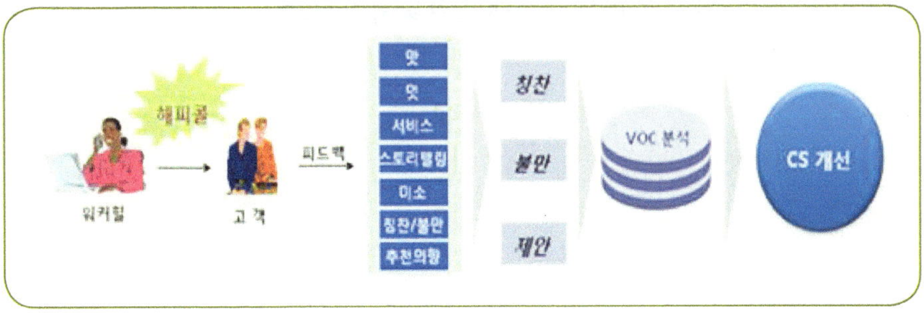

그림 4-4 Happy Call Process (쉐라톤 그랜드 워커힐)

셋째. VOC 분석을 통하여 측정한다.

앞에서도 언급했듯이 불만족한 고객이 4%만이 적극적으로 불만을 토로하기 때문에 기업은 보다 직접적으로 고객만족도를 조사하기 위해 주로 설문조사의 방법을 이용한다.

이러한 설문조사를 통해 VOC를 각 유형별로 분석하여 고객 불만 요소를 발굴하고, 이를 개선하기 위한 과제를 실행해야 한다.

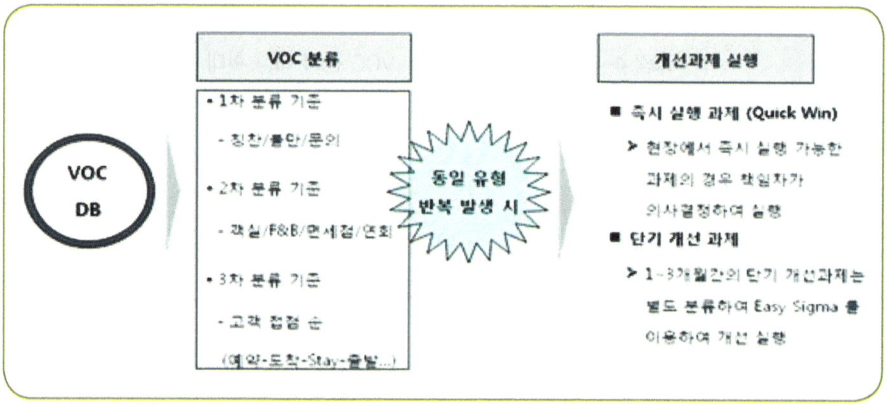

그림 4-5 VOC 분석 및 결과의 활용

표 4-10 VOC 현장 서비스 개선 사례

Outlet	서비스 문제점 (접수 채널)	개선활동	결과
객실	객실 투숙객 요청사항 수행 실수 (홈페이지 VOC)	· 시스템 보완 접수부서와 시행부서 사이의 오더 전달을 시스템으로 개선 (전화 및 시스템) · Order Happy Call 오더 수행 후, 실행 여부 확인과 고객만족도 점검	· 불만 발생 건수 감소
	Valet 출차 시간 지연 (Guest Comments Card)	· .Valet 차량 수요예측 객실 및 식음업장 예약현황을 사전 파악하여 탄력적으로 근무 스케줄 조정 · 무료 생수 제공 (~7월) 출차 대기 고객께 무료 얼음생수 제공 및 기다림 심리적 불만 완화	· 집중 시간대 출차 시간 지연 문제는 근본적 해결 어려움 · 기다림 불만 심리 완화 및 구두 컴플레인 감소
식음료	고객 입장 시 안내 데스크 직원의 인지가 늦음 (서비스 모니터링)	· 고객 내방 집중 시간대 인력 배치 예약고객의 내점집중 시간대(19:00~20:00) 및 FIT 고객 증가 시간대(21:30~23:00)에 2명의 직원을 출입구에 배치하여 Stand-by 및 안내 실시	· 입구의 고객 인지 강화
	음식 서비스 지연 (서비스 모니터링)	· 요리 시간 사전 예보 -조리와 미팅을 통해 메뉴별 조리시간 표준화 -메뉴 주문시 예상 시간을 사전 통보 -지속적으로 고객관찰지를 통한 고객 욕구파악 및 문제점 개선	· 서비스 지연 컴플렌인 감소 · 주1회 서비스 케어 미팅 실시
식음료 & 객실	찾기 힘든 영업장 위치 (현장 VOC)	· 적극적 현관 Greeting (6월~) -매일2회(총2시간30분) 간부급, 사원급 직원 2인 1조로 현관 Greeting 실시 -호텔입구에서 고객 목적지 및 각종 문의 안내실시	· 다량의 칭찬 VOC 접수 · 성수기 한정 실시에서 연말까지 확대 실시

Chapter 3.
호텔 고객만족관리

서비스의 핵심은 고객만족(CS: Customer Satisfaction)이다. 그러면 고객을 만족시킨다는 것은 무엇이며 고객만족은 왜 필요한가? 많은 환대산업기업에서 고객만족 실현을 위한 노력을 하고 있다. 이는 환대서비스에 있어서 고객만족은 최고의 품질을 증명하는 결과이기 때문이다.

1. 고객만족의 개념

혹자는 고객만족에 대해서 "고객의 성취반응이므로 정해진 수준 이상 고객의 기대를 충족하는 것으로 품질은 인지되지만 만족은 보통 경험으로 고객의 감정적 과정에 의해 강하게 영향 받는다. 만족은 이렇게 정해진 주관적인 기대수준에 의해 좌우되므로 객관적으로 낮은 혹은 높은 품질로도 개인의 기대에 따라 만족을 얻거나 얻지 못하는 경우가 생긴다. 따라서 고객만족이란 고객의 욕구와 기대에 최대한 부응한 결과 제품과 서비스의 재 구입이 이루어지고 더불어 고객의 신뢰감이 연속되는 상태를 의미한다."라고 주장하고 있다.

한편 품질과 만족을 다음과 같이 구분하고 있다. 품질판단의 기초가 되는 차원은 힌트나 속성 등과 같이 구체적인 데 반해 만족에 대한 판단은 품질과 상관없이 어떤 차원으로부터도 올 수 있다. 즉 만족은 서비스 제공자가 통제할 수 없는 요소, 다시 말해 품질차원이 아닌 것에 의해 얼마든지 좌우될 수 있다. 예를 들어 레스토랑에서 신용카드로 대금을 결재할 경우 카드 조회 시 걸리는 시간을 들 수 있다. 또한 만족은 품질 외적인 요소 즉 평등의식이나 공정성 같은 것에 의해서도 크게 좌우될 수 있으며 귀속, 감정, 인지 및 감정적 과정 등에 영향을 강하게 받는다. 결국 높은 품질에도 불구하고 불만족한 경우를 볼 수 있다. 즉 고급레스토랑에서 평소 친근한 직원이 부재중일 때 실망하는 고객은 좋은 예가 된다.

이상으로 볼 때, 환대서비스 고객만족이란 환대서비스 제공에 따른 고객의 일정한 수준 혹은 기대충족의 성취 반응이라고 할 수 있다.

Tip

쉐라톤 그랜드 워커힐의 고객만족

① 쉐라톤 그랜드 워커힐의 서비스 모토(Service Motto)

'서비스의 시작은 머리로, 전달은 가슴 어린 마음으로 마무리는 고객의 미소'라는 모토아래 워커힐 호텔은 언제나 최고의 서비스만을 고집합니다.
고객의 방문 목적과 취향에 맞는 다양한 객실, 세련된 비즈니스를 위한 최고의 서비스, 최고의 주방장들이 선사하는 세계 각국의 진미, 특별한 날을 최고로 빛내드리는 웨딩 및 연회 서비스, 그리고 건강과 휴식을 위한 피트니스센터 등, 워커힐 호텔은 고객 한분 한분을 최고의 고객으로 모실 수 있도록 모든 세심한 부분에서 최상의 준비를 하고 있습니다.

② 쉐라톤의 SI[1)]

'서비스의 시작은 머리로, 전달은 가슴 어린 마음으로 마무리는 고객의 미소'라는 모토아래 워커힐 호텔은 언제나 최고의 서비스만을 고집합니다.
고객의 방문 목적과 취향에 맞는 다양한 객실, 세련된 비즈니스를 위한 최고의 서비스, 최고의 주방장들이 선사하는 세계 각국의 진미, 특별한 날을 최고로 빛내드리는 웨딩 및 연회 서비스와 같은 최고의 서비스를 제공합니다.

1) Service Identity: 고객에게 제공되는 서비스를 이미지로 전개, 고객에게 차별화된 인지 가치를 갖도록 하는 서비스 전략.

Tip

쉐라톤 그랜드 워커힐의 고객만족

표 4-11 쉐라톤 SI

구 성	내 용
Personality	직원이 가져야 할 태도
Promise	직원들이 고객에게 약속하는 서비스 행동
Positioning	Personality와 Behavior를 통해 최종적으로 고객이 기억하는 모습

③ 쉐라톤 Value[2)]

우리는 언제나 진실한 마음으로 당신을 환영하고, 필요한 것을 살피며, 기대한 것 이상을 제공합니다. 우리는 당신이 집에서 멀리 떠나 있을 때 조차도 당신이 가장 소중히 여기는 것과 연결되도록 도울 것입니다 쉐라톤은 단순히 먹는 자는 공간이 아닙니다. 즐거운 경험을 나누고자 하는 사람들이 모이는 문화 공간입니다.

표 4-12 쉐라톤 Value

구성	내 용
Warm	우리는 언제나 진실한 마음으로 당신을 환영하고 , 필요한 것을 살피며, 기대한 것 이상을 제공합니다.
Connected	우리는 당신이 집에서 멀리 떠나 있을 때 조차도 당신이 가장 소중히 여기는 것과 연결되도록 도울 것입니다.
Community	쉐라톤은 단순히 먹는 자는 공간이 아닙니다. 즐거운 경험을 나누고자 하는 사람들이 모이는 문화 공간입니다.

Warm Connected Community

그림 4-6 쉐라톤 Value

2) 전 세계 쉐라톤 호텔을 방문하는 고객들이 전 세계의 모든 쉐라톤에서 동일한 가치를 경험할 수 있도록 일관성 있는 서비스를 제공하고자 쉐라톤의 서비스

2. 고객만족의 구성요소

고객을 만족시키기 위한 구성요소는 어떠한가? 고객만족의 개념에서 살펴보았듯이 만족이라는 개념은 품질과 구분 가능하다. 따라서 고객만족의 구성요소는 서비스 품질과 비교하여 설명하고자 한다. 혹자는 품질과 만족은 분석수준에서는 다르지 않지만 두 개념의 원인과 결과는 근본적으로 다르다는 데 학자들 간에 의견 일치를 보이고 있으므로 만족은 서비스의 구체적인 차원에 초점을 맞춘 서비스 품질에 대한 평가보다 넓은 개념으로 보아야 하며, 이러한 관점에서 지각된 서비스 품질은 고객만족 구성요소의 하나에 불과하다는 견해이다. 서비스 품질은 서비스의 5가지 차원에 대한 고객지각을 반영한 평가이다. 반면 만족은 보다 포괄적이어서 서비스 품질, 제품품질, 가격 등에 대한 지각뿐만 아니라 개인적인 요인을 포함한 상황적 요인에 의해 영향을 받는다. 예를 들어 환대서비스 부문 중 항공사의 서비스 품질은 비행일정에 따른 목적지로 출발과 도착의 여부(신뢰성), 항공예약/발권, 탐승수속, 수하물처리 능력 등에 대한 신속함에 있어 서비스요원들이 고객의 요구에 얼마나 잘 응대하는지(대응성), 비행에 있어 얼마나 안전한 기록을 보장하는지 혹은 기내서비스를 하는 직원이 유능함과 같은 믿음은 어떠한지(확신성), 특별고객의 요구사항에 대한 이해 정도와 고객개인의 욕구에 대한 정확한 예측(공감성) 그리고 항공서비스의 물리적인 표현으로서 항공기, 항공장비, 인력구조, 예약발권영업대리점, 직원의 유니폼 등의 외형적인 요소(유형성)등에 의해서 평가된다. 그리고 항공서비스의 고객만족은 이러한 5가지 서비스품질의 차원 이외에 제품품질(항공상에서 판매되는 제품의 품질), 항공권 가격 그리고 고객의 기분과 같은 감정상태, 날씨 등과 같은 일시적인 변화와 같은 조절 불가능한 상황적 요인에 의해서도 영향을 받게 된다.

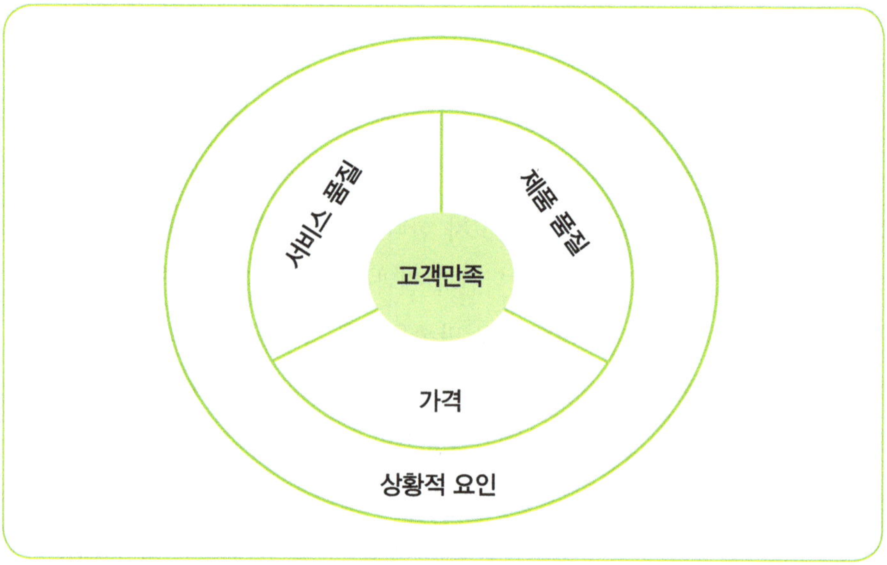

그림 4-7 고객만족의 구성요소

3. 고객만족의 필요성

호텔기업에 있어 고객만족은 왜 필요한가?

첫째, 기업의 매출이 신규고객과 기존고객의 반복구매에서 일어나기 때문이다. 새로운 고객을 끌어들이는 것은 기존의 고객을 유지하는 것보다 많은 비용이 든다. 그러므로 신규고객 창출보다 기존고객의 유지가 기업의 생존에 보다 중요하다. 이러한 중요성을 갖는 고객유지의 핵심은 바로 고객을 만족시키는 것이다. 만족한 고객은 반복구매를 하며 다른 사람에게 서비스에 대한 좋게 평가하며 경쟁업체의 브랜드와 광고에 관심을 크게 쏟지 않고 그 회사의 다른 서비스에 대해서도 호의적인 반응을 보내기 때문에 만족한 고객은 단순한 매체광고보다 훨씬 더 효과적인 광고수단이 될 수 있다. 고객만족은 불만족한 고객의 행동을 살펴봄으로써 더욱 명확하게 알 수 있다. 한 조사에 의하면 일반적으로 만족한 고객은 제품에 대한 좋은 경험을 3명의 타인에게 말하는 반면에 불만족한 고객은 11명에게 그 내용을 전달한다고 한다. 결국 기업의 관점에서 고객만족경영은 그 기업의 좋은 이미지와 시장 확대를 위한 매우 중요하다.

둘째, 고객만족에 의한 긍정적인 목적인 이익을 가져다주기 때문이다.

셋째, 고객만족에 의한 긍정적인 경영성과는 최일선 서비스직원 개개인과 조직의 구성원을 존재하도록 하며, 더 나아가서는 사회 및 국가의 안정을 꾀한다.

호텔기업과 같은 환대서비스 상품은 모방이 매우 쉽다. 예를 들어 어느 여행사에서 유럽 배낭여행 상품을 만들어 고객에게 판매하여 많은 이익을 보게 되면 여러 많은 다른 여행사들은 거의 같은 여행내용으로 상품을 만들어 판매한다. 또한 어느 호텔에서 개발한 차별화된 서비스가 좋은 성과를 보게 되면 다른 경쟁업체들이 같은 서비스를 고객들에게 제공하는 경우를 볼 수 있다. 따라서 관광서비스를 제공하여 운영되고 있는 기업은 날로 치열한 경재 속에 무한경쟁과 고객의 욕구가 날로 고급화 · 다양화 · 개성화되는 시점에서 고객 지향적인 사고로 전환하여 고객만족경영에 관심을 집중하는 것은 당연한 일이다. 그러나 지속적인 고객만족 경영을 위해서는 고객을 창출하는 것도 중요하지만 고객의 불만을 효과적으로 처리하여 고객충성으로 전환이 필요하다.

Tip

고객만족서비스를 위한 7가지 법칙 I

고객을 먼저 알아보자.

우리의 일상생활 가운데에서 기본을 즐겁게 해주는 한 경우는 본인이 모르는 사람이 자신의 이름을 기억해 주었을 때이다. 예를 들어 고객이 호텔의 Door Desk 또는 Bell Desk에 발을 들여놓자마자 자신의 이름을 부르는 인사를 받았을 때 그 고객은 매우 감동한다.

Tip

고객만족서비스를 위한 7가지 법칙 II

첫인상을 좋게 하라.

첫 인상이 나쁘면 이를 만회할 기회가 좀처럼 오지 않는다. 고객이 서비스업체에서 겪게 되는 첫 경험은 그의 마음에서 좀처럼 지워지지 않는다. 서비스기업은 고객과의 첫 접촉에서 고객의 마음에 이미지를 심어준다. 고객이 받는 이러한 인상은 보통 즉각적이고 직감적으로 나타난다. 주차장의 조명상태는 잘되어 있는가? 현관 입구의 카펫은 혹시 지저분하지 않는가? 호텔의 직원들은 고객에게 필요한 최소한의 인사를 잘하고 있는가? 이상과 같은 여러 가지 요인들이 당 업체에 대한 고객의 첫 인상을 결정하는 데 중요하게 작용한다.

Tip

고객만족서비스를 위한 7가지 법칙 III

고객의 기대감을 충족시켜라.

고객의 불편을 끼치지 않는 안락한 환경을 원한다. 그들은 귀 업체에서 만들어낸 영업에 관한 책자를 읽어보려고 하지도 않고 회사의 정책이나 업무절차를 이해하려고 신경 쓰지도 않는다. 또한 업무절차에 따라 이행하는 것조차 별로 관심이 없다. 그들이 원하는 것은 불평할 것 없이 자기들의 욕구만 충족되기를 바랄 뿐이다.

Tip

고객만족서비스를 위한 7가지 법칙 IV

고객의 수고를 덜어주라.

고객이 호텔의 서비스를 구입함에 있어서 가능한 한 적은 노력과 수고를 들려고 원한다. 따라서 그러한 노력과 수고는 호텔 측에서 부담해야 하며 고객이 주문하기도 쉽고 방도 구하기 용이하며 지불절차도 간편해야 한다. 오늘날 우리사회는 편의위주의 사회가 되었다. 그래서 레스토랑에 차를 몰고 직접 들어갈 수 있는 drive-through, 음식을 가지고 밖으로 가지고 나갈 수 있도록 포장해주는 take-out 또는 배달까지 해주는 서비스가 급속도로 발전하였다. 비록 겉보기에 사소한 편의제공으로 보이지만 결과적으로 엄청난 차이를 가져온다.

프랜차이즈 레스토랑 고객층은 독신남녀들이다. 수년 동안 고객들의 지불방식은 직원이 청구서를 고객의 테이블에 놓으면 고객이 그걸 가지고 계산대에 가서 지불하는 절차를 취했다. 바쁠 때는 고객이 지불하기 위하여 줄을 서서 기다려야 했다.

고객들의 대상으로 설문조사를 한 결과 고객들이 줄서 기다리는 것이 시간낭비라고 생각되어 싫어한다는 사실이 밝혀졌다. 그래서 요즘 쉐라톤 그랜드 워커힐에서는 직원이 테이블에서 직접 계산을 실시할 수 있는 PDA가 도입되어 고객의 수고를 덜어주고 있다.

그림 4-8 PDA

Tip

고객만족서비스를 위한 7가지 법칙 V

고객의 의사결정을 용의하게 하라.

고객들은 자기가 스스로 결정하는 것을 별로 좋아하지 않는 경향이 있다. 더구나 자세한 내용을 잘 모르고 있을 때 더욱 그렇다. 이때 직원의 도움이 필요하다. 판매 위주가 아닌 권유판매(Suggestive Selling)를 통하여 고객의 마음의 결정을 용의하게 해준다. 예를 들면 음료 또는 디저트를 소개하는 내용을 로비, 식당, 기타 상점 등에 판매촉진용 포스터를 부착하는 것과 당일의 특별메뉴의 소개 등이다.

Tip

고객만족서비스를 위한 7가지 법칙VI

고객의 견해에 초점을 맞추어라.

싱고객들은 서비스업체에 대해 나름대로의 견해를 가지고 있고 그것을 또한 현실로 받아들이고 있다. 업체의 입장에서 생각하고 있는 것처럼 고객들로 반드시 그렇게 생각하지 않는다. 업체에서 책정한 가격수준이 경쟁업소들의 가격수준과 동일하다든지, 또는 직원들의 지식수준이 다른 경쟁업체보다 훨씬 높은가의 문제는 고객들의 입장에서 볼 때 별로 문제가 되지 않는다. 고객이 볼 때 업체에서 제시한 가격이 비싸다고 생각하면 비싼 것이고, 직원들이 최소한의 지식과 정보를 갖추지 못하고 있다고 고객들이 믿고 있다면 그것이 사실이라고 보지 않을 수 없는 것이다. 어떤 방식과 절차에 의하여 직원 교육을 시켰는가의 문제는 일단 별도로 취급해야 한다.

Tip

고객만족서비스를 위한 7가지 법칙VII

고객이 회상하고 싶어 하는 추억을 만들어라.

.사람들은 기억나는 좋은 시절을 다시 한번 만들어 내고 싶어 한다. 이러한 원리는 업체를 다시 찾아오도록 단골 고객을 만들어 내는 기초가 된다.

사람들은 자기 자신이 영리하다고 느끼는 것을 좋아한다. 예를 들어 고객이 어느 호텔 레스토랑을 이용하였는데 그 고객만의 특별한 준비가 되어 있어 추억을 만들어 주었다면 고객은 영원히 잊을 수 없는 것이다

고객에게 특별한 추억을 만들고자 워커힐에서 시도한 것은 바로 스토리텔링(Storytelling)이다

쉐라톤 그랜드 워커힐에서 2009년 SK신년 교례회 행사가 있었다.

직원들은 기축년 소의 해를 맞이하여, SK 그룹의 행복 날개가 경제발전과 기업성장을 이룰 수 있는 선물상자를 실은 우마차를 이끄는 모습과 경제위기에 놓여진 세계를 구원하는 주축이 되어 글로벌 기업으로서의 위상을 드높이겠다는 의지를 표현하는 방법으로 그곳에 참석한 고객에게 감동을 주는 것을 스토리텔링의 포인트로 잡았다.

Tip

고객만족서비스를 위한 7가지 법칙VII

그림 4-9 SK 신년교례회

Chapter 4.

호텔서비스 컴플레인 응대 방법

제 1 절 컴플레인 응대 방법의 기본

서비스 기업에서 '고객은 왕이다'라고 한다. 그러나 왕으로 대접을 해도 조용히 이탈하는 고객이 있기 마련이다. 고객과 서비스기업은 서로가 얻고자 하는 것을 향해 관계를 유지하게 된다.

이러한 관계를 잘 유지하기 위해서는 구성원이 고객지향적인 서비스를 제공하고자 하는 노력이 필요하다. 호텔기업의 서비스접점에서 불평불만을 피력하는 고객은 고마운 고객으로서 잘못된 서비스를 회복할 수 있는 기회를 제공해 준다. 성공적인 호텔기업경영을 위해서는 그들의 불평에 귀를 기울여야 하며, 이에 적극적으로 대응하므로 실패한 서비스를 제 때 복귀할 수 있는 기회를 제공하여 이익의 저하를 막아준다. 즉 "보석이 있는 곳을 가르쳐 주는 그들을 우리는 불만고객이라 부른다."라고 표현할 수 있다.

전통적인 호텔기업의 문화는 서양문화라고 할 수 있다. 그러나 우리나라 대부분 호텔은 주 고객이 한국인이다. 따라서 호텔기업의 생존을 위해서는 한국인의 서비스 문화를 잘 알아야 고객대응력을 높일 수가 있다. 한국인이 좋아하는 서비스를 알아보면 첫째, 융통성을 바란다. 고객은 당신을 위해 융통성을 발휘해 주는 것을 좋아한다. 둘째, 기분에 치우친다. 기분을 좋게 해 주면 대부분의 문제가 해결된다. 셋째, 연고를 중요시 한다. 고객은 학연, 지연, 혈연 등 당신과 연결될 수 있는 부분을 찾게 된다. 넷째, 권력 지향적이다. 따라서 고객에 대한 호칭은 회장님, 사장님 또는 선생님 등 가급적이면 높여서 호칭하는 것이 좋다. 다섯째, 쉽게 흥분하고 쉽게 식으며 공사를 혼동한다. 앞에서 열거한 것을 종합해 보면 한국적인 서비스는 무조건 친절하기 보다는 융통성 있게 고객을 특별대우 하고 있다는 것을 암시해 주는 것이 가장 효과적이라고 할 수 있다.

즉, 개개인의 취향과 바람에 맞는 것을 미리 준비하고, 이행하는 전사적 개별 고객마케팅을 구사하는 것이다.

1. 컴플레인의 의미

고객은 기대를 가지고 호텔을 이용한다. 그러나 그 기대가 실제로 경험한 '현실'과 차이가 있을 때 고객의 만족도는 달라지며, 불만족함에 대한 감정을 표현하는 것이 컴플레인이다.

컴플레인은 고객이 우리에게 보내는 또 다른 관심이라 생각하고 적극적으로 해결해야 고객의 이탈을 막을 수 있으며 일반적 의미로 고객은 나에게 스트레스를 제공하는 힘들고 까다로운 존재가 아니라 새로운 의미로 번거로움에도 불구하고 우리의 잘못을 다시 한 번 뒤돌아 볼 수 있도록 도와주는 고마운 고객이라는 새로운 의미로 해석할 수 있다.

불만을 토로하는 고객은 충성심이 있는 고객들이기 때문에 그 고객의 불만을 잘 풀어주면 충성도는 배가 될 수 있다.

표 4-13 고객 컴플레인의 새로운 시각

구분	고객 컴플레인	컴플레인 고객
일반적 의미	항의 / 잔소리 / 떼쓰기	스트레스를 제공하는 힘들고 까다로운 존재
새로운 의미	아이디어 / 힌트 / 조언 / 예언	우리를 다시 한 번 돌아봐 주는 고마운 고객

2. 고객의 기본적 욕구 및 컴플레인 발생원인

고객은 환대산업의 중추 기업인 호텔기업의 서비스를 구매 및 이용하면서 바라는 기본적인 욕구가 있으며 그러한 욕구가 충족되지 않거나 다양한 아래의 원인으로 컴플레인이 발생한다.

1) 고객의 기본적 욕구

- 기억되기를 바라는 욕구
- 중요한 사람으로 인식되고 싶은 욕구
- 칭찬받고 존경 받고 싶어 하는 욕구
- 환영 받고 싶어 하는 욕구
- 편안해지고 싶어 하는 욕구
- 기대와 욕구를 수용해 주길 바라는 욕구

2) 컴플레인 발생원인

- 퉁명스러운 말씨, 불친절
- 불결한 직원의 용모와 복장
- 고객의 기대에 못 미치는 서비스 제공
- 느린 서비스 제공
- 약속의 불이행

- 고객의 요청을 단정적으로 거절 또는 무관심
- 직원의 실수 또는 무례한 태도

3. 컴플레인 응대의 중요성

컴플레인 응대를 잘하면 어떤 효과 있는지 그 중요성에 대해 크게 3가지로 볼 수 있다.

1) 하인리히 법칙 (1:29:300법칙이라고도 함)

하나의 큰 사건 위에는 경미한 고객 불만이 29건 있고, 또 그 29건 이면에 사원들의 좋지 않은 징후가 300건 숨어 있다는 법칙이다.

최근 도요타 리콜 사례가 대표적인 사례이다.

이 사건이 일어나기 6년 전부터 내부적으로는 좋지 않은 징후를 겪었으나 쉬쉬하며 해결하다 이렇게 큰 사건으로 번진 것을 볼 수 있다.

2) 고객 유지율을 증가시켜 이윤을 높일 수 있다

만족한 고객 재방문 확률은 57% 불만족 고객이 만족 후 재방문 확률은 무려 87%라고 한다.

3) 부정적인 구전효과 최소화

사람은 좋은 서비스를 받았을 때보다 좋지 않은 서비스를 받았을 때 다른 사람에게 더 많이 전하고 싶어 한다. 부정적인 일을 경험한 고객 한 사람은 무려 67명의 고객에게 전달한다고 한다. 즉, 67명의 고객을 만나보기도 전에 잃어버리는 것이다.

Tip

문제점을 일찍 파악하여 해결의 기회를 준다.

기다리지 않고 즐길 수 있는 곳, 디즈니랜드

전 세계 어느 곳의 디즈니랜드를 가 봐도 모두 결벽증에 걸린 사람들이 청소를 한 것처럼 깨끗한 거리에, 직원들은 고객의 문제를 즉시 해결해 준다.

그들은 고객을 우선시하는 일을 가장 중요하게 생각하여, 만약 고객에게 문제가 발생했는데도 직원들이 해결해 주지 못했다면 그것보다 큰 잘못은 없다고 생각한다.

사실 완벽한 것은 존재하지 않는다. 사람이 날씨를 조절할 수는 없다. 디즈니랜드만 덥지 않고 맑은 날씨가 계속 되도록 할 수는 없다. 하루에 수만 명의 고객이 디즈니랜드를 찾는다면 줄이 길어질 수밖에 없다.

비슷한 시간에 비슷한 놀이 기구에 사람들이 몰리게 마련이다.

고객들이 불만을 가질 수 있다는 문제점을 일찍 파악하여 몇 년 전부터 '패스트 패스(Fast Pass)제도'를 도입해 방문객들이 자리를 예약할 수 있도록 만들었다. 기계에 입장권을 넣으면 예약 시간이 찍혀 나온다. 고객들은 다른 놀이기구를 먼저 즐긴 후 다시 돌아와 줄을 서지 않고 예약된 놀이기를 탈 수 있다.

디즈니랜드의 가장 큰 문제점조차 디즈니랜드사의 발 빠른 노력으로 해결될 수 있었으며, 오히려 더 많은 고객을 디즈니랜드로 올 수 있도록 만들었다.

제 2 절 컴플레인 고객 응대

1. 컴플레인 고객 응대 기법

호텔기업은 고객의 컴플레인을 효과적으로 대처하기 위하여 다양한 응대 방법을 직원들에게 교육을 시키고 있다. 아래 〈표 7-15〉은 쉐라톤 그랜드 워커힐에서 고객의 컴플레인 응대에 활용하고 있는 PTM기법이다.

표 4-14 PTM 기법 및 내용

기 법		내 용
P	장소(Place)를 바꾼다.	· 주변의 다른 고객들까지 불만이 터져 나온다. · 고객이 컴플레인을 알리기 위해 오랫동안 서있으면 화가 더 날수 있다. · 컴플레인 고객에 의한 다른 고객의 선동을 사전에 방지할 수 있다.
T	시간(Time)을 바꾼다.	· 화가 난 고객이 진정할 시간을 준다. · 직원 역시 진정할 시간을 주며 고객의 컴플레인에 대한 대처방법을 강구할 시간을 준다.
M	사람(Man)을 바꾼다.	· 컴플레인 고객의 최초 응대 자를 교체하여 서비스가 아닌 최초 응대 직원에 대하여 발생한 화를 가라앉히거나 발생을 방지한다. · 되도록이면 상사가 응대하여 고객에게 컴플레인 응대의 신뢰를 준다. · 국내의 사회 · 문화적 특성 상 남직원이 응대하는 것이 좋다.

2. 컴플레인 고객 응대 프로세스

고객의 컴플레인 발생 시, 초기 응대 직원이 어떻게 대응하느냐에 따라서 고객의 컴플레인 수위가 높아질 수도 혹은 낮아질 수도 있다. 따라서 호텔기업은 고객의 컴플레인을 최소화 하기 위한 응대 프로세스를 직원들에게 교육시키며 고객의 컴플레인을 최소화하기 위한 노력을 하고 있다.

아래는 고객의 컴플레인을 최소화하기 위한 컴플레인 응대 프로세스인 쉐라톤 그랜드 워커힐의 HEAT 기법을 소개하고자 한다.

첫째, H는 'Hear them out'의 첫 자를 딴 것이다. 고객의 불만을 끝까지 잘 들으라는 뜻이다. 이 때 무조건 듣는 것이 아니라 잘 듣고 있음을 즉각적으로 표현하며 들어야 한다. 예를 들어 고개를 끄덕이거나 "저런, 그러셨어요?" 와 같은 감정을 넣어 맞장구를 치면서 말이다.

둘째, E는 'Empathize'의 첫 자를 딴 것이며, 고객과 공감하는 표현이다. 문제보다는 먼저 고객(사람)에게 초점을 맞추는 것이 공감의 기술이라고 볼 수 있다. 예를 들어 아이가 샌드위치를 먹고 설사를 했다고 고객이 컴플레인을 한다. "오늘 낮에 우리 아이가 여기서 포장해 간 샌드위치 밖에 먹은 게 없는데 계속 설사하고 토를 한다."고 한다. 이 사례에서 살펴볼 때 문제는 포장해간 샌드위치이며 고객(사람)인 아이가 설사와 토를 한다는 사실이다. 만일 이때 "죄송합니다만 자녀분께서 그 날 저희 샌드위치만 먹은 것이 맞습니까?"라고 응대하면 문제에 초점을 둔 것이다. 고객(사람)에 초점을 맞추어 공감을 한다면 "자제분이 설사와 토를 하니 얼마나 놀라셨습니까?"라고 응대하는 것이 좋다.

셋째, A는 'Apologize'의 첫 자를 딴 것이며, 고객에게 사과하는 부분이다. 사과는 무조건 "죄송합니다."만 말하는 것이 아니며 고객의 부정적인 감정의 원인이 무엇인지를 언급하며 해야 한다. 예를 들어 오래 대기를 하고 있는 고객에게 사과하는 방법은 부정적인 감정의 원인인 '오래 기다림'을 언급하는 것이다. 즉, "오래 기다리게 해서 죄송합니다." 라고 말하는 것이다.

넷째, T는 'Take responsibility for action'의 첫 자를 딴 것이며, 문제 해결에 대한 책임감을 갖고 신속하게 처리해 드리는 것이다. 이때 중요한 것은 해결한 문제에 대한 고객만족도를 다시 한 번 확인 후 이해에 대한 감사 표현을 실시하고 고객의 감정과 우리의 책임여하에 따라 부가 서비스를 제공하는 것이다.

표 4-15 HEAT 기법

기 법	내 용
Hear them out	· 끝까지 들어 준다. · 즉각적인 반응을 한다.
Empathize	· 공감한다.
Apologize	· 진실 되게 사과한다.
Take responsibility for action	· 책임을 갖고 해결한다.

Tip

HEAT 적용 고객 불만 응대 방법 I (식음료)

남은 음식을 포장해 주지 않는다고 컴플레인 하는 경우

H: 고객님. 남은 음식을 포장해 가고 싶으시다는 말씀이시죠?

E: 주문하신 요리가 남아서 속상하신 거 이해합니다.

A: 하지만 저희가 포장을 해 드리지 못하는 것은 다른 이유에서가 아니라 고객님의 위생 안전 때문입니다. 요즘처럼 더운 날은 음식이 상하거나 변질될 위험이 있고, 실제로 예전에 고객님의 요청으로 음식을 포장해 드렸다가 사고 난 경험이 있어 회사에서 규정으로 정하게 되었습니다. 죄송합니다.

T: 이해해 주셔서 감사합니다. 다음 방문 시에는 고객님을 기억하여 주문 전 고객님이 드실 수 있는 양의 메뉴를 선택하실 수 있도록 신경 써 드리겠습니다.

POINT

규정을 앞 세우면 고객은 반발할 수 있다.
고객의 요청을 충분히 이해함을 전달하고, 고객의 안전을 위해 어쩔 수 없음을 부드럽게 설득한다.

Tip

HEAT 적용 고객 불만 응대 방법 II (객실)

유효기간이 지난 쿠폰을 가지고 와서 숙박하겠다고 컴플레인 하는 경우

H: 네, 고객님, 그 동안 정말 많이 바쁘셨나 봅니다.

E: 쿠폰을 이용하시면 경제적인 가격으로 저희 객실을 이용하실 수 있는 좋은 기회였는데 많이 서운하시죠?

A: 하지만 고객님, 죄송합니다만 쿠폰 발행 및 관리는 담당 부서가 다르고 다른 고객님들도 같은 이유로 쿠폰 연장을 요청하는 사례가 빈번하여 저희가 공정히 업무를 처리하기 위해 정해진 규정을 따를 수밖에 없습니다. 언짢으시더라도 이해해 주십시오.

T: 쿠폰 사용 가격만큼은 혜택은 아니더라도, 저렴하고 고객님들에게 인기 좋은 00 패키지가 있는데 이것은 어떠십니까? (쿠폰 연장은 못 도와 드린 대신, 제가 추가 비용 없이 한강 View로 객실을 드리도록 하겠습니다.)

POINT

규정 상 연장이 안 된다고 바로 거절하기 보다는, 쿠폰 사용을 못한 고객의 서운한 마음을 먼저 공감해 주고, 다른 방법으로 도와주려는 의지를 표현한다.

Tip

HEAT 적용 고객 불만 응대 방법 III (면세)

여권을 가지고 오지 않아 물건을 구입 못 한 고객이 컴플레인 하는 경우

H: 내일이 출국일 이시네요.

E: 하루 전 일부러 시간 내어 오신 것인데 얼마나 속상하십니까?

A: 제 마음으로는 정말 도와 드리고 싶은데 면세 규정 상 어쩔 수 없는 부분입니다.
교환권의 정보가 여권과 다르면 구매를 하셔도 물품 수령이 어렵습니다.
그래서 도와 드리지 못하는 것이니 이해해 주십시오.
저희가 미리 확인해 드렸어야 했는데 죄송합니다.

T: 고객님, 혹시 여행사를 이용하십니까?
그렇다면 여행사에 요청하셔서 고객님의 여권 사본을 저희 면세점 Fax로 보내 달라고 요청하시면 문제가 해결될 수 있습니다.(있을 경우) 다행입니다. Fax가 도착할 때 까지 쇼핑을 하시는 것은 어떠세요? Fax가 도착하는 데로 즉시 고객님 핸드폰으로 연락 드리겠습니다.

POINT

즐겁게 쇼핑하고 여권이 없어 구매를 못하여 실망한 고객의 마음을 역지사지로 헤아려 본다.

Tip

고객 유형별 특징과 응대 방법 I

특징

- 사소한 것에도 곧잘 흥분하고 감정의 기복이 심한 고객
- 이야기 하는 도중에 자기가 말하는 것에도 흥분하는 경우도 있다.
- 상황을 처리하는 데 자기가 생각한 한 가지 방법 밖에 없다고 믿는다.

응대요령

- 조심해서 평온하게 이야기를 진행하고 말투나 태도에 주의해서 고객의 감정을 자극하지 말아야 한다.
- 고객은 나에게 항의하는 것이 아니고 회사에게 항의 하는 것이므로 일어난 상황을 개인적인 일로 받아 들이면 안되기 때문에 논쟁을 하거나 마주 화를 내는 일이 없도록 하여 상대방이 소진될 때까지 시간을 두고 기다려야 한다.
- 부드러운 분위기를 유지하며 정성스럽게 응대하되 음성에 웃음이 섞이지 않도록 유의한다.

Tip

고객 유형별 특징과 응대 방법 II

특징

- 말도 끝도 없이 "달달달~" 계속 말을 내뱉는 고객
- 일단 흉을 잡던지 불평을 하지 않으면 안 되는 고객

응대요령

- 말하는 것을 잘 듣고 비난에 빠져들지 않도록 한다.
- 때를 맞추어 때때로 포인트를 확인하고 주도권을 잡는다.
- 정면 충돌하지 않도록 세심한 주의를 기울인다.
- 이런 고객의 말문을 노골적으로 막으면 안된다.

Tip

고객 유형별 특징과 응대 방법 III

특징

- 이덕저것 캐묻고 이리 가우뚱 저리 가우뚱 의심이 많은 고객
- 일단 의심을 하고 납득이 가기 전까지는 결코 행동으로 옮기지 않는다.

응대요령

- 대충적인 설명을 피하고 자신을 갖고 확실하게 설명한다.
- 이런 고객에게는 너무 자세한 설명이나 친절도 의심의 대상이 되기 때문에 분명한 증거나 근거를 제시하여 스스로 확신을 갖도록 유도하여야 하며 때로는 책임자로 하여금 응대케 하는 것도 좋다.

Tip

고객 유형별 특징과 응대 방법 IV

특징

- 빈정거리거나 비꼬며 말하고 무엇이든 반대하여 이야기 하는 고객
- 열등감이나 허영심이 강하고 자부심이 강한 사람이다.
- 아무렇게나 말을 마구 내뱉듯이 말하다가 상대로부터 강한 추궁이나 반박을 당하면 자신이 한 말이 아무 의미 없는 것으로 책임을 회피 하곤 한다.
- 문제자체에 중점을 두어 이야기 하지 않고 특정한 사람이나 문구, 심지어는 대화 중에 사용한 단어의 의미를 꼬투리를 잡아 항의 하는 등 아주 국소적인 문제에 더욱 집착하여 이야기 한다.

응대요령

- 대화의 초점을 주체방향으로 유도하여 해결에 접근할 수 있도록 자존심을 존중해 주면서 응대하고 손님이 빈정거림을 적당히 인정하고 요령 것 받아 줌으로서 손님의 만족감을 유도하면 타협의 자세를 보이게 된다.

Tip

고객 유형별 특징과 응대 방법 V

특징

· 과시욕이 강하고 큰소리를 침
· 문제에 대하여 자신이 누구보다도 풍부한 지식을 가지고 있다고 생각하는 고객

응대요령

· 뽐내는 고객은 길제로 풍부한 지식을 갖고 있는 사람도 많지만 일반적으로는 많은 지식을 알기 보다는 아는 척 하는 수준의 고객이 많다.
· 이런 고객은 비위를 잘 맞춰주면 비교적 빨리 해결될 수 있다.
· 고객에게 따지거나, 가르치듯이 이야기 하는 것은 금물이다.
· 칭찬을 해주거나, 고객의 말에 맞장구를 치는 행동을 취하는 것도 좋다.
· 인내를 갖고 고객의 이야기를 끝까지 경청하는 태도를 취해야 한다.

Tip

고객 유형별 특징과 응대 방법VI

특징

· 자아가 강하고 끈질긴 성격을 가진 고객이다.
· 자신이 했던 말을 기억하지 못하거나, 자신의 주장과, 요구사항이 해결되지 않을까 불안해 하여 같은 말을 되풀이 하는 고객이다.

응대요령

· 고객의 말에 지나치게 동조하지 말고 항의 내용을 요약하여 고객에게 문제를 충분히 인지하고 있다는 사실을 확인시켜 준다.
· 결혼을 내어 고객에게 믿음을 주어야지, 회피하려는 인상을 주면 안되므로, 가능한 신속한 결단을 하는 것이 좋다.

Tip

고객 유형별 특징과 응대 방법Ⅶ

특징

- 성격이 급한 고객은 조금만 처리가 늦어져도 "빨리 빨리"를 외치고 재촉이 심한 고객이다.
- 기다리지 못하고 안절부절 불안해 한다.

응대요령

- 성격이 급한 고객은 가능한 빨리 처리하는 것이 중요하다.
- 신속 · 정확하게 업무처리를 하고 있다는 인상을 주어야 한다.
- 고객에게 말은 시원시원 하게 행동은 빨리빨리 하는 것이 상책이다.
- 가부를 분명히 해서 답변한다. 글쎄요, 아마..., 저... 하는 식으로 애매한 말을 쓰면 고객은 더욱 조바심을 내고 신경을 날카롭게 곤두세우게 된다.
- 자칫하면 폭발하기 쉽고 조심해야 할 고객이다.

Tip

고객 유형별 특징과 응대 방법Ⅷ

특징

- 원칙에 어긋난 일을 부탁한다거나 도저히 될 수 없는 일 임에도 불구하고 요구한다.
- 고객은 자신의 입장만을 생각하여 이야기 한다.

응대요령

- 고객이 무리한 요구를 하면 그처럼 답답한 일은 없다.
- 싸움을 걸기 위해 일부러 무리한 요구를 하는 못된 고객도 없지 않겠지만 대부분의 경우 고객은 자신의 입장만을 생각할 뿐 그 요구가 무리하다는 것을 알지 못한다.
- 이럴 때는 우선 고객의 입장을 충분히 이해하고 있음을 알려준 후 고객이 무리한 요구임을 납득할 수 있도록 차근차근 설명을 하여야 한다.
- 답답하고 짜증이 난다고 해서 "모르는 소리하지 마세요" "아 이 양반이 이거 처음 보나" 식으로 면박을 주고 무안을 주는 일이 있어서는 결코 안 된다.

참고문헌

강무근 · 조한용 · 우문호(2001). 『관광외식 원가관리』, 서울: 효일.

곽동경(1986). 『품질관리의 중요성』, 국민영양, 11, 45-47.

권봉헌 · 박재희(2009). 『호텔식음료관리론』, 서울: 백산출판사.

권혁률(2010). 『관광서비스론』, 서울: 현학사.

김대철(2009). 『와인과 포도』, 서울: 한올출판사.

김대철(2009). 『와인과 음식』, 서울: 한올출판사.

김선정(2009). 『싱가포르 MICE산업 현황』, 한국무역협회 국제무역연구원.

김성혁 · 황수경 · 김연선(2009). 『외식마케팅론』, 서울: 백산출판사.

김의겸(2007). 『소믈리에실무』, 서울: 백산출판사.

김준철(2009). 『와인』, 서울: 백산출판사.

김준철(2002). 『와인 알고마시면 두배로 즐겁다』, 서울: 세종서적.

김태한(2010). 『부티크 호텔 연출에서의 객실 레이아웃 특성에 관한 연구』, 홍익대학교 산업미술대학원 석사학위논문.

레저산업진흥연구소(2008). 『호텔용어사전』, 서울: 백산출판사.

문화체육관광부(2010). 『2011년 주요 업무계획』.

박대환 · 한진수 · 장병주 · 조보경(2009). 『호텔관광서비스 이론과 실제』, 서울: 백산출판사.

박성수 · 황호영 · 김공수 · 이경근(2009). 『디지털로그 시대의 인적자원관리』. 서울: 박영사.

박영배 · 정연국 · 조춘봉(2010). 『음료주장관리』, 서울: 백산출판사.

박인규(2007). 『소믈리에실무』, 서울: 대왕사.

박인규 · 장상태(2006). 『호텔식음료실무경영론』, 서울: 기문사.

변광인 · 박성수(2009). 『칵테일실무』, 서울: 대왕사.

보서상길 · · 김문성 · 서정태(2009). 『음료서비스 실무』, 서울: 백산출판사.

신형섭(2007). 『호텔실무용어해설』, 서울: 갈채.

윤상은(1996). 『제주지역 관광호텔 식음료 원가관리에 관한 연구』, 제주대학교 경영대학원, 석사학위논문.

이관표 · 정웅용(2009). 『음료와 칵테일』, 서울: 백산출판사.

이석현 · 김의겸 · 김종규 · 김학재 · 김선일(2009). 『조주학개론』, 서울: 백산출판사.

이정자(1981). 『호텔식음료원가관리』, 서울 형설출판사.

이희천(2007). 『현장실무자를 위한 연회관리』, 서울: 갈채.

정규엽(2010). 『호텔 · 외식 · 관광 마케팅』. 서울: 연경사.

조문수(1995). 『호텔고객메뉴 선택행동과 메뉴계획』, 한양대학교 박사학위논문.

조인환(2010). 『국제매너』, 서울: 대왕사.

증권감독원 감사자료. 2011.

최동열(2004). 『연회실무』, 서울: 백산 출판사.

최병호 · 유도재(2009). 『호텔식음료실무론』, 서울: 백산출판사.

칵테일백과사전 편찬위원회 편(2001). 『세계의 명주와 백과사전』, 서울: 민중서관.

한국관광공사(2008). 『국제회의 경제적 파급효과 분석에 관한 연구』.

한국관광공사(2008). 『한국의 MICE산업 발전 방안』.

한국관광공사(2011). 『2010 MICE산업통계 조사연구』.

한국외식산업연구소(2002). 『외식사업경영론』, 서울: 백산출판사.

한국외식정보(1998). 『월간식당 6월호』.

한국외식정보(1998). 『월간식당 12월호』.

황해정(2009). 『와인과 칵테일』, 서울: 기문사.

황희곤 · 윤은주(2009). 『MICE산업, 대한민국의 미래입니다』, 서울: 세림출판.

COEX. 『2009 컨벤션산업 현황 및 발전방안』.

EBS, 미래 뜨는 직업, 2011년 12월 21일 방송, 쉐라톤 그랜드 워커힐편.

USALI 10차 개정판.

Andy N.(2011). 『Understanding the Economic Impact of MICE Industry』.

Bowen, J. W. & Shiang-Lih, C.(2001). 『The Relationship between Customer Loyalty and Customer Satisfaction』. International Journal of Contemporary Hotel Management 13(5), 13-17.

Brian, H. S.(2003). 『The Sommelier' s Guide to wine』, New York.: Black Dog & Leventhal Publishers.

Dahmer, Sondra J. & Krut W. Kahl(1996). 『The Waiter & Waitress Training Manual』, VNR.

Earl, W., Sasser, R., Paul, O. and Daryl, W.(1978). 『Management of Service Operations』, Boston, MA: Allyn and Bacon.

Harold, J.(2000). 『Grossman' s guide to wine, beers and spirits, 7th revised edition』, Canada: John Wiley & Sons Ltd.

Jack, E. M.(1992). 『Menu Pricing and Strategy』, 3rd ed.

Jack, A. N.(1984). 『Principles of Food & Beverage Operations』, AH & MA, 115.

James, H. D. & William, G.(1981). 『How Consumer Evaluation Processes Differ between Goods and Services』, Chicago: American Marketing Association.

Jerome, J. V. & Gary K. V.(2004). 『Check-in, Check-out』, 서울: 한언.

John, W. S.(1982). 「How to Manage a Restaurant, 4th ed」, WCB.

Johnson, H.(2005). 「The Story of Wine, New Illustrated Edition」, Mitchell Bezley.

Karen, M.(2001). 「The Wine Bible」, New York: Workman Publishing.

Kirkpatrick, D.(1983). 「Four Steps to Measuring Training Effectiveness」. The Personnel Administrator, 28(11), Nov.

Lothar. A. K.(1984). 「Menu: Analysis and Planning, 2nd ed」., CBI Books. 147.

Mahmood, A. K.(1991). 「Concepts of Foodservice Operations and Management」, 2nd ed, VNR, 41.

Michael L. K. & Donald, S.(1982). 「Menu Engineering: A Practical Guide, Lansing」, MI: Hospitality Publishers.

Restaurant, USA.(1996). 「National Restaurant Association」, Dec.

Richard, N.(1984). 「Service Management: Strategy and Leadership in Service Business」, New York: John Wiley&Sons.

Robert. C. F. & Cherrill, P. H.(2001). 「Managing Your guest as a Quasi-Employee」, Cornell Hotel and Restaurant Administration Quarterly, 42(2), 46-61.

Walker, J. R. & Donald, E.(2001). 「The Restaurant from Concept to Operation」, Canada: Jon Wiley & Y. Sons, Inc.

http://app.stb.gov.sg

http://en.wikipedia.org/wiki/Star_(classification)

http://korean.go.kr

http://www.aaa.com

http://www.akei.or.kr

http://www.ambatel.com/gangnam

http://www.bacardikorea.com

http://www.brown-forman.com

http://www.diageo.co.kr

http://www.ddi.or.kr

http://www.eConcierge.co.kr

http://www.grandhyattseoul.co.kr

http://www.grandhiltonseoul.com

http://www.greenmeetings.info

http://www.hilton.co.kr

http://www.imperialpalace.co.kr

http://www.jw-marriott.co.kr

http://www.hkcec.hk
http://www.lottehotel.co.kr
http://www.micekorea.kr
http://www.netmba.com/strategy/value-chain
http://www.parkhyattseoul.co.kr
http://www.pernod-ricard-korea.com
http://www.renaissance-seoul.com
http://www.ritzcarltonseoul.com
http://www.seoul.intercontinental.com
http://www.seoulpalace.co.kr
http://www.seoulplaza.co.kr
http://www.sheratonseouldcubecity.co.kr
http://www.sheratonwalkerhill.co.kr
http://www.shilla.net
http://www.sopexa.co.kr
http://www.venetianmeetings.com
http://www.visitkorea.or.kr
http://www.webster-online-dictionary.net
http://www.winekr.co.kr
http://www.winenara.com
http://www.wineok.com
http://www.wseoul.com

저자소개

[김 이 종]

호원대학교 호텔경영학부 졸업
세종대학교 호텔관광경영학과 석사
세종대학교 호텔관광경영학과 박사
워커힐 호텔 노동조합 위원장(현)
서울 · 경인지역 특1급 호텔 협의회 의장(현)
세종대학교 호텔경영학과 겸임교수(현)
한국 호텔 외식경영학회 등기이사, 부회장(현)
한국 호텔 관광학회 부회장(현)
한국 외식경영학회 산관이사(현)
한국 호텔리조트학회 산관이사(현)

[저서 및 논문]

호텔 경영론(2012)새로미
호텔직원의 조직 몰입에 영향을 주는 임금피크제 모형연구(2010)
2008년 북경올림픽의 스폰서쉽 마케팅과 엠부시 마케팅의 효과분석(2009)
호텔직원의 멘토링 기능이 조직 몰입에 미치는 영향에 관한연구(2008)
호텔 노사협상과정에 대한 노조와 사측의 차이분석(2008)
호텔 노사간 상호 이익의 영향요인(2007)
고객 추구 가치에 따른 호텔 시장의 세분화(2006)
호텔컨벤션 행사의 계약규정(2004)

[수상경력]

노동부 장관상(2001)
문화관광부 장관상(2006)
석탑산업훈장(2009)

호텔 식음료 관리론

Hotel Food and Beverage Management

2012년 8월 3일 발행
2017년 8월 21일 3쇄 발행

저자 : 김이종
발행인 : 이재훈
발행처 : 새로미
기획 · 편집 : 한윤서
서울시 양천구 가로공원로 71(신월동) A관 B1층
TEL : (02)523-5903~4
FAX : (02)2693-2437
등록번호 : 제 22-2406호
www.seromi.kr
ISBN : 978-89-6476-060-4
가 격 : 20,000원